流动儿童城市融入中体育促进机制研究

李春光◎著

人民体育出版社

图书在版编目（CIP）数据

流动儿童城市融入中体育促进机制研究／李春光著. -- 北京：人民体育出版社，2021（2023.12重印）
ISBN 978-7-5009-6092-8

Ⅰ.①流… Ⅱ.①李… Ⅲ.①流动人口－儿童－体育运动－研究－中国 Ⅳ.①G812.45

中国版本图书馆CIP数据核字（2021）第206384号

*

人民体育出版社出版发行
北京中献拓方科技发展有限公司印刷
新 华 书 店 经 销

*

710×1000 16开本 13.5印张 232千字
2021年10月第1版 2023年12月第2次印刷

*

ISBN 978-7-5009-6092-8
定价：60.00元

社址：北京市东城区体育馆路8号（天坛公园东门）
电话：67151482（发行部） 邮编：100061
传真：67151483 邮购：67118491
网址：www.psphpress.com

（购买本社图书，如遇有缺损页可与邮购部联系）

序 言 PREFACE

改革开放以来,我国城市化发展迅速,农村人口向城市由缓慢迁徙到加剧聚集,2011年城市化率达到51.27%,城镇人口首次超过农村人口,城市化进入了快速、平稳发展。城市发展和产业结构调整,使得流动人口的规模不断增加,流动人口迁移的模式也在悄然发生变化,从"单身外出"到"举家迁徙"成为我国流动人口迁移过程中的显著特点。"举家迁徙"很大程度上解决了农村"留守儿童"的问题,随之带来的就是大量农村儿童进入城市,城市"流动儿童"与农村"留守儿童"成为并存的特殊群体。1998年,国家教育委员会和公安部发布的《流动儿童少年就学暂行办法》中,对于流动儿童青少年的认定"是指6至14周岁(或7至15周岁),随父母或其他监护人在流入地暂时居住半年以上有学习能力的儿童少年"。

党和政府一直以来都十分重视流动儿童城市融入这个问题,流动儿童能否顺利实现城市融入,不仅关系到他们自身生存和发展,同时也关系到我国和谐社会构建,关系到社会稳定,关系到城乡统筹发展等,解决好流动儿童城市融入问题,有着重要而深远的意义。在全民健身上升为国家战略的背景下,我们更要关注流动儿童的体育生活,保障流动儿童的体育权益,为流动儿童提供优良的公共体育服务。体育作为一种特殊的文化现象,对于促进流动儿童的城市融入也受到了更多的关注,应积极探讨参与体育运动在流动儿童融入中的积极作用,发挥体育在促进人际交往、健全人格、调整心态等方面的积极作用,让更多的流动儿童了解现代体育,参与体育运动,强健体魄和促进心理健康,这些对于流动儿童的成长成才至关重要。

本书共分为十章,第一章导论主要介绍了流动儿童教育问题的缘起、研究的回顾及研究思路;第二章主要介绍流动儿童教育政策演化,分为政策变迁、国外经验、教育发展情况等;第三章主要从社会身份、城市文化、经济条件等方面探讨流动儿童城市融入困境;第四章从学校、社区、家庭等方面探讨流动儿童体育锻炼环境;第五章主要从课余训练、校外培训等方面探讨流动儿童体育参与需求;第六章分析了流动儿童体育价值观念;第七章分析了流动儿童身心健康教育;第八章分析了流动儿童体质健康教育;第九章实证研究了济南、青岛两地的流动儿童体育实践;第十章进行了流动儿童研究的展望。

目 录 CONTENTS

第一章 导 论 ··· 001
第一节 流动儿童问题的缘起 ··· 001
一、改革开放与流动儿童 ··· 001
二、流动儿童数量急剧增加 ··· 002
三、流动儿童引起广泛关注 ··· 003
第二节 流动儿童研究的回顾 ··· 005
一、文献分析 ··· 006
二、研究进展 ··· 006
第三节 流动儿童研究的思路 ··· 011
一、研究内容 ··· 011
二、研究的思路与创新 ··· 011
三、研究的方法与过程 ··· 012

第二章 流动儿童教育政策演化 ··· 015
第一节 流动儿童政策变迁 ··· 015
一、流动儿童计划免疫政策 ··· 016
二、流动儿童义务教育政策 ··· 016
三、山东省流动儿童义务教育的实践 ··· 018
第二节 流动儿童国外经验 ··· 021
一、美国流动儿童的教育经验 ··· 021

二、澳大利亚流动儿童的教育经验 …………………………………… 022

　　三、英国流动儿童的教育经验 ………………………………………… 023

　　四、以色列流动儿童的教育经验 ……………………………………… 024

　　五、印度流动儿童的教育经验 ………………………………………… 024

第三节　流动儿童教育发展 …………………………………………………… 025

　　一、流动儿童教育的经验与不足 ……………………………………… 025

　　二、流动儿童教育的契机与希望 ……………………………………… 027

第三章　流动儿童城市融入困境 ……………………………………………… 031

第一节　社会身份 ……………………………………………………………… 031

　　一、流动儿童的身份认同 ……………………………………………… 031

　　二、流动儿童的身份管理 ……………………………………………… 033

第二节　城乡文化 ……………………………………………………………… 034

　　一、城乡文化的变迁 …………………………………………………… 035

　　二、城乡文化的交融 …………………………………………………… 035

　　三、城乡文化与流动儿童 ……………………………………………… 037

第三节　经济条件 ……………………………………………………………… 040

　　一、就业、工作与收入 ………………………………………………… 040

　　二、生活、消费与支出 ………………………………………………… 041

　　三、流动儿童文体教育投入 …………………………………………… 043

第四章　流动儿童体育锻炼环境 ……………………………………………… 046

第一节　学校体育 ……………………………………………………………… 046

　　一、学校体育对流动儿童德育的影响 ………………………………… 048

　　二、学校体育对流动儿童智育的影响 ………………………………… 049

　　三、学校体育对流动儿童体育的影响 ………………………………… 050

　　四、学校体育对流动儿童美育的影响 ………………………………… 051

第二节　社区体育 ……………………………………………………………… 052

　　一、社区体育对流动儿童健康的意义 ………………………………… 053

二、流动儿童在社区体育互动发展的现状 ……………………………… 054
　第三节　家庭体育 ………………………………………………………………… 058
　　一、父母的期望价值观对流动儿童的影响 ……………………………… 059
　　二、家庭体育行为对流动儿童的影响 …………………………………… 060
　　三、家庭体育环境对流动儿童的影响 …………………………………… 061
　第四节　锻炼行为 ………………………………………………………………… 062
　　一、流动儿童锻炼行为跨理论模型的基本内容 ………………………… 062
　　二、流动儿童体育锻炼行为的形成机制 ………………………………… 065
　　三、体育锻炼行为对流动儿童的心理影响因素 ………………………… 066
　　四、体育锻炼行为对流动儿童的心理调节作用 ………………………… 067

第五章　流动儿童体育参与需求 ……………………………………………… 069
　第一节　课余活动 ………………………………………………………………… 070
　　一、流动儿童参与课余活动的现状分析 ………………………………… 071
　　二、流动儿童参与课余活动的外部支持情况 …………………………… 078
　　三、改善流动儿童参与课余活动政策建议 ……………………………… 082
　第二节　校外培训 ………………………………………………………………… 085
　　一、流动儿童参加校外培训自身因素的影响分析 ……………………… 085
　　二、校外体育培训自身的影响分析 ……………………………………… 086
　第三节　体育赛事 ………………………………………………………………… 089
　　一、我国中小学体育竞赛的发展路径 …………………………………… 090
　　二、小型体育竞赛模式在中小学体育教学中的运用 …………………… 091
　　三、利用体育竞赛提升教师的教学质量 ………………………………… 093

第六章　流动儿童体育价值观念 ……………………………………………… 095
　第一节　流动儿童体育价值观的分析 …………………………………………… 095
　　一、影响流动儿童体育价值观的现状分析 ……………………………… 095
　　二、影响流动儿童体育价值观念的因素 ………………………………… 096
　第二节　流动儿童的体育锻炼行为 ……………………………………………… 097

一、流动儿童的基本情况 …………………………………………… 097
　　二、流动儿童体育锻炼行为的情况 ………………………………… 097
　　三、流动儿童自身的体育锻炼行为 ………………………………… 098
　　四、家庭、社会环境对流动儿童体育锻炼行为的影响 …………… 100
　　五、影响流动儿童体育锻炼行为的因素 …………………………… 102
　　六、解决流动儿童体育锻炼行为的对策 …………………………… 103
　第三节　对流动儿童体育价值观的培养 ……………………………… 104
　　一、流动儿童在农村学校的体育课现状 …………………………… 104
　　二、影响流动儿童体育价值观的因素 ……………………………… 105
　　三、体育价值的功能 ………………………………………………… 106
　　四、流动儿童体育价值观的培养方法 ……………………………… 108

第七章　流动儿童身心健康教育 …………………………………… 113
　第一节　流动儿童的健康素养 ………………………………………… 113
　　一、流动儿童存在的健康问题 ……………………………………… 113
　　二、对于流动儿童健康素养的培养对策 …………………………… 114
　第二节　流动儿童的健康行为 ………………………………………… 115
　　一、流动儿童健康行为总体情况的分析 …………………………… 115
　　二、食品安全和电子产品对健康行为的危害 ……………………… 120
　第三节　流动儿童的健康教育 ………………………………………… 123
　　一、流动儿童的心理健康教育 ……………………………………… 124
　　二、流动儿童的健康行为教育 ……………………………………… 126

第八章　流动儿童体质健康教育 …………………………………… 127
　第一节　流动儿童体质健康认知 ……………………………………… 127
　　一、家庭的生活方式与儿童体质健康的认识 ……………………… 128
　　二、学校与儿童体质健康的认识 …………………………………… 129
　　三、家庭成员与体质健康的认识 …………………………………… 130
　　四、流动儿童参与体育运动的情况 ………………………………… 130

第二节　流动儿童体质健康状况 … 131
一、流动儿童身体形态的调查研究 … 132
二、流动儿童身体素质状况调查研究 … 133
三、流动儿童体质健康的综合评价 … 135
四、学校体育与流动儿童体质健康 … 135
五、家庭体育与流动儿童体质健康 … 136

第三节　流动儿童体质健康教育 … 137
一、学校体质健康教育 … 137
二、家庭体质健康教育 … 138

第四节　流动儿童体质健康培养 … 139
一、流动儿童社会融入的中间变量 … 140
二、流动儿童体育参与的价值体现 … 141

第九章　流动儿童体育服务模式 … 144

第一节　济南市流动儿童体育参与状况分析 … 144
一、济南市流动儿童体育参与状况 … 144
二、影响济南市流动儿童体育参与的主要因素 … 149

第二节　青岛市流动儿童体育参与状况分析 … 152
一、青岛市流动儿童体育参与状况 … 152
二、影响青岛市流动儿童体育参与的因素 … 158
三、促进青岛市流动儿童体育参与的对应策略 … 159

第三节　新时代流动儿童公共体育服务模式 … 160
一、流动儿童享受公共体育服务的积极因素与愿景 … 161
二、流动儿童公共体育服务的现实困境 … 162
三、流动儿童公共体育服务的路径选择 … 166

第十章　流动儿童体育锻炼城市融入展望 … 174

第一节　流动儿童家庭融入城市 … 175
一、流动儿童在社会生活的家庭问题 … 176

二、对流动儿童家庭文化的改善 …………………………………… 178
　第二节　流动儿童身份逐渐模糊 ………………………………………… 180
　　一、流动儿童身份认同存在的问题 …………………………………… 180
　　二、流动儿童身份逐渐模糊的原因分析 ……………………………… 182
　　三、应对流动儿童身份认同危机的教育对策 ………………………… 184
　第三节　流动儿童全面健康成长 ………………………………………… 185
　　一、利用家庭教育，稳固流动儿童的心理健康防线 ………………… 186
　　二、学校教育是促进流动儿童心理健康的动力 ……………………… 187
　　三、社会教育是流动儿童心理健康的保障 …………………………… 188

后　记 …………………………………………………………………… 190

山东省小学生体育锻炼与城市融入情况调查问卷 ……………… 191

山东省小学生健康行为与健康需求的调查问卷 ………………… 196

参考文献 ………………………………………………………………… 200

Chapter 1 第一章 导 论

第一节 流动儿童问题的缘起

一、改革开放与流动儿童

中华人民共和国成立以来,在优先选择发展重工业的同时,出台了限制农村人口进入城市的具体措施,逐步形成了我国特有的城乡二元结构体制。城乡二元结构使得进入城市生活的农村人口受到户籍等方面的制约,在城市生活中受到多方面困扰,政府积极出台相关政策化解农村进城人员的生活困难。

据公安部门 2011 年统计,1978 年底我国流动人口总量不超过 1500 万人,但在 1990 年流动人口就达到了 2135 万人,2000 年增加到了 1.02 亿人,2010 年增长到 2.21 亿人。从 1990 年到 2010 年流动人口数量增加了约 10 倍,增加十分迅猛。据国家卫计委发布的《中国流动人口发展报告 2017》指出,流动人口从 2011 年的 2.30 亿人到 2014 年的 2.53 亿人,2015 年流动人口开始下降,2015 年、2016 年、2017 年流动人口总量分别为 2.47 亿人、2.45 亿人、2.44 亿人。人口转移的趋势开始转缓,家庭化流动的趋势更加明显。流动人口在举家迁徙后,流动儿童的数量也在逐年增长。2000 年我国 0~17 岁流动儿童数量为 1982 万人,2005 年数量增加到了 2533 万人。2010 年第六次全国人口普查数据显示,17 岁以下流动儿童的规模超过 3500 万人,流动儿童的规模增加迅速。2021 年第七次全国人口普查结果显示,流动人口为 37582 万人,与 2010 年相比增长 69.73%(表 1-1)。

表 1-1　1982—2015 年我国不同学龄阶段流动儿童规模（万人）

学龄	1982 年	1990 年	2000 年	2005 年	2010 年	2015 年
0~2 岁	26	56	321	386	463	
3~5 岁	45	82	377	388	512	590
6~11 岁	104	139	709	764	929	934
12~14 岁	46	66	332	361	464	412
15~17 岁	33	115	276	699	1290	1026
总数	254	459	1982	2533	3581	3426

数据来源：《中国流动人口发展报告 2018》

根据我国现行义务教育的学段划分，6 岁以前属于学前教育阶段，6~14 岁为义务教育阶段，其中 6~11 岁或者 12 岁为小学学龄儿童，12 岁或 13~14 岁或 15 岁属于初中学龄阶段。根据《2010 年第六次全国人口普查主要数据公报》样本数据进行推算，学前阶段的流动儿童数量达到 899 万人，占比为 25.09%，接受义务教育阶段的流动儿童达到或者超过 70% 以上。第六次全国人口普查的数据也显示，未能完成九年制义务教育的流动儿童仅占 2.94%，尤其是在流动人口流入比较大的经济发达的城市，如北京、上海、广州等，流动儿童的义务教育更能得到良好的保障。目前，流动儿童的义务教育前阶段、后阶段儿童的教育问题也得到了社会和当地政府的关注，教育也在逐步向义务教育两端进行延伸，学前教育的政策也在逐步完善，流动儿童接受更高教育的诉求也在逐步解决过程中。

二、流动儿童数量急剧增加

改革开放以来，我国城市化发展迅速，农村人口向城市缓慢迁徙到加剧聚集。2011 年城市化率达到 51.27%，城镇人口首次超过农村人口，城市化进入了快速、平稳发展阶段。城市化过程中出现了"农民工"这一特殊的群体，他们为城市建设和发展做出了巨大的牺牲和贡献，加快了城市建设的步伐，为城市建设注入了源源不断的动力，是城市建设的主力军和生力军。城市的繁荣与工业的进步吸引了更多的农村人口进入城市，社会生产力的发展和产业结构的调整，使得流动人口的规模不断增加。流动人口迁移的模式也在悄然发生变化，从个人进入城市寻找务工机会，到父母共同到城市寻找工作，在城市得到好的发展后整个家庭迁移到城市生活;从"单身外出"到"举家迁徙"成为我国流动儿童迁移过程中的显著特点。"举家迁徙"很大程度上解决了农村"留守儿童"的问题,随之带来的就是大量农村儿童融入城市,儿童进入城市生活带来了教育、卫生等多方面的社会问题,进入城市生活的儿童如何享受卫生免疫、接受教育等权利得到了国家和政府的高度关注。

2012年11月8日,中国共产党第十八次全国代表大会在北京召开,大会提出了要坚持走中国特色新型城镇化的道路。2013年中央一号文件提出,有序推进农业转移人口市民化,努力实现城镇基本公共服务常住人口全覆盖。2014年3月,中共中央国务院颁布了《国家新型城镇化规划(2014—2020年)》,拉开了新型城镇化建设的序幕,大量农业人口涌入城市并安家,出现了大规模的人口流动。城市人口规模的迅速扩张带来了众多问题,其中农业转移人口市民化成为社会关注的热点、焦点,落户城市的农业人口如何适应城市生活、融入城市生活成为政府、社会面临的时代新命题。

农业人口转移进入城市的过程中,从个人迁入逐步形成举家搬迁的模式,更多的儿童随父母迁入城市,成为城市中的外来儿童(流动儿童),大量流动儿童进入城市,给所在城市的卫生、教育等带来了挑战。教学财政投入、教学设施的严重不足成为首要的问题。各级政府下大力气解决了儿童的卫生预防问题,也在逐步稳妥的保障流动儿童的教育权力。流动儿童作为城市生活中的弱势群体,加上流动儿童的父母为了生计忙于工作,给城市带来了一些小的问题,帮助流动儿童融入城市生活的重要性更加凸显。据《中国流动儿童教育发展报告(2016)》显示,"截至2015年10月1日,全国流动人口总量约为2.47亿人,在此过程中,出现了数量庞大的流动儿童",流动儿童规模之大超出了我们的想象,我们不得不深入思考流动儿童的城市融入问题,除了流动儿童自身个体因素外,更需从影响城市融入的家庭、学校、社区、社会文化等多个方面进行思考、分析。

三、流动儿童引起广泛关注

2008年北京奥运会的成功举办,不仅让世界了解了发展中的中国,也让中国更好地了解了世界体育的发展。2014年,国务院发布了《关于加快发展体育产业促进体育消费的若干意见》,将"全民健身"上升为国家战略。2016年,国务院又印发了《全民健身计划(2016—2020年)》(国发〔2016〕37号),体育产业、全民健身、群众体育得到了迅猛发展，体育成为现代城市生活中的重要元素。

2015年，我国全面实施二孩政策来应对人口老龄化，城市学前教育资源再度紧张，流动儿童的入园教育也面临着新的挑战，流动儿童对义务教育后阶段的学习诉求也更加强烈。山东省的调查数据显示，52.16%的流动儿童希望能够进入更好的高中学习，仅有10.23%的流动儿童希望进入职业学校学习，流动儿童对于继续深造的愿望相当强烈，80%以上的流动儿童希望能够进入高校继续学习。流动儿童教育的问题仅仅是进入城市后对于生活更高追求的一个缩影。城市化、城镇化过程中，流动儿童面临诸多的问题，而享受公平的教育权利，接受良好的医疗服务，不仅关系到城市公共服务均等化发展，更是全面提高城市人口素质，提高城市人才竞争力的问题。流动儿童接受良好的教育，不仅关系流动儿童自身发展，更影响城市的发展，假如流动儿童不能接受良好的教育，过早的进入社会，将会成为城市发展过程中的障碍和不稳定因素，应充分认识流动儿童接受教育的重要性和紧迫性。

党和政府一直以来都十分重视流动儿童城市融入问题，流动儿童能否顺利实现城市融入，不仅关系到他们自身生存和发展，同时也关系到我国和谐社会构建，关系到社会稳定，关系到城乡统筹发展等，解决好流动儿童城市融入问题，有着重要而深远的意义。体育能够让流动少年儿童形成健康良好的生活习惯，进而增加与城市少年儿童交往，从而很好的融入城市生活。

体育是儿童生活的重要组成部分，受家庭环境、学校环境或周边朋友的影响，不同的儿童选择自己喜欢的运动项目，养成了体育活动的习惯，形成了一定的交流、交往的社会群体。城市融入受到多方面因素的制约，可以从多个维度进行分析。流动儿童的体育生活方式在城市融入中能够起到多大的作用，需要细究两者之间的关系，探究关键因素，从而为构建体育促进模式提供理论基础。可从流动儿童与常驻儿童体育生活认知、体育需求、体育行为、体育活动的时空特征、体育活动的目的等方面进行研究，寻求不同年龄阶段的流动儿童与常驻儿童在体育生活方面的差异，探讨家庭环境、学校环境、社区环境对于流动儿童与常驻儿童体育生活方面的影响，研究流动儿童体育生活方式与城市适应之间的相关性等方面入手。

体育能够促进流动儿童的城市融入，体育已经成为人们生活方式的重要组成部分，体育功能的多元化能够促进人与人之间的交往与交流，消除人与人之间的隔阂。体育的参与能够促进人的社会适应，充分发挥体育的功能与价值，帮助流动儿童尽快融入生活的城市，享受城市建设的成果。体育促进流动儿童城市融入需要建立长效机制，在全民健身上升为国家战略的背景下，我们更要关注流动儿童的体育生活，保障流动儿童的体育权益，为流动儿童提供优良的公共体育服务，通过家庭、学校、社会促进流动儿童的社会适应与城市融入。流动儿童纳入城市体育公共服务体系和社会保障体系之中，需要从体育公共服务供给主体、供给布局、供给方式、供给机制、供给需求、供给内容等方面进行详尽的分析与调研，探讨体育在促进流动儿童城市化和谐发展中的作用、如何保护流动儿童的体育权益等问题，构建在全民健身国家战略下流动儿童体育公共服务模式。

第二节 流动儿童研究的回顾

始于20世纪80年代的改革开放加速了我国社会转型和经济结构的调整进程，吸纳了更多农村人口向城市集聚，人口流动的规模也随着社会主义市场经济体制的建立健全在不断扩大并趋于相对的稳定。《中国流动儿童发展报告（2016）》显示："作为流动人口子女的流动儿童和留守儿童这两个群体总数约1亿人"，《中国流动人口发展报告（2018）》显示："2017年我国流动人口规模为2.445亿人""全国儿童中流动儿童占比达到12.8%"。流动儿童的规模还将持续停留在高位发展中，社会、政府对于流动儿童的身心健康、入学教育等问题给予了高度重视，众多专家学者从不同的视角进行了研究，也有学者对阶段性研究文献进行了梳理、分析。白文飞等（2008）认为社会学研究的文章主要集中在社会化、社会地位、城市适应性与社会排斥等方面[1]。姜宇（2008）认为教育研究集中在家庭、学校和社会三个方面，心理发展研究主要从认知和人格维度[2]。吕开宇（2008）认为农民工子女的教育的文献集中在规模估计、特征、儿童学习生活状况以及产生原因[3]。张慧洁（2008）认为主要从现状、问题、建议方面进行了义务教育方面的研究[4]。周皓（2011）从教育、社会融合、卫生保健方面进行了文献的分析[5]。上述研究很好的梳理、分析了2009年之前的研究，本文试在对过去十多年的研究文献进行分析，深入梳理近十年流动儿童热点问题的研究深度、宽度，为更好地关注、探索流动儿童的融入城市、适应学校、接受教育的路径与策略，让流动儿童享受城市建设的红利并成为城市建设的生力军。

一、文献分析

对十年多的研究文献进行分析后认为"流动儿童"成为通用名称,不再使用"农民工子女""进城务工人员子弟"等。使用"流动儿童"为主题词,时间区间为2009—2019年,通过万方数据库共检索到有关文献7309篇,年均刊文数量基本上处于高位平稳发展。在研究对象上,从年龄限定可以看出6~14岁义务教育阶段的儿童是主要研究对象,小学阶段居多,初中次之,义务教育全程的研究较少;从地域上来看主要集中在省会、沿海等经济发达城市,其中北京、上海、广州三个城市流动儿童的研究文献占26.71%。在研究方法上,更多地采用了定量研究,尤其是心理健康、卫生保健方面的研究,家校教育方面更多地采用了调查研究的方法,城市融入方面采用回归方程分析的定量研究较多。定性分析主要用于流动儿童的教育策略、融入路径等研究。在研究范围上,通过万方数据库关键词的可视化分析,研究的焦点或热点主要集中在城市融入(16.84%)、家校教育(26.81%)、心理健康(34.72%)、卫生保健(21.63%)。

二、研究进展

(一) 城市融入:流动儿童城市身份认同的期盼

流动儿童随父母迁移到新的城市,适应城市的生活是一个渐进的过程,多种因素影响融入城市的过程,国家政府出台了多部文件来保障流动儿童的基本权益,对于流动儿童城市融入的深度、路径及在融入城市生活中处于的不利困境与应对策略等方面也进行了很好的调研分析和宏观理论探索。

城乡文化不同、语言差异、社会歧视等是造成流动儿童融入城市的最大困难[6],流动儿童来到城市希望在身份上能够得到认可,真正的同普通市民享受城市发展所带来的精神与物质生活。流动儿童在城市融入的过程中稍有不慎将会产生不良的情绪和行为,更加值得引起我们的关注[7]。流动儿童权益保护经历了从政策法规制定、推行、拓展三个阶段,流动儿童权益保护的有关政策法规在不断完善中,更多的研究集中在以流动儿童为中心的保护研究[8],在破除流动儿童社会融入的障碍时,应从"以人为本""人文关怀"等角度制定与儿童发展相适宜的流动儿童保护政策。

流动儿童身份管理方面，户籍制度的差异造成了流动儿童"外来人口"的标签身份，城市常住市民对于流动儿童的不良态度能够使其产生"外来人"的心态[9]，虽然户籍制度及相关政策对流动人口的子女有所松动，但在现实实践中流动儿童的城市融入却受到一些城市居民的态度和行为的影响。如对流动儿童的包容度和宽容度，在城市生活时间越长则更希望融入城市生活中[10]。运用数据技术进行分类、精准化管理，提高属地精细化服务水平和流动儿童的社会参与度[11]，让流动儿童更好地适应、融入城市生活中。

流动儿童的社会融入的评价可以分为心理、身份、文化、语言四个维度[12]，影响流动儿童城市融合的因素包括制度、家庭、个性和社会接纳等[13]，社会融合实现程度调查显示四个因子的差异性较大，心理、文化、社会交往、身份等融合度依次降低[14]。流动儿童的城市文化适应对于城市融入关系密切，应积极构建、改善流动儿童城市文化融合的环境，让文化传播媒体成为文化交流的黏合剂，实现城市主流文化价值与流动儿童文化归属融合[15]，创新流动儿童社会融入的社会学策略的实践路径[16]，将理论研究变成切实可行的实践策略并真正落地于流动儿童的城市融入过程中。

（二）家校教育：流动儿童健康成长成才的达成

学校教育的开展是为社会、国家更好的培养人才，家庭教育也是为了孩子的健康成长成才。学习学业成绩不是唯一的标准，但是能够反应流动儿童接受教育的水平，流动儿童教育研究可以归纳为学习学业成绩、学校教育、家庭教育三个方面。

流动儿童的学习学业成绩受到自身、同伴、群体、教师、家庭等多因素的影响，学校教育涉及是否享有平等权利、教育资源；家庭教育涉及教育投入、父母教育背景、家庭和谐氛围等方面。家庭经济、文化和心理障碍影响义务教育阶段流动儿童的学业成绩[17]，教师的价值取向、教师的态度及教师支持预测也会影响流动儿童的学业成绩[18]，同时家庭教育环境、父母受教育背景、教育期望等直接或间接影响着流动儿童的学业成就[19]。

城乡发展的不平衡造成城市教育资源优于农村，流动儿童来到城市能够享有更好的教育资源，国家教育政策很好地保证了流动儿童接受教育的权利，流动儿童能够享有平等的在校学习条件，但是存在着微观的、隐性的难于"一视同仁"的现象，在课堂教学、课外课余活动参与等方面，存在机制体制的不完善[20]。

家庭投入不足也影响了流动儿童更好地参与校外活动,校外教育发展不足造成校内综合评价处于劣势[21]。

城市教育环境对于流动儿童的家庭教育观念有着积极的改善和促进,使得父母更加关注流动儿童的教育问题[22],家庭及父母的态度、母亲养育方式、父母情绪调节、亲子依恋等影响流动儿童的学习情况,流动儿童的亲子冲突显著高于城市儿童,良好的家庭归属感有利于更好地参与学习[23],良好的亲子关系、父母高的期盼及父母对于教育的态度影响流动儿童的学习投入[24]。共同教育理念下的家庭教育在流动儿童教育中地位更加突出,家、校、社一体化教育将会提高流动儿童的教育质量。

(三) 心理调适:流动儿童获得积极心理的能力

生活环境的改变给流动儿童的心理带来很大的困惑,流动儿童在城市融入过程中,自我认可、自我适应是最为关键的因素,歧视知觉、自卑心理、情绪调节、抑郁、焦虑、社会疏离感等不良心理的变化将直接影响流动儿童的成长,对于流动儿童的不良心理现象应积极进行疏导、干预等。

环境改变造成流动儿童的不良情绪,流动儿童对于城市生活的满意度低于城市儿童,尤其是在家庭、生活环境、自我感知三个维度上[25]。家庭的经济条件、老师和同学的支持等对于流动儿童的歧视知觉有着显著的负向影响[26],流动儿童在城市或学校中受欺负的比例高,其中男生比例高于女生[27],流动的时间和频率、对于学业成绩的期望值、差异性的对比等影响流动儿童的社会归属感[28],生活环境改变导致流动儿童产生抑郁等不利于健康成长的情感体验。流动中小学生的抑郁检出率较高,主要是轻度抑郁[29],考试焦虑等情绪问题在流动儿童中比例也较高[30];在孤独感、社交焦虑方面问题也比较突出,主要表现在交往中的胆怯、自卑等[31]。流动儿童初中学生的幸福感、安全感明显低于城市儿童[32],流动儿童的对立违抗症状在心理、社会、学校适应方面较城市儿童有明显差异[33],因环境改变而产生的不良情绪、心境等将会造成心理上的障碍,更有甚者出现心理健康方面的问题,不利于流动儿童更好地成长。

心理调节对流动儿童积极心理有促进作用,对于进入城市生活和学习的流动儿童进行积极的心理疏导、辅导将会有利于更好地适应城市生活,积极乐观向上的生活态度将会更好地面对进入城市所带来的不适;坚毅能够降低社会排斥,在流动儿童的学校适应、城市融入中起到调节作用[34];自我控制、心理韧性可以直接或间接的影响城市适应[35]，希望对于歧视知觉、社会支持、学校适应、城市适应起到很好的调节、中介效应[36,37]；心理弹性、自我效能感等的改善能够促进流动儿童心理社会能力[38]；家庭关怀产生积极的情绪，从而影响流动儿童的心理韧性[39]。在提升自我效能感的干预活动中要从系统的角度、注重多因素合力、进行多维度的正向影响[40]，逆境信念与社会支持、日常压力交互出现"增强模式"与"补偿模式"促进流动儿童诚信的发展[41]。总之，应从家庭、社会、学校、老师、同伴等多个方面给予流动儿童多维度的支持，帮助流动儿童排除心理上的障碍，有效减低流动儿童的社会疏离感水平，将会积极促进流动儿童的社会适应和城市融合[42]。

（四）卫生保健：流动儿童体质健康的基础

城市卫生保健服务主要涵盖计划免疫、健康状况、健康知识行为三个方面，随着大量流动儿童涌入，城市中的卫生保健服务受到巨大的挑战[43]。计划免疫方面，流动儿童的入学疫苗接种率低于城市儿童，与流动儿童的流动性较强，父母缺乏计划免疫的认识有关[44]，只靠传统宣传方式难以解决，应结合大数据、互联网等做出了针对性的服务尝试[45,46]，将会精准解决计划免疫问题。健康状况包括健康查体和疾病筛查，在健康查体方面流动儿童的身高、体重较轻，营养方面疾病检出率较高；在疾病筛查方面，采用的横截面调查数据显示，流动儿童沙眼检出率远高于本地儿童，其他疾病情况相对较好，比如龋齿、视力不良、肥胖检出率低于本地儿童[47]。另一些研究调查结果表明流动儿童常见疾病情况不容乐观，患龋齿率高于城市儿童[48,49]，高年级中度、重度近视比例较高[50]，有的地区肥胖发生率接已近城市儿童[51]。健康知识行为主要包括个人清洁卫生、关心食品安全和疾病传播方面，在校流动儿童相关知识行为整体较之前研究有明显提高，公办学校的流动儿童情况好于民办子弟学校[52]。

（五）体育教育：流动儿童城市生活的新视角

流动儿童学校教育方面的研究。关于流动儿童学校教育的最初研究是义务教育现状调查（韩嘉玲，2001；张培琳，2003），继而从法律、财政、政策等方面探讨流动儿童应该享有均等教育的机会（朱家德，2014）。中央政府历来高度重视流动儿童的教育权益，出台了一系列保障流动儿童教育权益的法律和政策（侯云，2012）。

流动儿童家庭影响方面的研究。家庭因素对流动儿童个性、社会性发展任务的影响，尤其是对流入地城市融入状况的影响是至关重要的。流动儿童行为问题的发生与家庭环境因素有关，家庭环境影响儿童心理发展，创造良好的家庭环境，将有益于流动儿童的健康成长（张迪等，2015）。卓然等（2015）的研究显示家庭环境中的亲密度和适应性对流动儿童社会融合有正向预测作用，父母教养方式对流动儿童社会融合具有影响并在家庭环境影响流动儿童社会融合上起中介作用。

流动儿童社会影响方面的研究。社会支持在流动儿童城市适应过程中起着重要作用。流动儿童感知到的社会支持越多，越有利于他们减轻或消除孤独、自责、敏感、恐惧、交往障碍等负面心理，维护心理的健康（赵笑梅等，2010；邱剑等，2012）。在文化适应层面，李红婷（2009）认为流动儿童面临的城乡学校办学条件的差异对儿童的城市适应造成了不良影响。社会排斥的各维度，包括消费排斥、社会关系排斥、文化排斥和社会福利制度排斥的交错严重阻碍了流动儿童的城市适应，使他们不能和流入地儿童进行正常的社会交往（任云霞，2006）。

流动儿童的体育活动研究。通过经验数据的探索性和验证性因素分析发现，城市农民工子女通过体育运动所积累的社会资本的结构由4个要素组成，分别是社会信任、社会规范、社会凝聚和社会适应（孙中芹，2014）。裴德超等（2013）的研究指出农民工子女教育方面重视文化教养轻视体育锻炼参与的现象非常普遍和严重，这种观念将会影响孩子的身体健康和全面成长。张欣（2016）对流动儿童与城市常住儿童的运动时间、运动频率等运动习惯进行比较分析，认为儿童运动习惯与父母亲教育程度、家庭月收入等社会经济因素相关程度较大。我国学者仇军等（2010，2012）以城市中体育参与和社会融合问题进行了理论和逻辑上的论述；任海（2013）的研究指出体育的社会参与性、社会互动性、社会学习性、社会组织性有助于突破阻碍"乡——城移民"融入的社会屏障，能积极促进这一新移民群体的社会融入；赵溢洋等（2014）探讨了体育运动的社会资本、人力资本功能与农民工随迁子女城市融入的内在关系。

（六）国际经验：流动儿童城市融入的借鉴

《俄罗斯联邦2020年前体育发展战略》和《俄罗斯联邦2006—2015体育运动发展计划纲要》，英国的"体育锻炼中央委员会"（2002）的研究报告《人人共赢：体育与社会融入》，以及"欧洲委员会"（2007）发布的《体育白皮书》，都涉及体育运动是促进移民社会融入的重要工具；体育运动为移民与当地主流社会的沟通提供了一种积极的渠道，体育运动被视为协调社群关系的一种有效方式。

第三节 流动儿童研究的思路

目前学术界对流动儿童问题的研究涉及面较广，文献初具数量，已经取得令人称赞的成绩。关于流动儿童融入城市的有利因素和不利因素的分析，多数学者的意见趋同。但目前流动儿童城市融入还处于较低阶段，受制度性政策因素和非制度性因素等影响，流动儿童融入城市需要经历一个比较长的过程，城市融入的前景可以期待，本研究试图从体育的视角进行山东省流动儿童城市融入问题的探讨。

一、研究内容

山东省流动儿童生活方式与城市融入度的因素分析。在文献分析的基础上，对衡量流动儿童城市融入的指标进行选取和确定，从经济、社会、心理和文化等测量流动儿童的城市融入程度。在流动儿童融入程度群体性差异分析的基础上，重点研究流动儿童体育生活方式对城市融入程度的影响，在分析体育生活方式对流动儿童总体融入程度的前提下，分别研究体育生活方式对于不同维度的融入程度的影响。

全民健身国家战略下山东省流动儿童体育公共服务模式研究。山东省流动儿童体育生活方式与城市融入之间的因素分析。体育社会支持网络对于山东省流动儿童城市融入的促进机制。依据社会学和行为学理论，构建体育促进流动儿童城市融入的机制，破解流动儿童城市融入的困境，突破流动儿童城市融入的瓶颈。在全民健身国家战略背景下，如何动员家庭、学校、社区力量并凝聚，提供符合流动儿童需求的体育公共服务模式，促进流动儿童体育运动参与，为流动儿童的健康成长提供环境，利用体育运动的正向功能来促进流动儿童的城市融入。

二、研究的思路与创新

在流动儿童城市融入中寻找问题，进而运用科学的研究方法去解决实践中发现的问题，提出解决问题的办法或思路，并在山东省流动儿童城市融入中进行实践，做到理论与实践相结合。城镇化、工业化、城市化过程中，家庭的迁徙带来大量儿童少年进入城市，面对思维处于成熟过程中的流动儿童，帮助其健康成长并融入城市生活是课题研究的出发点。体育成为社会、家庭、学校的重要组成部分，更是儿童少年生活的重要组成部分。在全民健身国家战略背景下，充分发挥体育特有的价值和功能，探讨体育生活方式和城市融入因素之间的相关性，寻求解决问题的出路与思路。在因素分析的基础上，提出政府、社会、学校、家庭如何通过体育促进流动儿童的城市融入，凝聚社会的合力，构建体育促进山东省流动儿童城市融入和儿童少年参与运动健康成长的长效机制，成为课题研究的落脚点。

第一，全民健身国家战略背景下，政府、社会和学校在加强流动儿童的城市融入能力建设中，如何充分体现体育促进流动儿童城市融入的价值，以及积极发挥城市社区体育和社会体育组织对流动儿童城市融入的协同作用。

第二，基于"影响因素—体育助力—城市融入"的逻辑链条从理论和实证上寻求体育促进流动儿童城市融入的关键性问题，构建体育促进流动儿童城市融入的路径或模式，帮助流动儿童尽快融入城市生活中去。

三、研究的方法与过程

（一）研究对象

以小学在读的7~12岁的流动儿童为研究对象，对于流动儿童概念的界定，有多种称谓，为了研究的需要和撰写文章的统一，研究中一律称为"流动儿童"。本研究将流动儿童界定为：在入学前不具有城市户口，其父母在城市租房暂住一年或购房并具有相对稳定的工作收入，获得了义务教育的入学资格并在定点学校接受义务教育的适龄儿童。根据《山东蓝皮书：山东经济文化社会发展报告（2016）》的数据分析和山东省教育厅发布的适龄儿童入学信息，可以看出山东省省会城市济南以及沿海城市是人口流入的主要地区，因此选取济南市、青岛市城市流动儿童入学较为集中的8所小学的小学生作为问卷发放的主要对象，样本量采用分层抽样方法确定，其中$P=0.85$，置信水平为95%，$t=2$，允许绝对误差，deff取值约为2，回答率$r=54\%$，最终调整后的样本量确定为755，其中男生329人，女生426人。

（二）研究方法

问卷调查法。根据研究的需要设计了《山东省小学生体育锻炼与城市融入情况调查问卷》，问卷主要分为运动时间、运动频率、运动负荷等基本情况和体育锻炼、身体自尊、社会融入情况等两部分。第一部分包括 17 个题目，以选择题的形式呈现；第二部分包括 37 个题目，采用从"完全同意合"到"完全不同意"的李克特五级量表形式评分。问卷在设计过程中征询了多方专家的意见，认为能够符合研究的需要。依据国务院印发的《健康中国行动（2019—2030 年）》及教育部《中小学生健康教育指导纲要》中有关中小学健康促进行动中的目标和要求，根据课题研究的需要设计了《山东省小学生健康行为与健康需求调查问卷》，内容分为基本情况和健康行为两大部分，其中健康行为分为卫生习惯、饮食习惯、用眼健康、运动习惯、睡眠、心理健康 6 个维度，每个维度设立了 5 个健康行为的指标题目，每个指标均设为单项选择题。问卷发放与回收严格设定了时间要求并严格遵守问卷调查法的程序要求，通过信效度分析，内部一致性检验结果中克朗巴赫系数为 0.75，效度检验 KMO 为 0.87，信度效度符合要求。

统计学方法。使用 SPSS21.0 建立数据库并进行统计分析。首先采用单因素方差分析考察体育活动量对外显问题行为、自尊的影响；然后采用皮尔逊积差相关分析，分析体育活动量、外显问题行为、自尊的关系；最后采用逐步回归的分析方法检验体育活动和外显问题行为之间是否存在自尊的中介效应，$P<0.05$ 表示差异具有统计学意义。小学生健康行为形成的情况根据单项（或总体）对于问题的肯定回答所占全部问题数的比例来计算，即健康行为形成率＝健康行为指标（正确者）/总回答人数×100%。使用 EpiData 3.0 软件录入数据并进行核查，使用 SPSS21.0 统计软件进行 χ^2 检验，$P<0.01$ 或 $P<0.05$ 有意义。

此外，研究过程中还采用了文献资料法、实地访谈法等研究方法，定性研究和定量研究相结合，力求研究结果科学有效。

（三）研究过程

课题《山东省流动儿童城市融入中体育促进机制研究》在 2016 年获得山东省社会科学规划管理办公室立项后，课题组根据预定的研究计划和任务分工，设计了《山东省小学生体育锻炼与城市融入情况调查问卷》《山东省小学生健康行为与健康需求调查问卷》等问卷，制定了详细的访谈提纲和流程，制定了详细的实地走访、考察方案。课题组一行到青岛、济南等流动儿童较多的城市进行了实地的调查，在学校班主任及体育教师的陪同下到流动儿童的家庭进行了流动儿童父母的访谈，很好的了解了流动儿童家庭在城市的实际情况，在访谈中得到了流动儿童父母的大力支持，课题组成员分头走访了300多个不同地区的流动儿童家庭，获得真实、翔实的资料。在问卷的发放过程中，与流动儿童进行了深入、贴心的交流，倾听了流动儿童的心声，借助德州学院的"大体育专业实践教学平台"项目，组织了体育学院学生的志愿服务、公益活动，利用寒暑假的实践活动进行了流动儿童帮扶。在学生活动之前进行了很好的培训，让学生懂得流动儿童、尊重流动儿童、关爱流动儿童，也为课题的研究提供了翔实的资料。在志愿、公益、实践活动中大学生与小学生建立了良好的关系，真正地做到了"大手牵小手"，为流动儿童的关爱做出了些许的贡献。问卷的发放与回收还得到了中小学班主任、体育教师的帮助。问卷的发放对象做到了精准、精确，问卷填写的质量也很高，无效问卷的数量较少。

Chapter 2 第二章
流动儿童教育政策演化

> 对儿童和青少年打击最大的赤贫现象就是不能提供最能产生长远效果的初等教育。这对人类发展各个领域内取得的成就和续存性是一种危险,因此这是对国家未来的"欠债"。
>
> ——联合国儿童基金会执行主任　磨姆斯·格兰特如

第一节　流动儿童政策变迁

改革开放、工业发展加速了城市建设的步伐,我国已经进入城市快速发展期,流动人口规模伴随着城市化建设和社会结构转型的进展而趋于稳定。进城务工人员、流动人口的规模一直是社会和政府关注的问题,毕竟做好流动人口的管理和服务工作,关系到社会治安和城市稳定,更关系到社会和谐和小康社会的建设。多年来形成的城乡二元制度成为制约流动人口管理的最大制度障碍。1958年颁布的《中华人民共和国户口登记条例》标志着中国城市、乡村差异性人口管理制度的开始,对于进入城市的农村人口进行了条件限制,也是城市中外来流动人口进行管理的开始。1984年国务院允许农民进入城镇务工经商,户籍管理制度的松动为大规模的城乡人口流动提供了条件,城乡分割的户籍、行政管理模式逐步形成。城市中的流动人口规模也随着政策的"解冻"迅速扩大,大量农村儿童也开始进入城市生活,流动儿童在城市中因户籍制度的制约,预防免疫、教育入学成为流动儿童能否享受城市发展红利的重要方面。

一、流动儿童计划免疫政策

我国政府高度重视儿童的计划免疫工作,卫生部 1980 年颁布了《预防接种工作实施办法》,1982 年又出台了《全国计划免疫工作条例》,儿童基础免疫主要涉及"四苗防六病",流动儿童的出现为城市计划免疫工作带来了巨大的挑战。上海、北京等城市率先制定了针对流动儿童的计划免疫实施方案,如《上海市外来流动人员管理条例》(1997 年)、《北京市流动儿童计划免疫工作实施方案》(1998 年)。山东省在儿童计划免疫以及流动儿童计划免疫方面也走在了全国的前列。1978 年山东省就出台了《山东省儿童计划免疫程序》,开始推行预防接种个人卡和集体卡。1991 年山东省人民政府颁布了《山东省儿童计划免疫管理办法》,要求全省儿童必须按照规定进行预防接种,卫生和教育等部分还联合下发了《山东省入托、入学儿童预防接种证查验及补种工作实施方案(2013 年版)》《2015 年山东省脊髓灰质炎疫苗和麻疹苗补充免疫暨查漏补种实施方案的通知》等。山东省各地市也在积极应对人口流动带来的儿童的计划免疫困境并出台了相关管理办法,如《济南市流动人口计划免疫工作管理办法》(2005 年)、《泰安市流动人口儿童计划免疫管理办法》(2006 年)、《潍坊市流动儿童免疫规划管理办法》(2007 年)。2012 年山东省人民政府发布的《山东省流动人口服务管理办法》,明确指出流动儿童计划免疫纳入基本公共卫生服务。随着"健康山东"行动的实施,流动儿童计划免疫等公共卫生服务的投入、政策将会进一步地加强和改善,山东省流动儿童的计划免疫等必将会得到更好的管理与服务。

二、流动儿童义务教育政策

1986 年,我国开始推行义务教育并颁布了《中华人民共和国义务教育法》,把免费的义务教育用法律的形式确立下来。对于经费保障提出了国家和地方共同承担的机制,教育财政投入按照户籍人口来进行分配和支出,保障本地儿童少年更好的接受九年义务教育的地域性限制开始出现,对于外来儿童少年的入学条件进行了严格的限制。义务教育经费的财政制度、人口管理的户籍制度成为制约流动儿童异地接受良好义务教育的制度障碍。从政策上、制度上保障流动儿童的义务教育权利得到了社会的广泛关注,地方政府出台了一些类政策,积极稳妥的解决各地流动儿童的义务教育问题。在一些城市建设了外来务工子弟学校接纳外来务工子女入学,但是受制于法律规定,也仅仅存在了一段时间后被迫关门。

流动儿童教育政策的变迁与我国政府对于流动儿童问题的认识是同步发展,大体上可以分为限制阶段、"两为主"阶段、"两纳入"阶段、完善阶段等几个阶段。

限制阶段(1986—2001年):实行义务教育很好的保障了儿童少年的受教育权利,但是对于外来人口的义务教育的入学没有明确的政策。自从1992年《义务教育法实施细则》的颁布实施,提出了"离开户籍地的儿童少年可向居住地政府申请借读",明确了进入城市的外来儿童可以进入城市义务教育学校就读;但是提出要符合一定的条件,如北京的"五证"要求。在当时的社会背景下,进入城市的外来务工人员子弟的教育问题得到了广泛的关注,甚至有"说什么也不能让外来务工子弟成为新文盲"的社会呼声,要求从政策上解决外来务工人员子弟的义务教育问题。1996年,颁布了《城镇流动人口中适龄儿童少年就学办法(试行)》,是关于解决城市中外来务工人员子弟义务教育的第一个文件。随即1998年,颁布了《流动儿童少年就学暂行办法》[53],选择了六个省市的6个区进行先行试点,对进入城市学校接受义务教育的儿童家庭缴纳借读费的收费标准进行了规定,在一定程度上保障了外来务工人员子弟的能够接受良好的义务教育。

"两为主"阶段(2001—2014年):流动儿童家庭缴纳的借读费不能完全满足当地政府的教育财政支出,流动儿童入学难的问题依然存在。为了积极应对不断扩大的流动人口规模,2001年国务院颁布了《关于基础教育改革与发展的决定》(国发〔2001〕21号),文件明确了"以流入地政府管理为主和以公办中小学为主",初步确立了"两为主"的流动儿童义务教育政策。2003年,《关于做好农民进城务工就业管理和服务工作的通知》(国办发〔2003〕1号)、《关于进一步做好进城务工就业农民子女义务教育工作意见的通知》(国办发〔2003〕78号)等文件的先后出台,"教育公平"理念在文件中得到凸显,文件强调了随迁子女的教育费用与城市儿童一视同仁。为落实科学发展观,促进教育公平,2008年国务院下发了《关于做好免除城市义务教育阶段学生学杂费的通知》,要求免除随迁子女的学杂费,不再收取借读费,随迁子女能够平等地享有义务教育的权利。

"两纳入"阶段(2014—2015年):城镇化是有效解决农业农村农民问题的重要途径,能够推动区域经济协调发展,党的十八大明确提出了"新型城镇化"

概念。2014年印发了《国家新型城镇化规划（2014—2020年）》，文件对于流动儿童的教育问题也有明确的要求，提出了"将农民工随迁子女义务教育纳入各级政府教育发展规划和财政保障范畴"，即"两纳入"，很好地解决了随迁子女的教育问题并纳入了财政保障的范围内。2014年《国务院进一步做好为农民工服务工作的意见》中，要求教育部门要会同财政等部门协同负责保障随迁子女平等地接受教育的权利。《2014年国务院政府工作报告》《2015年国务院政府工作报告》均指出要使更多的流动儿童纳入城镇教育，进一步完善后续升学的政策。

2015年《国务院关于进一步完善城乡义务教育经费保障机制的通知》要求：从2016年1月1日起，实行城乡统一的义务教育经费保障新机制，提出了"三个统一、两个巩固"，强化了农村义务教育的经费保障，实行"钱随人走"，即义务教育经费可以随流动儿童进行流转，保证了流动儿童在城市中享受更好的教育。

三、山东省流动儿童义务教育的实践

山东是人口大省，人口流动也居于全国前列，根据2007年1%人口抽样调查数据推算，全省流动人口总量约为691万人。大规模的人口流动势必给当地的教育带来巨大的影响与冲击。2018年，全省137个县（市、区）全部通过义务教育发展基本均衡国家评估认定，成为整体通过人口最多、县（市、区）数量最多的省份，标志着山东义务教育迈向了城乡一体化均衡发展。

山东省外来务工人员子弟的义务教育政策紧跟国家要求，根据国家政策和地方实际适时调整政策，保障外来务工人员子弟义务教育的权利，将义务教育后阶段的求学诉求也进行了规划，从政策上保证流动儿童义务教育后能够参加中考或者中职的招生考试，享有同城市儿童同样的入学机会。为此，2009年山东省教育厅《关于做好义务教育新生入学工作的通知》（教基函〔2009〕23号）提出了要重点做好流动人口子女接受义务教育，纳入公共教育体系和教育发展规划。2012年，山东省教育厅等4部门联合印发了《关于做好进城务工人员随迁子女接受义务教育后在当地参加升学考试工作实施意见的通知》（鲁教学字〔2012〕11号），文件对于流动儿童参加高考及其录取政策进行了细化，切实做好随迁子女在我省接受各类教育和参加升学考试工作。山东省政府还印发了《关于贯彻国发〔2016〕36号文件加强困境儿童保障工作的实施意见》（鲁政发〔2017〕5

号)、《山东省人民政府贯彻国发〔2016〕40号文件统筹推进县域内城乡义务教育一体化改革发展下发实施意见》等文件,将随迁子女纳入财政保障范畴,落实升学政策和中职政策。

如山东省探索的定点学校制度,通过在流动人口集中的地区辟出一些公办学校接收部分符合条件的外来学生,通过混合编班的方式,让这些学生能够融入本地城市学生中,对外来学生的学习和心理健康等方面都有很大益处。山东省根据外来人口的布局和市区经济发展的情况,将一些公办学校确定为招收外来学生的定点学校。对定点学校给予大力扶持,以使外来务工人员子女尽量享受到较好些的教育。

2003年济南市先后出台了《济南市流动人口子女就学入托管理办法》《关于做好外来务工就业人员子女接受基础教育工作的意见》《关于设立济南市外来务工就业人员子女定点学校的决定》等文件,率先在市区外来务工人员居住较为集中的区域确立了25所定点学校,2010年为38所,2014年达到82所。据济南市教育局的数据显示,2010年济南市外来务工人员子女接受义务教育的入学率为100%(表2-1)。

表2-1　2019年济南历下区外来务工人员子女定点学校一览

序号	学校	地址	区域	类型
1	济南市趵突泉路小学	泺源大街116号	历下区	城市
2	济南市汇波小学	菜市新村11号	历下区	城市
3	济南市姚家小学	历下区姚家小区	历下区	城市
4	济南市十里河小学	历下区十里河村	历下区	城市
5	济南市友谊小学	窑头路中段	历下区	城市
6	济南泉城中学	历下区运署街43号	历下区	城市
7	济南燕新中学	历下区姚家小区	历下区	城市
8	济南市丁家小学	历下区化纤厂路10号	历下区	城市
9	济南市盛福实验小学	历下区中林路16号	历下区	城市
10	济南市智远小学	历下区凤凰路刘智远村	历下区	城市
11	济南市花园小学	历下区报施街42号	历下区	城市

青岛市教育局先后印发了《青岛市城市外来务工就业人员子女基础教育工作

实施细则》（青教通字〔2004〕83 号）、《青岛市教育局外来务工就业人员子女普通教育工作暂行办法》（青教通字〔2007〕87 号）、《青岛市教育局外来务工就业人员子女接受中小学教育管理办法》（青教通字〔2014〕17 号）等文件来规范青岛市外来务工人员子弟义务教育，取消了外来务工人员子女借读费等，提出了外来务工人员子女中考录取条件、收费项目和标准也取得"市民待遇"（表2-2）。

表 2-2　青岛市外来务工就业人员子女申请入学提交材料清单

序号	材料名称
1	父母一方在青劳动合同或工商营业执照
2	父母一方在青暂住证
3	父母一方在青房屋产权证或房屋租赁证明
4	学生及其父母在原籍户口簿
5	原学校同意外出就读证明、原学校学籍档案或复印件
6	初一入学还需提供小学毕业证书或义务教育证书
7	高一入学还需提供流出地教育行政部门出具的当地当年度中考考试科目、中考录取线等材料及有关高中学校提供的高中学校录取通知书，并经流入地所联系的学校考试合格后方能入学

临沂市早在 2004 年就制定了《临沂市城市外来务工就业人员子女基础教育工作实施细则》，将符合条件的外来务工人员子女安排到全日制公办中小学就读。2009 年，临沂市又取消了义务教育阶段外来务工人员子女借读费，将保障外来务工人员子女接受义务教育纳入地方教育发展规划，经费列入地方教育经费预算，确保外来务工人员子女就近入学。2010 年、2011 年，临沂投资 15 亿元，积极推进城区学校新建、改扩建工程，有力保障了外来务工人员子女就近入学。在日常管理中，临沂市不仅为所有外来务工人员子女建立了正式的学籍档案，使他们在入学、会考、毕业鉴定等方面都与当地学生享有同等资格，还特别要求对外来务工人员子女坚持做到三个积极办理、三个平等对待、三个特殊照顾，即对其入学、入籍、转学给予积极办理；在升学评优、入队入团、课外活动等方面同当地学生平等对待；对学习困难、家境贫困、生活不便的外来务工人员子女按照政策给予特殊照顾。

日照市经济技术开发区《2016 年全区义务教育学校招生工作意见》规定："外来务工经商人员随迁子女，由家长持有关证件向所在片区学校报名，经审核合格且学校有空余学位的，由学校安排入学。因学位不足未被录取的，区教育局按照相对就近的原则，统筹安排入学。"

2018年枣庄市中区教育局公布了外来务工人员随迁子女入学的相关规定，将按照居住房屋地确定入学学校。根据学校规模和学位情况，外来务工人员随迁子女按照居住房屋地到定点学校进行入学申请登记。今年，市中区定点学校新增实验中学、聚艺谷学校和齐福小学3所，具体为：逸夫小学西昌校区、红旗小学、回民小学、中兴小学、齐福小学、实验中学、聚艺谷学校、枣庄四十一中北校、枣庄十六中北校、枣庄十五中西校共10所。

《菏泽市教育局关于做好2018年义务教育阶段学校和幼儿园招生入学工作的通知》做好随迁子女和农村留守儿童入学工作。各县区要进一步完善随迁子女入学政策，切实优化入学流程和证明要求，逐步建立以居住证为主要依据的随迁子女入学政策。要巩固农村留守儿童专项保护行动活动成果，做好农村留守儿童入学保障工作，防止学生辍学。

第二节 流动儿童国外经验

我国流动儿童的出现不是一个"孤立"的现象，世界各国在城市发展过程中均曾发生过大规模的人口流动。人口流动与城市化、工业化发展密不可分，工业化、城市化带来了大规模的人口流动，人口流动加速了城市化、工业化的进程。城市化、工业化进程早于我国的欧美国家和世界各国在应对流动儿童问题上有成功的做法，学习世界各国在流动儿童教育方面的成功经验，能更好地促进我国流动儿童的城市融入和健康成长。

一、美国流动儿童的教育经验

美国是较早关注到流动儿童问题的国家，1961年就开始实行"建立移民健康中心计划"。1966年颁布了"流动儿童教育计划"（MEP）中把5~17岁流动儿童作为资助的对象[54]；1988年颁布的《初等与中等教育法案（ESEA）》延长了流动儿童的年龄限制，扩大到了3~21岁。随后，美国相继公布了《美国学校促进法（IASA）》（1994年）、《不让一个孩子掉队法（NCLB）》（2002年）、《让每一个学生成功法（ESSA）》（2015年）等，对于流动儿童的界定越来越清晰，对于流动儿童的流动类型、流动目的、流动方位等进行了具体的说明。美国流动儿童教育融入基本上涉及学业、心理、文化、人际关系等几个方面，注重家庭、社区等在流动儿童教育方面的积极作用，尽管美国政府及各州政府在制度、财政等方面提供了保障，但是流动儿童因语言障碍、文化背景、家校矛盾等还是存在较多的问题。美国政府在教育资金支持上实行国家与地方分别分担的机制，明确了地方在流动儿童教育资金投入方面的比例。美国教育理念和教育思想更重视受教育者的个性发展，因此流动儿童的个体教育得到了有效的保障，学校能够针对流动儿童执行个体的教育支持计划，流动儿童在校期间的学业成绩能够有所提高。学校、老师更重视流动儿童的心理健康教育，这在一定程度上避免了流动儿童因心理失衡、文化冲突、同伴排斥等不良现象可能造成的不良倾向的产生。美国的社会力量在流动儿童的社会融入中也发挥了积极的作用，特许学校、教育管理公司等提高了流动儿童的学业成绩，为流动儿童的教育注入了活力，弥补了政府投入的不足；非政府组织的志愿服务以及慈善机构在流动儿童问题上也发挥了作用。组织社区、家庭进行各类公益性活动及各种募捐活动，吸纳更多的社会机构、民间团体参与到流动儿童帮扶的队伍中，增加用于贫困或者困难流动儿童的救助服务中。美国政府对于流动儿童的分类管理也卓有成效，主要分为移民家庭、困难家庭、军人家庭、无家可归等流动儿童群体，针对不同群体的流动儿童制定了不同的法案，如麦金尼-文托（McKinney-Vento）无家可归资助法案采用的指定的"联络人"，为每一个无家可归的流动儿童进行心理和学习辅导等。

二、澳大利亚流动儿童的教育经验

澳大利亚的流动儿童有自己独特的群体性特征，据2011年的数据，流动儿童的比例达到了33.3%，15岁以下的流动儿童中的25%来自爱尔兰和英国，还有部分来自欧洲和新西兰等国家[55]，国外流动儿童所占比重较大。澳大利亚政府将教育作为流动儿童融入城市生活的重要手段，学校价值观教育成为流动儿童教育的核心内容，1999年的《The Adelaide Declaration on National Goals for Schooling in the Twenty-First Century》将学校价值观教育内容分为了关心与同情等九大类，这有助于在学校接受教育的同时培育统一的价值观认同，更好地融入社会和城市。澳大利亚政府还出台了《The Inclusion and Professional Support Program》，主要为流动儿童、特殊群体等从财政上保障享有的权利，还出台了《The National

Youth Settlement Framework》，主要为具有移民背景的儿童融入社会和城市提供保障，有利于新生代流动儿童定居城市。澳大利亚的学校还通过设立"Harmony Day"来庆祝儿童文化的多样性，彰显对于不同文化背景儿童的差异性的尊重，消除文化歧视和防止偏见的发生。如2016年学校为和谐日的设定的主题为"our diversity is our strength"，流动儿童能够从学校、班级开展的活动中体验多元文化所带来的生产、经济、创造等为澳大利亚社会的贡献，有利于城市、流动儿童形成包容、开放的性格。

三、英国流动儿童的教育经验

英国是欧洲移民数量较多的一个国家，联合国儿童基金会2009年的统计数据显示，流动儿童数量已占到英国儿童总数的16%[56]，流动儿童的身份认同感低和家庭经济收入状况影响了其更好地融入社会，同时也在一定程度上影响了流动儿童的教育机会和权利，同时受到公民权和移民身份限制的英国社会福利制度对于流动儿童享受教育福利产生了制度上的排斥或者障碍，使得有些州的学校因超额而将流动儿童拒之门外，流动儿童即使能够接受教育也是在学校质量低下、条件薄弱的城市学校或者是接受业余的教育。英国教育部门的统计数据显示，在学业方面的弱势儿童中流动儿童所占的比例较大。如2014年组织的关键阶段二的测试中，阅读写作、数学水平的四级通过率相差16.1%[57]，虽然流动儿童的总体学业水平在不断提高，但整体水平还是有很大差距。为此英国政府也从政策、财政等多个方面出台文件来改善流动儿童的教育困境。1999年出台了《Ethnic Minority Achievement Grant》，主要针对提高少数民族成绩拨款，旨在减少少数民族后裔的儿童和城市儿童在学业上的差距，更好的保障教育的权利。2006年融合与团结委员会开展的"New Arrival Excellence Programme"（新移民卓越项目），针对流动儿童学习上的困境投入40万英镑为流动儿童的融入进行指导和培训。2008年以"dedicated schools grant"（学校专用拨款）的方式为流动儿童所在学校拨付专项经费，改善流动儿童的教学、学习条件。2010年，开始为流动儿童发放教育补贴，帮助流动儿童顺利完成学业和提供生活上的帮助。学校还通过开设双语课程、公民素质教育课等来应对流动儿童的学习困难和提高流动儿童的身份认同感，社区也积极开展政策普及、文体活动等增强流动儿童的城市归属感，高等院校积极通过志愿服务、社会调研等载体加入流动儿童为题的解决中，为应对流动儿童的社会融入、城市融入提供理论支撑和路径选择。

四、以色列流动儿童的教育经验

以色列成立于1948年，是以犹太人为主体民族的国家，也是世界上典型的移民国家。以色列政府采取了"无条件移民"的政策吸纳世界各地的犹太人回国，针对大批移民儿童回国后存在国籍等问题，先后出台了《国籍法》《回归法》。以色列开国首任总理戴维·本·古里安认为"没有教育，就没有未来"，教育成了立国之本、民族复兴的希望所在。1949年以色列就颁布了《义务教育法》，条款指出所有5~13岁的儿童应享有义务教育权利，从法律上保障了移民儿童能够接受良好的义务教育，为了落实和完善《义务教育法》，先后出台了《国家教育法》（1953年）、《学校督导法》（1968年）、《地方政府教育财政制度》（2000年）、《长学时及强化学习法》（1997年）、《学生权利法》（2000年）和《义务教育法修正案》（2001年）等多部法律法规，避免移民回国的儿童因社会地位、家庭经济条件、文化知识背景等差异，遭受到教育权利缺失和教育不公平，强化了国家对移民儿童的教育管理，保障了移民儿童更好的享有教育的权利。

五、印度流动儿童的教育经验

印度是世界上的人口大国，1947年开始了城市化发展的道路，大量的人口进入城市，流动人口数量巨大，流动儿童的数量也随之上升。印度的教育理念更加重视"平等自由""机会均等""差异性"等，在教育政策上更大程度的保障均等的享受教育权利，在政策上更多地强调"所有的儿童""所有的孩子"等，凸显教育权利的均等，在先后出台的《印度宪法》（1950年）、《国家教育政策》（1986年）、《1992年教育项目行动》（1992年）、《儿童免费义务教育权法》（2012年）等文件中都可以体现出来。在保障均等教育权利的同时，在利益分配上还关注流动儿童等特殊群体的教育问题，如"黑板行动计划"（Operation Blackboard Scheme）、"国家女童初等教育计划"（National Pro-gramme for Education of Girls at Elementary Level）、"女生寄宿制学校计划"（Kasturba Gandhi Balika Vidyalaya）、"教育保障计划和替代性与创新性教育"（Educational Guarantee Scheme and Alternative &Innovative Education，EGS/AIE）等。采取多样性的举措为少数民族儿童、贫困儿童、流动儿童等提供多样性的资助和帮助，帮助流动儿童在学业、生活上渡过难关，使流动儿童更好地适应城市生活。

第三节 流动儿童教育发展

百年大计，教育为本。党和政府高度重视留守儿童和流动儿童的教育问题。党的十八大以来，以习近平同志为核心的党中央高度重视教育事业，坚持把教育摆在优先发展战略地位，习近平总书记在中央全面深化改革领导小组第二十四次会议上指出："完善城乡义务教育经费保障机制、统筹城乡教育资源配置、提高乡村教育质量、稳定乡村生源、保障随迁子女就学、加强留守儿童关爱保护等方面推出务实管用办法。"流动儿童的义务教育问题历经三十多年的发展，已经得到了有效的解决。地方政府也在积极探索地域性发展路径，因地制宜地制定了地方法规，保障流动儿童的教育权利。学前阶段和升学深造的政策保障也取得了一定的进展，很好的回顾流动儿童教育发展的历程，为流动儿童个体的全面发展、融入城市生活提供更好的服务。

一、流动儿童教育的经验与不足

（一）制度逐步完善，财政投入逐步增加

从1986年颁布的《中华人民共和国义务教育法》到1995年的《中华人民共和国教育法》，我国的义务教育体系、教育体系逐步完善，少年儿童的失学率、辍学率等逐年下降。国家统计局第五次全国人口普查的数据显示：2000年全国小学辍学率为0.4%，2010年为0.19%[58]，流动儿童的教育问题也第一次出现在《中华人民共和国教育法》中。关于流动儿童的政策规制逐步走上完善与成熟，更加体现了党和人民政府重视教育，不让一个孩子失学、辍学的公平教育理念。

流动儿童的跨区域流动使得以居住地归属管理的义务教育经费保障体系面临困难，尤其是地区经济、城乡经济发展的不平衡性，使得流动儿童教育面临困难，政策也从"两为主"到"两纳入"逐步改进，最终的目的就是有效的解决流动儿童公平教育的问题。在经费保障上体现出多部门协同联动，公安、教育、民政、财政、卫生等多个部门共同制定政策来保障流动儿童的教育权利，地方各级政府也在国家政策框架下，根据地方的实际情况，因地制宜地制定相关政策，尤其是经济发展较快的沿海城市或者省会城市，城市发展速度与流动人口的规模和数量成正比，流动儿童问题的妥善处理定能促进城市的发展和社会的稳定。

在保障流动儿童义务教育权利的同时，逐步向学前教育、高中阶段教育逐步延伸，流动儿童的问题是一项长期的工程。《中国教育现代化 2035》中提出"公共教育服务均等化"，要解决县域内义务教育均衡发展，实现随迁子女教育同城化，让流动人口的子女能够在异地升学考试。党的十八大提出了"新型城镇化"的概念，加快了城镇化建设的步伐，流动人口的规模会进一步扩大，城乡差距也会逐步扩大，新的发展势必为流动儿童的教育提出更大的挑战。但是党和国家对于流动儿童等特殊群体的关注，国家政策会更加有利于流动儿童等群体更好地享受卫生、教育等权利。

（二）学校条件改善，全员育人初见成效

20 世纪 80 年代实行义务教育初期，全国中小学的校舍均存在过于简陋的现象，国家和地方政府出台文件、投入资金积极改善办学条件。90 年代中后期我国中小学的办学条件极大改善，《普通中小学基本办学条件标准（试行）》的出台加快了中小学条件的改善进程。文件还将中小学分为了三类，针对不同类型的学校有不同的标准，城市中小学的教学条件明显高于农村中小学，教育资源的不均衡进一步扩大，随父母进入城市的儿童，享受城市教育资源受到了一定的限制，很大程度上是因为城乡经济发展的不均衡造成的。

2008 年山东也出台了《山东省普通中小学基本办学条件标准（试行）》，随后各地市也相继出台了实施意见，推动中小学办学条件标准化工作。如 2009 年《淄博市人民政府关于普通中小学基本办学条件标准化建设的实施意见》等。2011 年山东省还印发了《山东省普通中小学办学条件标准化建设计划（2011—2015 年）》，旨在进一步缩小城乡差距、地区差距，实现教育的均衡发展。2015 年山东省又启动了消除大班额工作，通过扩建学校、新建学校等工作，确保新型城镇化建设下的教育资源的有效供给。在山东省人民政府办公厅《关于印发全面消除普通中小学大班额问题工作方案的通知》中提到"2020 年开工建设 129 个新建中小学校项目、189 个改扩建中小学校项目"，山东省不断增加教育投入，解决教育资源供给不足，为流动儿童在城市的入学提供了很好的保障。

（三）家庭观念转变，家校社担应有责任

家庭是流动儿童来到城市生活的最根本的依托，进入城市的父辈在获得相对

稳定的生活后将下一代接到了城市生活,对于家庭来说经济收入已经能够基本上满足城市的生活需要,父母将孩子接到城市生活,最大的希望就是能够接受更好的教育,能够健康成长。全国妇联等联合印发了《全国家庭教育指导大纲》(2010年),提到了要开展专门的流动人口家庭教育指导[59],家庭教育在流动儿童的教育中具有举足轻重的地位,是学校教育、社会教育的桥梁和纽带。家庭教育环境中的经济收入、文化背景等对于流动儿童的学习具有负面影响,而父母教育期许和教育方式对流动儿童学习具有显著正向影响[60],应加强流动儿童父母的教育,改变其对于教育的认知,学会科学的辅导、指导会更有利于流动儿童的教育。

流动儿童父母积极参与学校的教育活动对于流动儿童的学习具有积极的作用,流动儿童父母与学校教师的沟通交流,能够很好地消除彼此之间的隔阂。主动参与学校的志愿活动,协助教师进行课外、校外的活动组织等,都会提高家长对于学校教育的认识。政府、学校也应在家校合作上建章立制,让家校合作成为一种工作常态。如淄博市2019年下发的《关于加强全市中小学家访工作的指导意见》就是很好的例证,《深化新时代教育评价改革总体方案》中也强调将家访制度、家校联系纳入考核。

居民社区是流动儿童的主要生活地域,在流动儿童的社会融入、城市生活中具有重要的作用。社区通过举行"公益讲座""公益活动"等在帮助流动儿童适应城市生活;社区也与慈善机构、事业单位等联合开展活动,如高校与社区开展的"大手拉小手体质健康促进活动"等,通过参与体育运动提高流动儿童的身体健康水平。社区也是流动儿童管理的"最后一公里",能够为政府或者管理部门提供准确的流动儿童情况。家庭与社区的互动能够很好地促进流动儿童适应城市生活,了解社区文化、城市文化从而产生归属感,从内心融入城市生活中。

二、流动儿童教育的契机与希望

(一) 以人为本,更加关注流动儿童的个体发展

我国流动儿童的教育政策坚持"以人为本,促进公平",在经济、社会、文化全面发展新型城镇化建设更加重视"以人文本"。《国家新型城镇化规划》要求:"以人的城镇化为核心,合理引导人口流动,有序推进农业转移人口市民化"[61],"人的城镇化"及"农业人口市民化"过程中,流动儿童的教育更应坚

持"以学生发展为本"的思想,促进学生德智体美劳全面发展。不仅仅关注流动儿童的学习、学业成绩,更要关注流动儿童在城市、社区、学校中的归属感、认同感、价值观等,要让来到城市生活的流动儿童不仅"学得好"更要"留得住",认同城市文化并留在城市发展,成为城市建设的生力军。在学生发展的"五育并举"中还有一个不容忽视的问题就是流动儿童的体育教育问题。体育已经成为城市生活中、城市发展中的不可或缺的重要内容,让流动儿童享受更好的体育教育,通过体育锻炼促进流动儿童身心健康水平,享受良好的体育教育、养成终身体育锻炼习惯。有利于流动儿童更好地与城市儿童进行交流,丰富流动儿童的业余文化生活,以体育为媒介促进流动儿童参与到学校、社区、城市生活的各个方面。流动儿童参与体育运动能够展示自身良好的身体素质和形象,训练和比赛过程中能够更好地展示自身所具有的吃苦耐劳的优秀品质。通过比赛和训练也能更好地培养团队合作意识以及遵守规则的良好道德品质,通过一起参与体育锻炼打破同伴之间的隔阂,更好地融入"陌生"的环境中。城市公共体育设施的改善也为流动儿童参与体育锻炼提供了良好的机会。公共服务模式改革、体教融合发展、学校体育工作的重视等都会为流动儿童参与体育、参与竞赛提供更高的环境。

(二) 协同推进,强化配套、地方政策的执行力

随家庭迁入城市的大量流动儿童及流动儿童家庭牵动着政府、社会、学校的多个管理层面。流动儿童的卫生防疫、教育入学等涉及政府的多个部门;流动儿童及家庭的社会管理涉及公安、财政、劳动、工商等部门。应建立多部门的沟通协调联动机制,做好流动儿童及家庭管理的顶层设计。各地政府在推进"一站式"政务服务办理的便民改革中,如何利用好大数据、互联网加强流动人口的管理,提升流动人口管理的成效,做到管理精准化、精细化,流动人口数据管理的准确性将会提升后续跟踪服务的质量。电子信息网络平台的建设就是很好的例证,2013年教育部出台了《中小学生学籍管理办法》,2016年山东省颁布了《山东省教育厅关于印发山东省普通中小学学籍管理规定的通知》(鲁教基发〔2016〕3号),全国、省级中小学生的电子学籍信息系统的建立,保证了每个入校学生学籍的唯一性,便于动态跟踪学生的异动情况,学籍管理系统如果跟全国户籍管理系统联网,流动儿童的管理将会更加便捷。

流动人口是城市在发展过程中面临的难题之一,流动儿童的教育问题更是增

加了城市财政投入。多年发展过程中形成的城乡差距造成了教育经费投入的不均衡，城乡、地区之间生均教育经费拨款有差异。流动儿童进入城市学校势必造成城市教育资源的不足。"两自主""两纳入"等政策都是在进一步化解流动儿童教育资源的不均衡问题。国家层面出台政策保障流动儿童的教育权利，但地方政府在操作的过程中如何进一步完善配套政策受到多方面的限制。不可否认城市教育资源对于流动儿童的承载力是有限的，流动儿童数量的预测也会在一定程度上影响市民对于教育的满意度。因地制宜出台地方配套政策，多部门联动妥善解决好流动儿童的教育等问题，有利于城市的发展和稳定。

（三）融合资源，吸纳社会组织关注流动儿童教育

国家、地方政府在政策、经费等方面为流动儿童的发展提供了保障。为了更好地解决流动儿童发展中的问题，还应该广泛吸纳社会组织、社会团体等参与到流动儿童的教育教学和生活关怀中，社会救助、慈善机构、公益组织等应积极关注流动儿童问题。政府也应出台激励政策，给予参与流动儿童苦难救助、慈善捐助等工作的机构一定的奖励政策，鼓励、引导更多的社会组织关注流动儿童的社会融合、城市融入工作；通过组织流动儿童"夏令营""公益冬令营""公益艺术团""公益讲座""亲子公益活动"等活动，为流动儿童提供更多参与了解、交流、分享的机会。例如：2009 年，山东省妇联、山东省文明办、齐鲁电视台发起了"山东省牵手关爱留守流动儿童 大学生志愿者与留守流动儿童牵手结对仪式"；2013 年，山东潍坊滨海开发区"海化金鹏"爱心志愿团队启动了"汇聚滨海大爱，关注流动儿童"公益活动；2014 年，山东省妇联、省儿基会、山东广播电视台等推出了面向留守流动儿童的"向日葵"儿童公益行动。政府部门牵头，搭建关注流动儿童的平台，公益组织积极参与，共同吸纳更多的社会组织参与流动儿童的关爱活动中。

社会组织参与流动儿童的关爱活动过程中，还会吸纳更多的社会资本来改善流动儿童的教育教学。民办学校、民办幼儿园在解决流动儿童的升学和学前教育中就发挥了积极的作用。政府可以通过购买公共服务的模式，对举办学前阶段、高中阶段教育的企业等提供经费或政策支持。如用于青少年体育的体彩公益金可以适当向流动儿童进行倾斜，为流动儿童提供更多参与体育训练的机会；为流动儿童较多的学校、社区捐赠体育设备、建设体育场地；让奥运冠军、世界冠军等走入学校开展关爱活动，进行体育运动的教学、指导训练等活动；让流动儿童感

受体育运动的魅力，养成体育运动的习惯。

  工业化、城市化带来了大规模的人口迁移，从乡村进入城镇、进入城市，从乡村文明到城市文明是一段漫长的路。乡村文化与城市文化在冲突中走上和谐，农村人来到城市终将成为城市人。"谁家祖上三代不是农民"是中国现代城市市民的缩影。城里人在对流动家庭、流动儿童诸多抱怨的时候，在抱怨流动儿童挤占"学位"、挤占"公共资源"、挤占"城市福利"的时候，曾否想过自己、父辈曾走过的路？在流动儿童公益活动中更多的参与者在分享时提到"多年前，随父母来到城市生活时……"多年前曾是进入城市的乡村人，现已成为城市的主人、成为城市的建设者，同样走过的城市融入的路已不再艰难与困难。党和国家高度重视流动儿童的城市融入、教育、卫生等问题，出台了一系列的文件保障流动儿童的基本教育、生活权利。新时代社会治理体系和治理能力现代化背景下，流动儿童的众多问题会逐步妥善解决。在借鉴世界流动儿童城市融入等方面解决经验的同时，形成了独具中国特色的中国方案。

第三章 流动儿童城市融入困境

2014年，中共中央国务院印发了《国家新型城镇化规划（2014—2020年）》，表明我国城镇化进入了高质量发展的阶段。新型城镇化建设更加注重"人的城镇化"，强调"农业转移人口的市民化"。在城市规模不断扩大的同时，对特大城市的人口规模提出了调控要求。城市规模的有序扩张成为新常态，城市在面对人口快速发展和急需人才缺口扩大的两难境地。一方面积极出台政策吸引优秀的人才，为城市的健康快速发展储备力量，另一方面还要面对不断"涌入"城市的大量务工人员。随家庭进入城市的儿童在城市发展、社会融入中，享受到了政策的红利，但是也面临着新的困境。探讨流动儿童及家庭在流动、融入阶段面临的困境，为流动儿童的多方联动治理与服务、制定解决路径等提供理论和借鉴。

第一节 社会身份

归属感是人能够在生活中体验到的一种良好的情绪，每个人似乎总是在寻求"我是谁"的答案。对于来到城市的流动儿童在学校、在社会也总会遇到"来自哪里"询问。其实生活中的每一个都很在意自己的"身份"问题，除自我感知、自我认知外，还要考虑社会地位、经济条件、文化程度等诸多"身份"问题。社会中每一个个体都不是独立存在的，无时无刻不在与周围的个体、群体等发生交流、交往，流动儿童在个人身份、群体身份思考的交织过程中慢慢适应城市生活、融入城市中。

一、流动儿童的身份认同

身份认同，是社会学、心理学领域的一个重要概念，也是流动儿童来到城市后需要面对的一个重要问题。良好的身份认同感能够增加流动儿童的城市归属感，能够使流动儿童更好地融入城市生活、学校学习中。我国学者对于流动儿童的身份认同进行了深入的研究，如王毅杰等认为，流动儿童身份认同是基于与城市儿童的互动而形成的、随自身特征和所处场景的不同而变化的分类意识、自我认定及附着其上的情感归属[62]。从身份认同的概念可以看出，不同群体或群体内成员之间的互动、对于所属群体特征的认知、对于自我身份的认定、自我情感价值的认同是身份认同的核心。山东省的问卷调查数据显示，在问卷设定的"认为自己是农村人"条目中，39.4%的流动儿童认为自己是农村人，还有30.3%的流动儿童选择了不清楚，这说明流动儿童的自我身份认定不清晰，或者说是缺乏自信，甚至是存在自卑心理。但是在对于城市儿童的交流中，没有人认为周边的同学、同伴是"农村人""外来人口""乡下人"等，这从侧面说明对于身份属性的认定更多的是"自我感知"，更多的是一中存在内心的局促或者自卑，也反映出流动儿童对于城市的归属感很低。在问卷设定的"在城市/学校中有几个自己认为的好朋友"的回答中，选择没有好朋友的流动儿童占17.6%，仅有1~2个好朋友的流动儿童占31.2%。在与流动儿童的交流访谈中，更多的流动儿童表现出更喜欢和自己来自同一个城市或者父母周边朋友的同龄人的儿童一起玩耍。除了在学校同一班级中认识的好朋友外，选择居住在同一校区或者学校的相同情况的同学做好朋友的居多。在问及为什么的时候，"能够说到一起来"是多数流动儿童的答复。共同的语言、相同的爱好是将儿童凝聚在一起的纽带和桥梁，希望更多的同学成为好朋友也是流动儿童的心声，渴望能够被城市儿童群体接纳，希望融入更多的朋辈群体中。

身份认同研究中常用社会认同理论作为理论基础。社会认同理论认为个体通过社会分类来认同自己的群体，在内、外群体的比较中提高自尊，在认同、自尊的积极寻求过程中，会出现一定的偏见、冲突。当个体在认识到某群体的社会认同对于自身有积极贡献时，会追求新的群体的资格，选择新的更有价值的个体身份，更多的时候个体在积极地寻求新的身份认同。群体可渗透性在流动儿童融入城市儿童群体中起到了中介作用，城市儿童对于外来儿童态度是积极向上的，能够接纳流动儿童进入自己的群体。"好像是有从农村过来的同学，我们的关系很融洽""我们一起玩得很愉快，能够了解到一些有趣的事情""和了解到的农村趣事一样，和他们相处得很好"，这是城市儿童对于乡村儿童的态度。城市儿童群体的包容为流动儿童融入提供了条件，流动儿童积极改变自身可能改变的条件,积极调整自己的自卑心理,提高自己学习、生活、交往的积极性与主动性,更希望通过自身的优异表现来缩小与城市儿童的差距。流动儿童的自我歧视感是影响群体融入的重要因素,流动儿童的歧视知觉在生活中很明显。38.7%的流动儿童有明显的受歧视知觉,44.4%的流动儿童感知到城市人口对农民工的歧视态度[63]。消极的隔阂态度影响流动儿童在城市的生活,学校老师也给出了流动儿童在学校学习的表现评价"在课堂上很少积极主动的回答问题""在课间跟同学交流较少,更多的是在保持沉默""不会主动地跟老师请教问题,很少积极主动地帮助老师做一些力所能及的事情""面对教师的批评,更多的是低头、沉默,很少进行辩解"等。在问及学校生活时,流动儿童认为"担心自己回答错误,让同学们笑话""担心同学们嫌弃自己是农村来的""担心老师瞧不上自己是农村来的""周围同学谈论的问题,自己不是很了解,也没有听说过"等。自我身份的认知产生的畏难、受歧视感觉、孤僻等在很大程度上影响了流动儿童积极向城市儿童群体靠拢尽管学校老师、同学没有或稍有偏见,但这些相比于流动儿童的自我感知都是微不足道的。

二、流动儿童的身份管理

流动儿童身份差异的直接原因就是城乡二元结构下的户籍制度,户籍制度将我国人口分为了城市人口和农村人口,流动儿童的农村身份就是户籍制度带来的印记。身份认同、社会认同在我国更多的就是户籍制度造成的农村与城市的差别。新型城镇化建设以及户籍制度改革,农村户口、城市户口在逐渐的淡化,流动儿童所担心的"农村印记"在逐渐消失,流动儿童的身份认同逐渐向城市人转化。将自己归为城市人以及城市归属感的增强、城市儿童群体的主动接纳,流动儿童内心的歧视感逐渐消失。运用身份管理策略问卷可以很好地了解流动儿童的社会认同情况,崔丽娟和张昊将 Ulrike niens 等设计的身份管理策略问卷,分为个体流动、群体竞争和社会创造三个维度,运用"10分制"赋分法进行,其中个体流动策略的3个项目中得分平均为 8.13 分,群体竞争策略的3个项目中得分平均为 7.93 分,社会再创造策略的4个项目中得分平均分为 9.00 分。从得分情况可以看出,山东省流动儿童更倾向于社会再创造策略,个体流动策略和群体竞争策略得分相差不大,这也说明流动儿童更希望采用社会再创造策略获得城市身份并得到社会的关注和认可。国家和社会给予了流动儿童、留守儿童更多的关注；新闻媒体也积极宣传报道各地有关流动儿童的积极策略和先进做法，关注流动儿童在城市生活中的积极生活方面的事件。来到城市生活的流动儿童更加珍惜来到城市享有的机会，对明天充满了期待与希望，流动儿童也更加关注自身来到城市后的改变。在个体流动策略和群体竞争策略中，流动儿童在渴望成为城市儿童的同时，也在努力做好自我。在"让别人认为我是城市人""证明我是城市人"的选项中得分偏低，说明流动儿童不是特别注意自己的身份，不是特别想刻意去改变自己的身份。这也与崔丽娟和张昊的调研数据"47.17%的流动儿童希望自己能够成为城市儿童""真正认同城市儿童生活方式及愿意去改变自己生活方式的流动儿童比例仅27.8%和28.7%"很相近[64]（表3-1）。

表3-1　山东省流动儿童身份管理策略的统计结果

项目	得分（分）
1. 我尽最大努力让别人认为我是城市儿童	7.6
2. 我非常希望成为城市儿童的一员	8.9
3. 我努力按城市儿童而不是农民工子女的方式生活	7.9
4. 我将向城市里的人证明我是更有能力的孩子	6.9
5. 我的目标是展示出身上的优点，而非一味地跟城市儿童学习	7.8
6. 城市孩子已经拥有足够的资源，争取更多专门为我们投入的资源	9.1
7. 全球化时代，严格意义上的城市和农民人口的划分已经过时	9.2
8. 我认为自己是祖国少年中的一员，而不是城市儿童或农民工子女	9.3
9. 对农民工子女来说，将现在的状况和三年前相比较是很重要的	8.4
10. 与自身三年前状况相比较的重要性要大于和城市儿童相比	9.1

第二节　城乡文化

乡村兴则国家兴，乡村衰则国家衰。农村问题始终牵动着全国人民的心。党中央始终将"三农"问题作为工作的重中之重，党的十九大提出了"乡村振兴战略"，旨在解决乡村人民日益增长的美好生活需要和不平衡不充分的发展之间的矛盾。习近平总书记对乡村振兴工作做出了"五个振兴"的重要指示。文化振兴是"五个振兴"中的一部分，乡村文化是中华文化的重要组成部分。在城市化发展过程中，乡村文化和城市文化在冲突中融合，坚定了中华民族的文化自信。

一、城乡文化的变迁

城乡发展不平衡、农村发展不充分已经成为新时代我国社会的主要矛盾。农民赖以生存的农村及长期生活形成的农耕文化是实现全民小康必须面对的问题。费孝通认为农民的人文世界一般是属于民间的范围，这个范围里有多种层次的文化。它有已接受了的大传统，而同时保持着原有小传统的本身。有些是暴露在地上的，有些是隐蔽在地下的，甚至有些已打进了潜意识的文化[65]。乡村文化在很大程度上影响农村经济的发展和农民意识的提高。乡村文化与农耕文化一脉传承，中国农村的文化发展很好地印证了农耕文明的时代变迁。"男耕女织"是农耕文明的典型的学说，在一定层面上很好地呈现了农村的管理理念、交往方式、生产活动、礼仪规制、语言文化等。世代居于乡村的农民与依附于乡村的文化早已融为了一体，乡村文化已根植于每一个乡村人，"乡下人"的一言一行皆为乡村文明的代言人。乡村文化也在时代变迁中"与时俱进"，在工业文明与农业文明的碰撞中活力不减，在吸纳、包容中创新发展。

素有礼仪之邦之称的山东是儒家文化的发祥地，"仁""和""中庸"等儒家思想滋养了齐鲁大地，在数千年的发展中形成了独特的"庭院经济""早出暮入，强乎耕稼树艺""夙兴夜寐，强乎纺绩织纴"更是齐鲁人民的优良传统，历史积淀成就了独特的齐鲁乡村经济发展模式和乡村文化。革命战争时期，山东农民为新中国的成立做出了巨大的牺牲和贡献。中华人民共和国成立后，土地革命、合作化运动、人民公社等对村落文化造成了重大的冲击，山东在这一时期也经历了相同的文化解构与重构。改革开放后，独具特色的村落文化虽有复苏，但比中华人民共和国成立时期的村落文化有了新的内涵。

二、城乡文化的交融

乡村文化是具有多样性的文化资源，与城市文化具有差异性。改革开放前我国城市化进程缓慢，城市化水平偏低，乡村文化与城市文化的差异性并不显著。改革开放加速了城市化、工业化的发展速度，农村与城市的差距日益明显，市民与农民的矛盾也开始逐步积累，城市文化与农村文化的冲突开始凸显。改革开放也更好地促进了中西文化的交流，西方文化本身具有两面性，对于我国的城市化、工业化起到了积极的促进作用，但不可否认对于我国本土文化造成了一定的冲击。乡村文化可以说是乡村的土地孕育而生，农民因生活在乡村的热土而烙下了乡村文化的气息。离开了乡村生活的农民仍难以割舍乡村的土地，城市发展与农村发展的差距越来越明显。城市文化和乡村文化的冲突得到了关注，党的十七届六中全会上提出了"城乡一体化发展"；党的十八大上提出了"美丽乡村"建设；党的十九大上提出了"生态文明"，乡村建设的一系列部署彰显党中央对于乡村发展的重视。新型城镇化建设、城乡统筹一体化建设过程中，乡村建设的思路更加清晰，习近平总书记也强调："建设美丽中国，必须建设美丽乡村"。

城乡一体化发展过程中，乡村经济、政治、生态等多方面得到了快速发展，乡村文化的发展速度略显缓慢，但是市场经济影响了乡村文化的发展，加速了乡村文明发展的速度。市场是对乡村文化影响最为显著的力量，对文化差异的拉平效应十分明显，市场所到之处，能迅速减少文化之间的差异性并形成价值观的同化[66]。乡村文化在受到工业文明"侵蚀"的同时，也在倔强的坚守自己独有的气息，中华文脉之所以生生不息在于其具有的吸纳与包容，乡村文化作为中华文明的重要根源与文脉在包容中走向融合。工业文明给乡村生活带来了颠覆性的改变，文化的载体也在发生着重大的变化，文化的传播方式也在发生巨变。新媒体的传播速度及广度对于乡村文化的影响可以说是"双刃剑"，将城市文明、现代文明带到了乡村的每一寸土地，乡村土地上独有的、地域性的、传播范围小的一些文化镜像通过新媒体走入了世界，让世界、全国人民所了解。在新媒体、工业化的文化发展新时代，乡村文化具有的商业价值也被挖掘，互联网将乡村文化的商业价值进一步放大，诸如我们可以欣赏到的民族体育、民间体育；民俗体育也在"文化+旅游+体育+医养"的融合发展理念下，从乡村走向了城市，也将众多的城市人吸引到了乡村地头，足以显示乡村文化具有的生机与活力。城市发展离不开农村的支持，城市文化也离不开乡村文化的哺育，城市文明、城市文化也在反哺乡村文化，城市文化与乡村文化在交融中走向了共生。习近平总书记曾指示要求乡村优秀传统文化要与现代文明发展相统一，乡村文化要创新性发展、创造性转化。龙舟、拔河、摔跤等独具特色的民族民俗民间体育发展很好地印证了乡村文化的创新性、创造性发展道路，具有浓郁气息的乡村文化与现代科技、文化的融合中，以其震撼的、触碰心灵的审美效果，焕发出了光彩夺目的新时代的光彩。

三、城乡文化与流动儿童

城乡文化在发展中具有差异性、非均衡性发展，具有双重性文化背景的流动儿童在城乡文化发展中受到的影响最大、感触最深。城乡文化、城乡教育是流动儿童在城市中面对的文化教育的最大的障碍。城乡教育与城乡文化的不可割裂性为教育、文化的同向而行提供了契机。2010年《国家中长期教育改革和发展规划纲要》中提出"城乡一体化义务教育发展机制"，城乡教育一体化建设理应为城乡文化的融合发展注入源源不竭的动力。然而城乡经济发展的不平衡使得城乡教育投入的差距更大，乡村教育可以说是举步维艰，在艰难中徘徊前行，这也使得城乡一体化发展中乡村文化渐行渐远，乡村人口在城乡一体化发展中逐渐萎缩，更多的青年人口涌入城市寻求前途、逐梦城市。乡村因青壮年人口的迁徙而更加荒凉，留守儿童和乡村人口严重老龄化是人口迁徙初期的景象，祖孙生活的场景成为乡村人口外流迁徙的真实写照。

留守儿童因缺失家庭教育与父母关爱而产生了叛逆、厌学、逃学、辍学等诸多问题。留守儿童沾染吸烟、喝酒、赌博、偷摸等恶习的数量剧增，交通、溺水、触电等意外事故频发。沾染恶习、道德失范甚至有些留守儿童走上了违法犯罪的道路。根据2000年全国人口普查数据进行测算，我国留守儿童的数量在2290万人左右[67]。2004年留守儿童因无人照顾而出现严重问题的事件被曝光后，《人民日报》《光明日报》《中国青年报》等对于留守儿童在学业、心理、安全、生活等方面的问题进行了持续的关注、报道。留守儿童问题得到了社会的广泛关注，教育、民政等部门采取了积极的行动来应对留守儿童。2004年教育部召开了"中国农村留守儿童问题研究"座谈会来探讨留守儿童问题的应对办法。教育部先后出台文件来解决留守儿童的学习生活困难，如2005年出台了《关于进一步推进义务教育均衡发展的若干意见》，要求教育行政部门和学校要妥善解决留守儿童的问题和困难。2006年出台了《国务院关于解决农民工问题的若干意见》，要求解决农民子女的寄宿需求。2013年出台了《关于加强义务教育阶段农村留守儿童关爱和教育工作的意见》，提出了留守儿童健康成长和生活幸福。2015年《关于认真学习贯彻党的十八届五中全会精神的通知》提出了构建流动儿童关爱体系。有关留守儿童教育政策的变迁可以看出党和政府在促进教育公平和儿童保障方面的积极态度。国务院在2016年对留守儿童的界定为"父母双方外出务工或一方外出务工另一方无监护能力，无法与父母正常共同生活的不满16周岁的未成年人[68]"。我国学者对于留守儿童的研究涉及多个学科，研究的范围从宏观政策到微观发展，从教育教学到个体身心健康，从社会困境与干预到生活经历与感受等。随着城市化、工业化的发展，进入城市务工的农村人的生活境遇得到了根本改善，开始在城市购房定居，具备城市生活条件的进城务工人员开始将自己的下一代接到城市中生活，希冀能够为下一代创造更好的学习、生活条件，人口流动也从个体迁徙到了举家迁徙，曾经的留守儿童进入了城市，流动儿童开始出现，规模也在不断扩大。流动儿童开始进入社会大众的视野，留守儿童、流动儿童成为社会共同关注的群体。

流动儿童与留守儿童的学习生活最大的差异在于流动儿童来到了城市，在城市的学校接受城市的教育，能够与父母生活在同一个城市，城乡文化的差异是流动儿童不得不面对的问题。城市文化价值认同感的提高将有利于流动儿童融入城市生活。社会主义核心价值观的引领至关重要，帮助流动儿童树立正确的价值观念，构建一元多样的城乡文化适应路径。流动儿童在潜移默化中从乡村文化走入城市文化中在校外获取知识的途径有多条，在调研中"互联网、电视、视频网站"是主要的获取途径（表3-2）。流动儿童群体之间的交流也是校外获取知识的重要途径（所占比重为54.6%），校内教育和校外获取知识是流动儿童了解城市文化、认同城市文化的重要途径，城市生活中的道德情操、是非标准、行为规范等与乡村有着很大的差别。乡村文化熏陶下的流动儿童的处事原则、做事方式、语言交流等也与城市儿童不同，学校在积极营造良好的城市文化的同时，要注重发挥新媒体的积极作用，加强城市文化的宣传，营造城市包容流动儿童的良好氛围。社区在流动儿童的城市文化认同中地位也十分重要，社区是流动儿童城市生活的主要区域，应建立流动儿童服务工作站，开辟图书阅览室、文体活动室等，注重城市历史文化、历史底蕴的宣传，让流动儿童获得更多的认同城市文化的机会。

表3-2 流动儿童校外获取知识途径选择

获取途径	所占比重
互联网、电视	84.2%
视频网站APP	57.8%

续表

获取途径	所占比重
同学同伴	54.6%
新闻客户端	46.3%
门户网站	36.7%
音频网站	21.4%
户外媒体	19.8%
杂志期刊	13.2%
报纸	12.3%
广播电视	10.1%
其他	4.6%

城乡文化的差异是影响流动儿童融入城市的根源性障碍，乡村文明与城市文明在历史发展过程中不断冲突、交流；也有包容、借鉴、融合；也存在着不和谐。我国城乡发展也历经了不平等、二元对立、统筹发展、一体化发展、融合发展的过程。恩格斯曾经说过"每一历史时期的观念和思想同样可以极其简单地由这一时期的生活经济条件以及由这些条件决定的社会关系和政治关系来说明[69]"。城乡经济发展的不平衡和发展模式的不同决定了城乡文化的差异和城乡居民思想观念的不同。城乡文化和思想观念的差异使得从乡村进入城市的儿童面临适应和认知改变的困难。来到城市的儿童的家庭经济条件等方面要比乡村有很大的提高，而且能将儿童从乡村接到城市生活的父母已经具备在城市生活的经济条件，但是文化上的差异和认知上的差距使得流动儿童心理上产生了一些微妙的变化。城市在生活设施、文体设施、市内交通等多方面要方便，尽管在乡村面貌焕然一新的今天，与城市面貌的差距还是很大的。城市的智能化程度也比乡村先进的多，城市居民的语言习惯、卫生习惯等与乡村也有差异。儿童来到城市面对诸多文化方面的不适应，在焕然一新的城市面前，面临着诸如语言交流等问题；可能产生"自卑""怯弱"等不良心理，要从社会、学校、社区等多方面给予关注，为流动儿童适应城市文化提供帮助。

第三节 经济条件

我国经济的快速发展始于1978年的改革开放,城乡居民收入差距也自此拉开了差距。城乡经济发展的不平衡促进了人口的大规模流动,城市经济的快速发展吸引了大量的农村人口进入城市。据统计,1978年到2017年近40年的城乡居民人均收入差距由2.57倍扩大到2.71倍,绝对差距由209.8元迅速扩大到22964元[70]。从数字上看城乡收入差距的倍数增加了仅0.14,但是收入差距增加了22754.2元,实际收入差距十分明显。来到城市生活的农村居民,收入情况要高于乡村居民,但是工作的性质等在城市属于低收入工种,主要从事服务行业、建筑行业、搬运行业、家政行业等等以体力劳动为主、技术含量偏低的工作。从事工作的性质也是由自身在知识、技术、能力等方面的实际情况决定。城市的快速发展提供了大量的用工机会,农村机械化也让更多的农民从繁重的劳动中解放出来。从农村来到城市寻求发展的农民,在城市中的生活与农村相比得到了很大的改善,尽管从事的工作性质不是高端行业,但在生活、工作等方面仍得到了很大的改善。

一、就业、工作与收入

山东省城市流动人口的学历层次较低、劳动技能证书的获得率更低,影响了就业情况和工作性质,家庭整体收入虽不高,但能够维持正常的生活,比农村生活条件优厚。调研结果显示,具有初中或以下学历的占比为20.6%、高中或中专(技校)学历的占46.8%、大专学历的占19.8%。高中或者中专(技校)学历所占比重较大,具有高中或者中专学历在农村也算是高学历人才,在城市略显学历层次低一些。在技能资格获取情况的调查中,具有技能证书的比例达到了57.8%。这与所调查的流动儿童家庭的父母所具有的学历层次有关,具有较高学历层次的父母具有更高的学习求知欲,对于职业技能证书的认知普遍偏高。具有高级技能证书的比例为14.6%,26.7%为高技工,42.3%为中级工,16.4%为初级工。能够将自己的下一代接到城市生活,说明父母已经具备了城市生活的能力,这在职业技能证书的获取率上得到了很好的体现。流动儿童的父母来城市生活多年,基本具有相对稳定的工作,稳定的工作也为继续追求更好的工作职级或走上管理岗位创造了条件。对于工作稳定性的调查数据也显示，5年以上没有更换工作的达到37.4%，3~5年没有更换工作的24.6%，1~3年没有更换工作的15.7%，流动儿童父母工作相对稳定。

根据国家统计局的数据，2018年山东省居民人均可支配收入为29205元，城镇居民人均可支配收入为39549元，农村居民人均可支配收入为16297元，城镇与农村居民人均可支配收入差距为23252元。城乡居民的可支配收入差距很大，流动儿童父母的人均月收入在5000元以上的仅占11.2%，4000~5000元占46.5%，3000~4000元占32.5%总体上看流动儿童家庭收入水平虽然与城镇居民可支配收入的平均数有一定的差距，但是明显高于农村居民可支配收入，相对较高的收入里面存在没有缴纳养老保险等客观因素。

在对流动儿童父母的交谈中也能体会到来到城市生活的不容易尤其是刚来到城市打拼时，即使是现在有了一份相对稳定的工作，仍然有很多的艰难与不易，所从事的工作也是苦、累、脏等城市年轻人不愿从事的工作。工作的时间、强度等也较于薪资丰厚的工作有一定的差距，虽然有了一份相对稳定的工作和客观的收入，工作压力、心理压力也很大，担心失去工作，在工作中也更加努力。凭借精湛的技术、热情周到的服务走上管理岗位的流动儿童的父母，在交谈中更体会到工作的压力，他们更希望获得学习的机会和提升的机会，管理知识的欠缺和难于处理的人际关系是最为担忧的方面。一位在制造企业管理岗位流动儿童的父亲说"来到城市之初，在寻找工作时，因学历低多次碰壁，后来从最底层的一线工人做起，凭借自己在技校学到的基本操作技术，从手工制造到数字智能化控制，自己也在工作中通过自学获得了成人本科学历，技能证书也从初级慢慢考到了高级。为了让孩子能够接受更好的教育，担心爷爷奶奶过分溺爱，孩子耽误学习，将来更难生活。自己虽然能够在城市买房落户，生活也较农村的同龄人好一些，但是生活的压力依然很大。"从农村来到城市，生活成本、工作压力增加，立足于城市需要付出更多的艰辛，更加努力的工作和自我提升来应对失业和择业，但不可否认的是子女在城市能够接受更好的教育。

二、生活、消费与支出

流动儿童家庭的生活虽然发生了根本性的变化，但是家庭的生活圈子还是局限在老乡、亲戚、工友之间的狭小范围内。由于"流动""外来"等的特殊社会角色身份，使流动儿童家庭陷入封闭或压抑的状态。血缘、地缘、业缘是流动儿童家庭扩大交际范围的纽带，农村自给自足的生活模式和城市的生活方式差异是显著的，乡村文化在很大程度上影响了流动儿童家庭的生活方式。相对于农村的慢节奏生活，城市生活的闲暇时光弥足珍贵。在与流动儿童父母交谈中发现，大多数流动儿童的父母忙于工作几乎没有休闲的时间，有一点儿时间也是用来操持家务。在被问及"工作之后的闲暇时间，除了操持家务，做什么"的时候，选择睡觉休息的占50%以上，选择和朋友一起逛街、吃饭的占20%左右，选择"跳广场舞、小区附近散步"的占了20%左右，有些家长也表示有时间偶尔也会陪孩子去逛超市、看电影，在节假日或者过节时也会去饭店庆祝一下。"城市的书店、读书吧等很多，乐于给孩子办会员卡，让孩子有空的时候去读书，希望孩子在学业上有进步，不要浪费了城市这么好的条件；能够有这么好的读书机会，是在农村花钱也不同意办到的事情"，这似乎是更多流动儿童的心声，流动儿童父母的休闲生活观也在城市文化的熏陶下逐渐变化。流动儿童父母参加老乡会或者社会团体活动的较少，受访家庭中从未参加的占到了56.7%，偶尔参加的占到了26.4%，主要参加的活动是单位组织的年会或者业绩庆祝活动。多数家庭参与交流的方式是工作中或者生活中比较投缘的同事或者老乡聚会。在被问及与周围人群的交流的主要方式时，选择"约着一起吃饭"所占的比重为40%，"微信等网络聊天"方式的占30%以上，还有一部分选择"打牌或者打麻将"，选择"唱歌或者打球"等文体活动所占比重很少，仅有不到10%的流动儿童父母。流动儿童家庭的交往圈的狭窄限制了流动儿童的交往，父母交际圈对于流动儿童积极融入城市、扩大自己在城市的交际能力有很大的影响。

2019年山东省居民人均消费支出为18780元，居民恩格尔系数降至26.5%，城镇居民人均消费支出为24798元，农村居民人均消费支出为11270元，城镇与农村居民人均消费支出差距为13528元。城乡消费支出的差距较大，对于从农村来到城市的流动儿童家庭来说，消费支出与乡村的消费发生了很大的变化。流动儿童家庭的消费结构也因流动儿童的迁入城市发生了很大的变化，子女随迁会显著降低流动儿童家庭发展型消费在家庭总消费中的占比，而显著提高改善生存型消费和教育消费在总消费中的占比[71]。受访家庭表示一个月的收入中生活费用的支出比例在50%以上的占到30%以上，生活消费支出占月收入25%以下的仅占20%左右，其余的月生活支出介于1/2~1/4。生活消费支出中房贷或者房租所占比重达到了60%，其他日常生活的支出所占比重并不大。这与供应富足、物价稳定有很大关系，日常生活开销低有利于流动儿童家庭生活稳定，也为父母将更多的资金用于流动儿童的发展上，也就是说父母可能将为流动儿童的教育投入更多，将会为流动儿童的成长提供更加有利的条件。

三、流动儿童文体教育投入

流动儿童的教育涉及多个方面，国家出台了相关政策，解决了流动儿童的入学问题，保障了流动儿童的义务教育问题。针对中考、高考也出台了地方性的政策，为解决流动儿童的继续学习提供了更好的空间。国家在保障流动儿童在校很好的接受义务教育的同时，对于流动儿童的家庭教育也提出了更高的要求。2015年教育部出台了《关于加强家庭教育工作的指导意见》，对于家庭、父母的责任进一步进行了明确。流动儿童父母因忙于工作，使得流动儿童家庭教育缺失，更多的流动儿童父母选择了校外培训或者校外教育，流动儿童父母本身文化知识的欠缺也使得更多的选择了校外培训。

课外辅导机构的迅猛发展在很大程度上弥补了学校教育、家庭教育的不足。2016年《中国辅导教育行业及辅导机构教师现状调查报告》显示"1.37亿以上的青少年参与课外补习"。《中国教育新业态发展报告（2017）——基础教育》报告显示"中小学阶段学生的校外培训参与率为48.3%"[72]。"朝为田舍郎，暮登天子堂"更是流动儿童父母的信念，来到城市的流动儿童的父母坚信学习可以改变一切，将流动儿童接到城市来生活就是为了接受更好的教育，从而来更好的改变命运，实现社会阶层向上的流动。流动儿童父母在被问及校外教育培训参与情况时，"希望孩子不输在起跑线上，希望孩子在文化课教育上不被拉下""校外教育培训的确是增加了经济负担，但是别人家的还在都在上，咱也不能不上""现在孩子开设的课程内容较多，自己确实没有时间、没有能力进行辅导""孩子参加小餐桌、辅导班，自己可以有更多的时间和精力进行工作，挣了钱就是为了孩子在学习上不耽误"。流动儿童的父母对于校外教育培训没有反对的意见，更多的是看到了校外教育培训的积极作用，毕竟在一定程度上将流动儿童的父母从繁重的作业辅导和教育中解脱了出来，能有更多的时间和精力用在工作上，但也可能为此放松对于孩子的管教，疏于说教而产生其他问题。加强学校、家庭、教师、父母的沟通与交流是必需的，也是必要的。

山东省流动儿童校外教育培训的具体数据显示，95.5%以上的流动儿童参与课校外教育辅导,每个家庭用于教育培训的年支出为 6000 元以上,占家庭消费支出的 8% 以上。参与校外培训的主要目的是提高成绩 89.6% 和培养兴趣 56.5%,其中还有部分家长选择了掌握知识 30.5% 和充实课外生活 34.6%。在学习日的有 78.6% 的家长选择了课后作业托管,这与流动儿童父母的工作性质和文化水平有很大关系,尤其是在高年级阶段,几乎所有的家长都选择了课后作业托管,父母没有时间和能力进行作业辅导和学校布置课后作业的实际情况很吻合国家、省、市教育部门对课后作业辅导、批改多次出台政策进行规范,但还是不能避免在"追求分数"的社会环境下课外作业负担过重,教师虽进行了作业的批改,但是家长也需要承担一定的作业批改任务。

流动儿童参加校外教育培训的时间较长,周一到周五的上学时间每天参加学科辅导的时间为 4.2 小时,基本上在每天有 1 小时的课后作业托管,周末参加学科辅导的时间为 5.3 小时。每个儿童将近参加 2~3 个课程辅导班,周一到周五也有参加艺术、体育等辅导班的流动儿童,相比于学科辅导要少一些,部分辅导机构在开展作业托管的同时进行了其他项目的课外辅导。在周末也有部分流动儿童参加了艺术、体育项目的辅导,与国家强化艺术、体育学科的重要性有很大关系。同时流动儿童的父母也希望儿童在文化学习有余力的情况下,提高身心健康水平和文化修养。不可否认,城市在艺术、体育方面的教育远远强于乡村,艺术、体育特长也成为入学的一条重要途径,不仅能够提高自身的修养水平,陶冶情操,还能够丰富闲暇时间,成为现代社会交流、交往的重要途径(表 3-3)。

表 3-3 流动儿童校外教育培训的类型和时间

类型	上学日(小时)	周末(小时)
学科辅导	4.2	5.3
文艺特长	1.0	1.2
体育特长	1.2	1.6
科技兴趣	0.6	0.8
其他	0.4	0.5

流动儿童能够享有九年义务教育的权力,迁入地政府为保障流动儿童的教育权力做出了卓有成效的努力,流动儿童能够和城市儿童一样享受良好的学校教育。学校教育是公平的,教师对待城市儿童、流动儿童的态度也在逐步走向更加

公平。新闻媒体的报道宣传、社会舆论监督让富有爱心的教师，更加关注流动儿童的学校教育，能够在课堂上给予更多的关心与帮助。但就学校体育教育的机会而言，学校体育教师在流动儿童的课外活动、课余训练、参加体育社团方面情愿给流动儿童更多的机会。在与学校体育老师交流过程中，谈及流动儿童的体育锻炼问题时，给出了"乡村儿童的身体素质明显好于城市儿童，在吃苦耐劳等品质上也比城市儿童更优秀""课后训练时，家长更支持流动儿童参加体育训练，认为参加学校组织的体育训练活动能够丰富业余生活，万一获得比赛的名次还能为班级、学校增加荣誉，更能得到老师、同学的认可""在一些时尚运动项目的比赛上，城市儿童更占优势，毕竟城市儿童参加校外培训投入的时间、精力更多"。城市儿童、流动儿童在体育运动项目上各有千秋，流动儿童在田径等奔跑、速度、力量等运动项目上具有更多的优势，在体育运动训练的初试选材阶段，教练员也有意识的选择流动儿童，参与体育竞技比赛能够为流动儿童的成长成才增加更多的机会。

随家庭或父母进入城市的流动儿童，在学习、生活中面临诸多的不适或者困难。家庭、父母带着儿童来城市生活的目的就是希望儿童能够获得更好的机会、享受更好的资源、接收更好的教育，能够在城市获得更好的发展、成为城市的主人，城市原有居民及儿童也以更加包容、友好的心态接纳外来家庭、儿童。国家从政策层面保障流动儿童享有基本的卫生、入学等权利，通过户籍制度改革，消除城乡身份的差异，加大农村文化、教育等的投入，改变农村、农民的文化面貌。乡村经济的发展，实现了城乡一体化的协同发展。流动儿童的父母也通过自己的努力，通过买房落户城市，积极改善家庭的生活条件，自身技能、经验的提升带来经济条件的改善，为流动儿童学习提供更好的教育条件。

Chapter 4 第四章
流动儿童体育锻炼环境

20 世纪 80 年代以来，由于改革开放的深入和社会主义市场经济体制的建立健全，我国的社会模式已由传统社会转变为现代社会，是一种开放性的社会。在这种社会转型的背景下，我国的人口流动规模越来越大。在我国这种社会流动模式主要是农村到城市，他们的目的是打工，而他们的子女大多数正处在求学阶段。在这个阶段的儿童存在着教育问题，相伴的这些流动儿童的体育锻炼问题也就产生了。据《中国流动人口发展报告（2018）》指出：2017 年我国的社会人口流动已达到 2.445 亿人，在这个数字中流动儿童的比例达到了 12.8%。《中国流动儿童发展报告（2016）》指出流动儿童和留守儿童这两个群体总数大约有 1 亿人。随着这种大规模的人口流动，流动儿童的体育锻炼环境问题便引起了社会和政府的高度重视。

第一节 学校体育

学校体育中的教学环境主要是学校教育，学校教育对学校体育有着决定性的作用。学生在学校体育活动中的主要参与形式是主动的或被动的参与活动。在体育活动中他们可以选择运用身体练习、模仿和观察动作等手段，获得有利于自身发展的体育知识。学校所组织的这种教育活动有着自己的特点，它包括有目的、有组织、有计划等。在目前的学校体育中，它可以由五部分构成：①体育课中的体育教学；②在空余时间里，学校和学生按照活动的特点自行组织的课外体育活动。这种活动主要是培养学生的体育兴趣，增长学生在体育活动的技能知识；③学校会组织一些专项运动队，他们会代表学校参加各种形式的体育比赛，为学校争得荣誉；④学校会为学生组织一些早操和课间操；⑤学校为了促进学生的健康发展，会为他们设置一些科学的作息和保健措施。

随着经济的迅速发展，国家对学生在学校中的体育锻炼越来越重视。1951年政务院发布了《关于改善各级学校学生健康状况的决定》，指出学校体育对于学生的身体健康和心理健康有着重要的作用，并对学校关于学生的体育锻炼提出了相关要求，学校体育要密切关注学生的体质健康。1952年，设立了体育处管理学校体育，并对学校体育颁布了各种各样的规定，来促进学校体育的完善。1956年在学校推行《劳动与卫国体育制度》（1964年改为《青少年体育锻炼标准》，1975年改为《国家体育锻炼标准》）。体育锻炼标准的制定更是促进了学校体育的完善，为学生的体育课建立了体育锻炼标准。1975年，教育部设立了体育司，有些地方并设立了体育卫生处，这更是加强了教育部对学校的管理，为体育课在学校中的完善奠定了基础。在同一年里，更是制定了新的体育教学大纲和教材，用来完善学校的体育教学。1979年，教育部和国家体委联合颁布了《中小学体育工作暂行规定》《高等学校体育工作暂行规定》（试行草案）和《全国学生体育运动竞赛制度》，改善了我国学校体育，规定了学校体育在学校教育中的重要性。

随着城市建设进程的高速发展，出现了大量的农民工来到了城市，为我们的城市建设增添了许多光彩，同时也为我们的城市带来了一批新鲜的血液。他们的儿女也将伴随着他们一起来到这个城市，我们称他们为流动儿童。这些流动儿童来到城市的同时，他们在学校体育方面也会出现一系列问题。比如，因为他们在原来的地方行为散漫、观念落后等因素的限制，流动儿童在现在的环境中会出现行为的约束；会出现自我管理与控制能力差；自身的兴趣爱好在生活上得不到满足；在家庭中没有好的办法与父母交流；在学校环境中常常会受到排斥。南京的爱心传递社会工作服务中心等单位对这种情况，承办了流动儿童社会工作标准研讨会，主要目的是促进我国流动儿童的社会工作建设，提高流动儿童在社会生活中的质量和水平。四川省卫生和计划生育委员会办公室为了贯彻落实省卫生计生委、教育厅、民政厅、人社厅《关于做好流动儿童和农村留守儿童健康关爱工作的实施意见》（川卫发〔2017〕38号）精神，开展流动儿童和农村留守儿童健康关爱师范学校建设的有关要求通知的指导思想。流动儿童和留守儿童健康关爱师范学校建设要紧密围绕健康四川建设的总体目标，贯彻落实好全省卫生与健康大会精神，客观遵循流动儿童和留守儿童的身心发展特点和规律，完善学校健康建设，为流动儿童和留守儿童营造一个健康的学校体育环境，实现流动儿童和留守儿童身心健康和谐发展。

流动儿童的问题是关乎我国儿童能否健康发展的重要问题，这需要社会成员和各级人民政府的相关部门在流动儿童的体质健康方面积极的相互配合，共同组成相应的工作机制，合理的保障我国流动儿童合法权益，为流动儿童的健康发展提供前提和基础。

一、学校体育对流动儿童德育的影响

随着社会的快速发展，我国在城市的经济发展进程中也越来越快，而跟随农民工一起进城的流动儿童的德育问题也越来越严重，解决好流动儿童的德育缺失问题是教育工作的重中之重。现在社会越来越注重小学生的品德发展，小学生的品德主要包括道德观念（知）、道德情感（情）、道德意志（意）和道德行为（行）这四个基本要素。

由于流动儿童对从农村到城市的不适应，导致他们不适应现在的群体。流动儿童在上体育课的时候参与较少，这就会使他们在德育方面的发展受到限制，很难实现德育目标。学校体育的目标之一，是要培养出有理想、有道德、有文化、有纪律的社会主义接班人。假如这些从农村来到城市的儿童长时间得不到德育的指引，得不到本该属于他们的关爱、关心和关注，就会导致她们出现一系列心理问题，如会表现出焦虑、烦躁、安全感低、没有存在感、总是患得患失等；在生活中由于父母长时间工作，导致父母缺位，在他们身边没有大人的指导和行为榜样，就会导致他们秩序感、纪律感和人际交往差等问题的出现。慢慢地他们为了引起别人的注意，便会形成上课不遵守纪律、欺负比自己弱小的同学、偷窃行为等，他们就成了我们眼中的"问题儿童"或"问题少年"，这就会导致学校的德育目标无法实现。

案例一

在与流动儿童小东（化名）的访谈过程中可以得知，小东是班里的差生，而且时不时地在班里捣蛋，但是他知道自己行为的不当。通过访谈对小东问道"你是一个怎样的人"的时候，他回答说："我感觉自己挺坏的，在我身边的朋友大多数是坏朋友。我也知道经常和他们在一起会变坏的，但是没有办法，只有他们才会陪我玩。爸爸妈妈经常在外面打工，回来的时间少之又少，即使回来了，也说不了几句话。所以，我只能去找他们玩，在玩的过程中，他们的一些坏习惯，我就学会了。他们抽烟喝酒，我也跟着抽烟喝酒，他们去打架斗殴，我也在后面跟着，就这样他们的这些习惯就在我的身上养成了，我就变成了问题少年。"

因此，学校体育应多注意流动儿童的德育发展，在体育课上不光要交给他们技能与知识，还要多多引导他们做人的道理，在学习中给他们帮助，在生活中给他们关爱、关心和关注，让他感受到班集体是一个有着爱心的大家庭。在日常的生活中积极去影响和规范他们的言行举止，克服他们由于不适应环境所带来的不良心理和行为。学校体育对学生的德、智、体、美有这种重要的促进作用。

二、学校体育对流动儿童智育的影响

体育课是学生在学校中必须上的一门必修课，学校中的体育教学对学生的发展有着重要的作用，这是由体育锻炼对学生体质和心理的独特作用所决定的。学生通过在体育课中对某个动作和技能的反复练习中，不仅能提高学生四肢的肌肉力量和技能水平，而且在学生的智育方面也有一定的促进作用。在体育课的教学过程中，老师通过对学生所学内容的重新组织，运用生动的语言，可以使学生加深对知识的认识，提高学生对学习内容的记忆力和运用知识的能力。学生通过在体育比赛的紧张气氛中，提高学生自身的观察力。通过对比赛情况的分析判断，作出正确的决定，灵活地运用战术和技能，这些都有助于提高智育的发展。而流动儿童在智育的发展存着一定缺陷，那就需要学校特别注意流动儿童在智育上的发展。学校体育通过有组织、有目的的体育活动，提高流动儿童在学习上的学习效率，扩展学生所需知识的广度和深度，帮助流动儿童系统地掌握知识体系，提高他们平时的自学能力，为他们在学习上奠定了坚实的基础。

流动儿童在学校的生活中，会遇到各种各样的学业问题，这样学校的智育目标就很难实现。发展智育需要儿童和教师一起努力，流动儿童要有内在学习的动力，这样教师在他们智育的发展上将会事半功倍，更有利于流动儿童实现教师制订的智育目标。在实现智育的过程中需要流动儿童有良好的心态，具体表现为积极性、主动性和创造性。同时智育的发展需要内外因的共同作用，才能够使学生在智力发展上有相应的突破和进步。但是，以上这些只能是以学生的身心健康发展为前提，假如没有了这些作为基础，那么教师所制定的智育目标，这些流动儿童将很难能够达到。

案例二

通过对流动儿童小红的访谈中,她告诉我们:"我的父母是农民工,我跟着父母来到城市,刚来到城市的时候,心里非常的高兴和期待,可是慢慢地就感觉没有当初想的那么好。在和这些城市中朋友待在一起的时候,他们的吃、穿、用都比自己好,慢慢地就会感到非常的自卑,感觉自己和他们不是一个世界的人。上课的时候就会被这些莫名其妙的想法所控制,上课不能注意力集中,导致自己的学习是越来越差,慢慢地自己就不愿再靠近他们,变得非常的自闭,不愿和别人说话。"

在流动儿童的智育发展过程中,一定要遵循智育的发展原则,运用这些原则提高流动儿童的智育发展。流动儿童的智育发展原则有直观原则、学和做相结合原则和智力因素与非智力因素相结合的原则。直观性原则是指在体育教学的过程中,通过流动儿童在体育课上所观察到的事物,或体育老师用声动的语言进行的形象描述,可以让流动儿童接收到课堂上所学东西的清晰表象,增加他们在直观中的感性经验,可以使他们在学习中正确地理解知识和提高认识能力。"学"与"做"相结合的原则:"学"是指教师在流动儿童的智育发展方面起到引导的作用,通过在课堂上有组织、有计划地的教学,把各种知识和技能在教学活动中传授给流动儿童;"做"则是注重流动儿童的探索和自主学习。在流动儿童的学习中只有发挥教师的引导和幼儿的自主学习结合,才能达到智育的目的。智力因素与非智力因素是智力活动的两个方面,两者的相互作用能够促进流动儿童在学习中知识的获得和技能的培养。

三、学校体育对流动儿童体育的影响

学校体育是学校教育的重要组成部分,它包括广义的体育和狭义的体育。其中广义的体育是指学生以身体练习为锻炼的手段,主要是增强人的体质,促进人的全面发展,丰富社会文化生活和精神文明为目的的一种有意识、有组织的社会活动,又称体育活动。狭义的体育是一个发展身体、增强体质、传授锻炼身体的知识、技能,培养道德和意志品质的教育活动,是培养全面发展的人的重要方法。

我们可以根据流动儿童在生活中所必须遵循的身体发展规律，对流动儿童的活动有目的、有计划、有组织的举行体育活动，在活动中增强流动儿童的身体素质，在流动儿童参加活动的过程中间接的培养他们的道德和意志品质。学校体育对流动儿童的体育目标如下：

（一）确保流动儿童的生命安全与身体健康

对于流动儿童来说，保证其正常的生命安全和身体健康是终身幸福的物质基础。对于流动儿童来说他们现在所生活的环境是一个陌生的环境，对环境的适应需要一个较长的时间。所以我们要通过各种有益的体育活动和游戏来适应陌生的城市环境，促进流动儿童的身体发育，为他们的终身幸福奠定基础。

（二）让流动儿童养成良好的生活习惯和卫生习惯

让流动儿童养成一个好习惯对于他们的一生有重要的意义。流动儿童现在所处的阶段是他们人生的初级阶段。他们在生活中，面对她们眼前的事物具有很强的模仿能力和可塑性，这也是他们良好的生活习惯和卫生习惯的关键期。在生活中保持好良好的习惯可以对他们的身心健康有良好的促进作用，而且能够使其养成良好的道德品质和独特的人格。

（三）培养流动儿童良好的道德和意志品质，养成良好的性格特征

根据流动儿童的体育活动和游戏的内容，教师可以通过有目的和有计划的体育课来锻炼流动儿童的道德和意志品质。要让他们养成活泼开朗的性格，塑造流动儿童好的性格特征；同时，可以让流动儿童体验到比赛中的竞赛精神。

四、学校体育对流动儿童美育的影响

学校体育对学生的活动内容是丰富多彩的，但在学校体育中的各个方面也会存在着美育的不同问题。对于留守儿童而言，从农村来到城市，他们身边的环境发生了改变，这会对他们的情感产生许多负面的影响，会让他们产生有孤独和被抛弃的感觉，影响他们以后的人生规划。作为一名教师不应该让学生感觉到他们的生活是灰色的，对未来美好的生活失去信心。所以，学校体育应该更多地在他们的生活中给予更多的关心和帮助，让他们对生活充满热情和希望，在生活中更

多地感受到生活美、学习美的事物，帮助流动儿童以更好的心态面对生活的各种困难，获得对生活的渴望，实现自己的人生目标。

案例三

在对小梅的访谈中，他告诉我们："以前，我是一位不爱说话，并且很自卑的小女孩。在体育课上，老师带领我们一起做游戏，同学们很乐意和我一起玩，慢慢地我的性格也就改变了，变得喜欢说话，也会经常找朋友一起出去玩。在体育中，我找到了自我，感受到了自信，现在感觉外面的事物都是美好的。"

在流动儿童的学校体育中进行美育教育，在他们的教育中不能仅限于内容更要注意教学的形式。形体美是健与美的有机结合体，他们是儿童生理心理内在的发展要求，体现在学生各种活动的体育锻炼中。通过对流动儿童形体美的训练，一是可以端正流动儿童正确的动作姿势，使身体的各个部位都处于合理的位置，体现出美感；二是给了她们正确的健美方法，提高他们对形体美的认识。

第二节 社区体育

社会体育的介入可以给流动儿童带来具有积极意义的正能量因素，为了实现流动儿童在社会体育中的目标，让流动儿童可以更好地适应社会，我们要深入探讨社会体育对流动儿童的意义、现状及对策。

社区体育活动是当今社会城市迅速发展、社区规划日趋完善的背景下产生的有利于社区居民体育锻炼与休闲的新的一种体育活动形式，逐渐获得人们的喜爱。社区体育主要是受两个方面的影响，它包括自然资源与社区设施两部分。自然资源和社区设施为流动儿童在体育方面提供了场所和空间，促进了流动儿童身体技能的发展，使流动儿童可以拥有一个健康的身体。流动儿童在社区运动时大多数都是由自己的父母陪同，为这些流动儿童增加了亲近社会、接触社会的机会，有利于流动儿童良好性格的形成，促进儿童与外界的交往能力。流动儿童在社区体育中运动技能的发展需要别人的指导，在为流动儿童指导时应该遵循健身性和灵活性、亲子性和趣味性、社会性和人文性等原则。

第四章 流动儿童体育锻炼环境

一、社区体育对流动儿童健康的意义

社区体育对于流动儿童的体育锻炼有着非常重要的意义。流动儿童的社会体育需要我们社会人员的共同努力。社会成员的关心和关爱有利于促进流动儿童社会体育的发展，促进了内容的丰富、形式的多样化以及体育目标的实现，为体育培养合格的公民做出了贡献和努力，促进流动儿童努力融入社会这个大家庭中。实际上，这种观点和现在人们所支持的"终身体育""阳光体育"相符合，学校体育与家庭、社会体育协同发展是我国全民健身的必由之路，社区体育对于流动儿童在体育方面的发展有着非常重要的促进作用。它能够"从生理、心理及社会适应能力方面增进学生的健康、更好地贯彻'健康第一'的指导思想，实现体育教育途径的最优化"[73]，主要表现如下。

（一）缓解流动儿童学习压力

流动儿童的学习压力大是一个公认的事实，他们所面对的不光有学习压力，还有和其他同学的交往问题，放学后还要完成很多的作业，在这种情况下对于学生的身体健康会产生很大的伤害。而流动儿童在社区中没有了在学校中的压力，有助于缓解孩子们的压力。流动儿童在社区体育的运动量不是很大，在参加运动时，也是那种很随意的，缓解了学生在学校学习的那种紧张性，对于流动儿童而言，多参加一些儿童多的活动，或做一些游戏娱乐，都是很好的选择。

现在的学生有着很大的学习压力，这种压力不光来自作业、父母的唠叨和生活的环境，更多的是来自自己对自己的要求。当然，流动儿童也不例外，他们有着自己的压力，他们的压力会比那些正常的儿童更多。有了压力就需要调节，不同的儿童有着不同的调节方式。有的流动儿童会用暴饮暴食、玩游戏等对自己身体不健康的方法来减轻自己的压力。这种方法是不可取的，它不一定能减轻流动儿童的压力，相反的却给流动儿童的身心健康带来了伤害。运动是一个有益于身心健康的减轻压力的方法。在自己学习压力大的时候，把自己的身心投入到体育运动中，在奔跑、流汗中把自己放空，压力就会被抛到脑后，让这些流动儿童的注意力暂时转移动运动中，让自己得到缓解。

（二）能够缓解大脑疲劳，提高学习效率

大脑是我们人体一切活动的总指挥，它对人体的活动有着自己的规律，兴奋

和抑制交替进行。这些学生一直在学校里学习，身体很容易出现疲劳感，注意力也不能集中，思考力也会下降，这就会影响这些儿童在学习时的效率。所以，流动儿童离开了校园的环境，进入社区体育环境是他们最合适的选择，可以很好地消除参加活动流动儿童的大脑疲劳，提高他们的学习效率。

（三）适当的新陈代谢，促进他们的生长发育

儿童参加社区的体育活动量一般不大，方式是多种多样的。这也正好符合儿童的身体发展阶段要求。处于这个阶段的儿童他们的新陈代谢较快，所以他们不适合参加大强度的身体锻炼。另外，他们现在还太小，身体的一些机能还不够完善，参加运动可以有利于营养物质的消化吸收。研究表明，学生适当的参加学校之外的社区活动有利于骨骼的健康成长、肌肉的均衡发育、关节的灵活性等，能有效地促进流动儿童的运动技能训练，促进正常的生长发育。

（四）发展交际能力，培养社会责任感

社区是所有居民参加体育活动的场所，也可以锻炼一个人的人际交往能力。流动儿童参加社区活动可以和他们的父母和伙伴一起。可以与别人建立起良好的情感关系，这一过程是兼具锻炼、交往、娱乐的交互过程，极大丰富了流动儿童体验与他们的社会经历。

二、流动儿童在社区体育互动发展的现状

随着我国不断发展，社区体育也随之兴起不断地完善，产生了一些体育文化现象。如今社会对于流动儿童的社会体育非常关注，希望可以在社会体育方面促进流动儿童的发展，在流动儿童需要我们的时候给予帮助。社会体育对于流动儿童的体育锻炼确实存在着一些客观的问题。例如，社区体育中流动儿童的场地利用现状、流动儿童在社区体育中体育动作指导方面的知识欠缺、流动儿童在社区体育锻炼项目的现状。

（一）社区体育中流动儿童的场地利用现状

社区体育不像学校体育一样，体育资源比较缺乏，没有固定的经费来源来增加器材和场地。《城市居住该规划设计规范》修改版中规定：每个居住区的文体

设施建筑面积要达到 125~245 平方米/千人,用地面积要达到 225~645 平方米/千人;一般社区要有 1.5 万~2.0 万个座位的体育场一个,居住小区需配备体育场 200~300 平方米/千人。根据第五次的体育场地调查显示,"完全属于社区的体育场地仅占全国体育场地总数的 8.84%"[74]。这说明我国在社区的体育设施非常缺乏,已经严重地影响了社区居民的体育活动需要。

随着城市中建筑的快速发展,一批批规划合理的新城区兴起。但是在这些新城区居住的大多数都是一些社会精英群体,而在那些老城区中大多数是一些外地打工的农民工,而流动儿童的居住环境也是在那些老城区中。在现在的社会政府的优惠政策与体育投入资金是向着新城区的体育场地倾斜的。那些老城区在环境和场地的分配上就会比新城区缺乏,所以在争取体育设施的建设上就没有了优势,这就使新老城区在体育资源的分配上不均衡。会导致流动儿童缺少社区体育参与,会使流动儿童对社会的交往减少,导致他们不会与外界人员交流,慢慢地导致他们无法融入社会这个大家庭。

(二) 社会对流动儿童社会体育发展现状的成因分析

社会对于流动儿童在社区体育发展的关注,主要体现在观念、社会成员组成、政府指导和监督等方面。

1. 社会对于流动儿童的社会体育指导未达成共识

一直以来,这些流动人口对于自己孩子的关注始终是停留在"物质"的基础上,认为只要自己满足了孩子的吃、穿、住、行,就可以让孩子快乐的长大。其实流动人口中的父母也是非常爱自己的孩子,只不过他们理解错误了。孩子的成长不光需要物质的满足,在平时他们更需要父母的陪伴,与父母有更多的交流,这样父母才能更准确地知道孩子的需求。这些流动儿童的父母大多数是从遥远的农村来到陌生的城市,他们的自身感受大多数都是"贫穷""没有钱",觉得他们小的时候就没有过多的要求,所以投影到自己的孩子身上,就认为他们也不会有过多的要求。殊不知时代的不同导致隔代的人有着不同的思想,现在的儿童需要的不光是物质基础,更需要来自家人的关爱和家人的陪伴,需要的是闲暇时父母能够陪伴自己做一些体育游戏,这种需要是属于更高层次的需要。

流动儿童对社会体育缺乏认知,这种缺乏会导致流动儿童对社会体育失去兴趣,没有对体育有足够的认识就不能给流动儿童起到促进作用。体育认知是指通过查找资料获得有关于体育的外部信息,并把所查询的外部信息转化为自身的知识结构和理性认识的心理过程。我们要如何怎样增加流动儿童在社会体育中的体育认知呢?这就需要父母及社会成员的共同参与,在平时给予流动儿童一些关心,还要给予他们在社会体育中能够用到的一些体育知识,使他们能够建立对于社会体育的兴趣及乐趣。这样有助于他们对社会体育产生积极地兴趣。流动儿童的体育认知可以影响到他们的体育锻炼行为,在通常情况下,流动儿童所具有的体育认知水平越高,他参加到社区体育的可能性就会越大。只有流动儿童自身的体育认知水平高了,他在社区体育锻炼过程中表现的越好,受到社会人员的赞美就会越多;收到的赞美多了,他们就会越来越喜欢参加到社会体育这个大家庭中。那么他们就自然而然地融入城市的环境中,把自己变成了城市儿童的一分子。

从哲学的角度来分析,意识对行动是有着指导作用的,所以想让流动儿童积极地参加社区体育,就要让流动儿童对校外体育活动有一个正确理性的认识,这就是体育的功能。流动儿童对体育的认知是他们参加社区体育的重要动力。体育对于流动儿童的功能主要有四个方面:一是可以增强流动儿童的体质健康;二是可以调节流动儿童与城市儿童的友谊,增进他们的交往;三是休闲娱乐,丰富课外生活;四是能够培养流动儿童的意志品质。所以说,体育能够满足流动儿童的需求越多,那么他们参加体育活动的可能性就会越大,因此体育存在的功能对流动儿童参与社区体育有着重要的作用。

2. 社会成员的广泛性,对流动儿童的体育锻炼行为呈现复杂性的影响

现在的社会人员组成非常的广泛,他们大多是从五湖四海来到了这个陌生的城市,共同组成社会这个大家庭,同时他们参加体育锻炼的行为会对流动儿童产生不一样的影响,呈现出复杂性的结果。这种复杂性的体现是由社会成员组成的广泛性和流动儿童自身的特点组成。

社会成员的广泛性体现在他们从事工作的不同,生活环境的不同。这样他们对体育锻炼行为的认识和对体育动作的完成就会有不同的见解,对流动儿童体育动作的讲解和完成上会产生不同的结果。还有社会人员对体育锻炼的不重视的态度会间接地影响着流动儿童对体育锻炼的态度,流动儿童由于环境的改变和周围人物的改变,非常注重自己周围人物对自己的看法,所以他们会特别重视社会人员对自己的指导和意见。因为他们想要引起周围人的注意,想要得到别人对自己的认同。如果社会人员对锻炼行为的态度是积极的,那么他们也会对体育锻炼行

为产生一种积极的兴趣,促使他们增加参加体育锻炼的次数;如果周围人员对体育锻炼行为持有厌恶的态度,认为参加体育锻炼行为是一种闲人才会参加的运动,那么他们也会持有相同的态度,对体育锻炼产生误解,导致体育锻炼行为的减少。社会成员在体育方面的自发性对流动儿童会产生积极地影响,会使流动儿童在参加锻炼行为的方式、方法、内容、时间等方面呈现出随意性与不确定性,容易对流动儿童产生影响,会使流动儿童自发地做出帮助别人的行为,这种帮助人的"供给"于流动儿童的"需求"没有交点,这更会使流动儿童的帮助行为产生事半功倍的效果。

流动儿童的体育锻炼行为本身就存在着复杂性,这种复杂性体现在流动儿童在进行体育锻炼的时候要有丰富的体育锻炼知识或锻炼指导,没有这些知识的支持流动儿童就很难利用体育设施锻炼到自己。体育锻炼的指导就是在流动儿童进行体育锻炼时,要有专业的人员进行讲解和示范,以保证流动儿童做出的动作是规范的、标准的,这样他们在锻炼时就不会因为动作不规范,而损伤到自己。复杂性还表现在体育锻炼行为可以释放他们压抑在心理的情绪。有的儿童遇到一些不符合自己意愿的事情时,就会产生负向的情绪,这种情绪是需要释放的,他们会以不被别人知道的方式释放。这种方式是"无声"的,他们通常拒绝和其他人交流自己的心事。这时流动儿童就会把不满的情绪以运动的方式发泄出来,以保证自己的心理健康。

3. 政府缺少对流动儿童体育设施的建设

这些流动儿童都是从遥远的地区来到城市的,他们的家庭条件不是很好,所以这些流动儿童的家庭居住地大多数都是居住在比较偏远的郊区、工厂和建筑工地等缺少体育设施的地方。政府可以加大对流动家庭居住的社区及广场等地方的体育设施的建设。通过对体育设施的加强,满足了流动儿童对体育设施的需求,为他们参加体育活动融入社会创造了条件,为这些流动家庭提供了活动场所,有利于他们居住环境的稳定。为流动家庭改善环境的同时,也为建设城市化体育环境提供了硬性指标,有利于流动家庭居住的城中村社区的体育设施的完善。

为了改善流动儿童所处的社会环境,政府需要对这些从外地来到城市的流动家庭有一个充分的认识,认识到城市化的主体是来到城市的农民,这些在城市生活和工作的流动家庭应享受一些公共部门的服务,为这些给城市带来活力的人民创造更好地社会生活环境。建立一些社会体育设施给这些流动家庭提供了休闲娱乐的场所，当然也包括跟随父母来到城市的流动儿童，为他们提供了体育锻炼的机会。也只有这些流动儿童的问题解决了，这些来到城市生活的农民工才能在城市中安居乐业，踏踏实实地为城市的发展提供劳动力。

第三节　家庭体育

习近平总书记曾这样说过：家庭是社会的基本细胞，是人生的第一所学校，不论时代发生多大变化，不论生活格局发生多大变化，我们都要重视家庭建设，注重家庭、注重家教、注重家风[75]。一个人所接触到的第一个环境便是家庭，家庭中的每一个成员都会对儿童的成长影响巨大。家庭中父母对体育的态度会间接地影响到孩子对体育的认知，父母对体育有着好的体育行为态度会使孩子较多地参加体育锻炼，这样就可以使孩子在生活中形成良好的体育行为习惯。所以，为了让孩子养成良好的体育锻炼行为，在日常的生活中，父母应该多和孩子一起参加体育活动。适当的体育活动是家庭生活的一部分，在体育活动中促进孩子对体育形成良好的认知，对自己严格要求；在体育活动中树立良好的榜样，对孩子的体育动作形成正确的引导，这样才能促进家庭体育的发展。

由于流动儿童的身心发展存在着很大的不成熟性，在平常的生活中这些流动儿童容易受到他人的影响，所以作为流动儿童的父母，就应该树立对孩子有力的正确的教育观念，这样才能给流动儿童做出科学的正确的选择，并指导他们做出正确的行为。现在很多的学生都是被动地接受学校的体育教育，当然流动儿童也不例外。他们对学校的体育教育有着排斥的心理，对于体育锻炼的参与也表现着不积极的状态。作为流动儿童的父母他们的心里对自己的儿女有着一定的教育期望，父母的正确的教育观念对流动儿童的身心健康发展有着重要的影响力量。当然家庭教育有着随机性、生活性的特点，它存在于家庭生活的各个方面。家庭的教育对流动儿童的教育有着潜移默化的作用。马可连柯曾对父母说："不要以为只有你们同儿童谈话、教训他、命令他的时候，才进行教育。你们是在生活的每时每刻，甚至是你们不在场的时候，也在教育着儿童。你们怎样穿戴，怎样同别人谈话，怎样谈论别人，怎样欢乐或忧愁，怎样对待朋友和敌人，怎样笑，怎样读报——这一切对儿童都有着重要的意义[76]"。所以父母要想孩子可以健康成长，日常生活中就要"以身作则，躬行身教"。

流动儿童生活的家庭体育环境可以分为家庭体育物理环境、家庭体育行为环境和家庭体育心理环境。家庭体育物理环境指在流动儿童家中能够起到促进和抑制流动儿童进行体育锻炼的一切器物，也就是指一个家庭所拥有的体育器械和运动装备。居住地周围的体育设施，对流动儿童的体育锻炼行为起到了一定的积极作用；流动儿童家中的电脑、手机、游戏机等，会抑制流动儿童去参加体育锻炼。

一、父母的期望价值观对流动儿童的影响

一个人的信念是非常强大的，随着时间的增长，产生的影响会变得更久远。父母与流动儿童的日常交流中，他们的期望信念会对这些流动儿童产生某种影响，一般父母会以自己的信念采取一些措施，使流动儿童的活动行为符合父母的期望。所以，流动儿童的锻炼行为会受到父母的影响，在一些活动的场所会做一些符合既定角色的行为动作。

父母在流动儿童面前流露出的对流动儿童体育锻炼的信念会影响这些流动儿童锻炼行为。家长的体育意识与青少年的锻炼行为的形成有显著相关，家长、青少年对参加体育锻炼的必要性的认识是一致的[77]。吕树庭的研究认为，父母对孩子参与体育运动的意见对孩子体育的锻炼行为有着重要的影响作用[78]。日常生活中，父母参与体育的态度和技能、喜欢体育的程度、体育价值观和经济状况等也有一定的影响作用。Julien E. Boi 等人发现母亲拥有的体育锻炼态度在孩子的身体运动中起到间接的作用，父亲在体育锻炼方面的态度是影响孩子进行体育锻炼的间接要素[79]。

案例四

通过对小杨父亲的访谈发现，小杨的父亲是一位篮球球迷，对NBA的赛事特别的关注。他对我们说："自己在外打工非常的辛苦，但只要回到家看上一场球赛，就感觉自己又充满了活力，特别是NBA的球赛。有的时候孩子学完习，我就会叫上他一起看，并为他讲解一下，久而久之孩子也喜欢上了看球赛。自己在外面打工，陪伴孩子的时间非常少，所以一有时间我们父子俩就会拿着篮球，找一个球场，我们两个切磋一下球技。"

父母拥有的体育锻炼信念在生活中是怎样影响流动儿童的锻炼行为呢？当父母在生活中经常参加体育锻炼，这样良好的体育锻炼习惯对流动儿童的习惯有着引导作用，会体现在孩子的体育锻炼上，一般父母会改变以前的生活方式，用一

种健康的方式与孩子进行人际交流。父母就会更愿意关注孩子的锻炼行为，会更愿意为了改善儿童的行为而付出行动，会更主动的花费一些时间与孩子一起进行体育锻炼行为，更多的改善孩子的动作标准。相反，流动儿童的父母假如意识不到体育锻炼对流动儿童存在的意义，就会减少青少年参与体育锻炼的行为，还有可能降低儿童的锻炼动机从而使其不再关注体育锻炼。还有一种情况就是父母不但不关注孩子的体育锻炼，还对他们参加体育锻炼的行为进行干预。认为他们参加体育锻炼的行为是浪费时间和不学习的表现，希望儿童把所有的时间都用到学习上。这样的想法是不科学的，儿童不是机器，不能一味的要求他做你认为对的事情，也要给他一定的空间，这样才不会让他们失去对学习的乐趣。

二、家庭体育行为对流动儿童的影响

流动儿童参加体育行为也是需要动机的，它是流动儿童参与体育锻炼的内部机制。流动儿童的父母对他们的支持态度，是影响流动儿童参与体育锻炼的因素，父母的态度更是激励流动儿童主动参与锻炼的内在动机。父母对流动儿童参加体育所持有的支持态度，能够为儿童参与运动提供支持、鼓励和榜样的作用。父母对孩子在体育中所获得成绩的肯定是促进孩子选择从事身体活动的关键因素，孩子在父母那里受到表扬，那么孩子才最有可能参与到体育锻炼中去。

案例五

通过对小博的采访得知，他非常的在乎父母的态度，每次一出去玩他都会请示父母，父母答应之后才会出去。他对我说："我非常的爱自己的爸爸妈妈，也非常的听他们的话。父母在外打工挣钱非常的辛苦，我不想再让他们为自己操心，所以我要做一位懂事的好孩子，不会让他们担心。在锻炼中，我也非常地在意父母的鼓励，能够得到父母的表扬，我在体育锻炼中就会特别有动力。"

父母对孩子参与体育锻炼的支持态度与孩子在体育动作中表现的活动水平成正相关。也有一些研究认为，父母对儿童的体育锻炼进行口头鼓励和表扬与较高强度的身体练习成正相关。父母允许孩子参加体育锻炼的时间增加，儿童锻炼到自己的身体强度也会有一定的升高。

有些时候，我们也要为流动儿童树立一些榜样，为流动儿童树立正确的榜样会给他们带来目标，就更有了追求的方向。班杜拉的社会学习理论有写到榜样的作用，他认为儿童是通过眼睛观察到他人的行为来进行模仿和学习的。在儿童的生长发育过程中，父母是他们模仿和学习的重要信息来源。所以说，如果自己的父母是一个体育爱好者的话，那么他们的孩子爱好体育的可能性就会很大，他们通常会把自己的父母当作自己的榜样。在平常的活动中，这些流动儿童的父母可以是儿童动作的诠释者，对流动儿童的动作过程中的体育动作进行评价和解读，这种行为可以影响孩子参与体育锻炼的信念和行为。父母是和儿童接触最为密切的人，父母的言行举止和态度是孩子参加体育行为的基础，父母本身也具有榜样的作用，会间接促进孩子的体育行为，给予孩子一定的体育锻炼动机，激励他们参与更多的体育锻炼。

三、家庭体育环境对流动儿童的影响

由于这些流动儿童跟随父母来到城市，不仅环境发生了改变，相对的流动儿童在与父母的相处时间上也变得相对减少。有研究对家庭的媒体资源与久坐不动的时间进行了相关研究。辛飞[80]等人以儿童青少年体质健康为研究对象，发现场地面积和器材数量的提升对儿童青少年参加体育锻炼有着重要的影响，这些因素主要是在城郊及性别方面出现差异，所以体育设施的配置不甚理想制约着儿童青少年体育锻炼的参与。袁策[81]利用感知量表调查出学校场地的面积越大，学校的器材数量越多，那么学生利用器材参加体育锻炼的情况就会越好，学生在做动作时的身体活动水平就会越高。肖兰兰[82]等人研究发现父母的教育背景与体育参与度对儿童的体育参与行为有着直接的影响，所以在儿童的体育参与上，父母的观念与运动参与是这些儿童参与体育活动的关键因素。

家庭中的物理环境在流动儿童的体育活动中存在着两种影响，一种是对流动儿童有利的影响，而另一种是无利的影响。在流动儿童的周围存在着许多的体育设施，这些设施能够增强流动儿童的锻炼行为的主动性以及他们参加体育锻炼行为的活动时间。现在社会存在着许多的电子设备，它的增加会导致流动儿童的静止性活动时间增加。现在社会的社区中增加了许多能够让人们锻炼的体育设施，为社区居民提供了能够锻炼的锻炼地点、锻炼器材，满足了社区人们的自主性需要。人们参加体育锻炼的坚持性就会增加，当然这也增加了流动儿童体育锻炼的参与性和坚持性。屏幕对流动儿童存在着很大的吸引力，特别是手机上的网络游戏和视频，这些都会使流动儿童深陷其中，失去对学习的乐趣。他们会把注意力全都集中在游戏中,这样他们就会错过很多对他们有益的经历。而家庭物理环境的体育设施的增加为流动儿童提供了玩耍的场地,为他们提供了社交的群体,这样的环境不仅会抑制他们对网络的痴迷,更锻炼了他们的生理和心理健康。

第四节 锻炼行为

儿童的体育锻炼行为缺失是影响到儿童身体健康发展的一个重要的问题,这一现象也引起了社会人员的注意。儿童的体育锻炼可以帮助儿童提高有氧运动能力,可以提高他们在做动作时的肌肉力量。对他们的骨骼也有一定的帮助,可以提高他们骨骼的骨矿物含量,更能提高他们做动作时的运动能力,同时对他们的心理有着良好的促进作用。可是,在实践和研究中发现,这些儿童所参加的体育锻炼和他们在锻炼中的坚持程度却没有我们想象中的那么好。从1985年开始,我国的青少年体质健康总体呈下降趋势,我国青少年的耐力、速度、爆发力和力量等方面都明显下降。

儿童的体质健康下滑已经引起相关成员的注意。2006年12月在全国学校体育工作会议上,国务委员陈至立指出:"各级政府和教育、体育行政部门要以对青少年学生高度负责的政治责任感,下大决心,大力推动学校体育工作,切实提高青少年学生的体育和健康水平。"2006年12月至2007年5月,中共中央、国务院、教育部、国家体育总局、共青团中央连续发布一系列重要文件强力推进学生体质健康工作,并针对体质健康下降提出了要求:要在5年的时间里,改变学生的体质下降这个趋势,全面提高我国青少年体质健康。

目前,我国对于青少年的体质健康已经非常重视,开始将体育加入中考。儿童在初中毕业时不光有升学考试,还要参加体育考试。家长和学校就会重视儿童体育成绩,为了提高孩子的体育成绩,他就会对学生的体育考试项目进行特训,平常的时候就会更关注他们的体育活动和体质。

一、流动儿童锻炼行为跨理论模型的基本内容

在体育锻炼中跨理论模型关注的是个体从"静止"到活动,再到保持个体活动的动态变化过程。跨理论模型在行为变化发展中有四个部分,它包括变化阶段、变化过程、自我效能、决策平衡。

(一) 变化阶段

变化阶段在整个过程中是非常重要的,它是这个模型的核心。在变化过程中,它有着自己的特点,它是一个复杂的、渐进的、动态循环变化的过程。每一个变化过程都有着自己改变的动机、时间性及恒心层面。在这个行为变化过程中,主要是有五个阶段:前意向阶段、意向阶段、准备阶段、行动阶段和维持阶段,这五个阶段主要反映了行为在何时发生改变(表4-1)。

表4-1 锻炼行为跨理论模型各变化阶段及定义

变化阶段	定义
前意向阶段	在未来6个月内没有进行体育锻炼的想法
意向阶段	准备在未来6个月内进行有规律的体育锻炼
准备阶段	准备在未来30天内进行体育锻炼,并且已经采取了一些行为准备步骤
行动阶段	已经参加有规律的体育锻炼但少于6个月
维持阶段	已经进行有规律的体育锻炼并超过6个月

(二) 变化过程

每个阶段中都会存在着自变量,这个自变量的变化过程是行为改变的重要指引,行为的改变会在这个变化过程中慢慢实现。通过对在这个变化过程中行为的改变的研究,在这里面发现了10个最常用的变化程序,有人把它归成两大类:认知过程和行为过程。其中认知过程包括:意识唤醒、生动解脱、环境再评价、自我再评价和社会解放。行为过程包括:反条件化、帮助关系、强化管理、自我解放、刺激控制(表4-2)。

表4-2 锻炼行为的认知过程和行为程序的定义

	变化过程	定义
认知过程	意识唤醒	收集关于规律性锻炼行为信息(了解锻炼的正面和负面作用)
	生动解脱	经历和表达不进行锻炼的结果产生的强烈情绪和情感
	环境再评价	评价锻炼如何影响身体和社会环境
	自我再评价	评价作为健康的规律锻炼着的自我意象
	社会解放	利用社会政策、风俗和更多去提高锻炼行为

续表

	变化过程	定义
行为程序	反条件化	用锻炼行为代替久坐行为
	帮助关系	利用他人的支持来帮助自己坚持锻炼
	强化管理	对锻炼行为的变化获取自我或他人奖励
	自我解放	一个人自我承诺改变并成为一个规律性锻炼者
	刺激控制	控制阻止锻炼的情境和暗示

跨理论模型指出每个个体是否能从一个阶段过渡到另一个阶段取决于在特定的阶段采用特定的变化程序。变化程序和行为阶段的整合最终解释了行为的改变（表4-3）。

表4-3 锻炼行为的不同阶段的过程特征

阶段	过程
前意向	意识唤醒、生动解脱
意向	意识唤醒、自我再评价、环境再评价
准备	自我解放、社会解放
行动	帮助关系、反条件化、强化管理、刺激控制
维持	反条件化、强化管理、刺激控制

（三）自我效能

自我效能是一个人通过对自身意志力的控制来改变自身的行为，在锻炼的过程中要实现自我管理、自我组织、自我约束、自我激励，才能以最好的状态实现自己的目标。自我管理效应主要是作用于人的思维，可以说每个人的行为意向是根据自身的主观意识来掌控的，而不是按照设计好的方案来实现[83]。根据我国流动儿童参加体育的锻炼行为分析，在锻炼中儿童的自我管理是影响流动儿童体育锻炼行为的关键因素。

流动儿童更应该参加体育锻炼，他们在运动中也会存在一些自我管理效应。流动儿童可以根据自己的锻炼目标，在锻炼中选择适合自己的体育锻炼内容及体育锻炼方法来促进自身体质的提高。他们在锻炼中可以根据目标来进行自我监督和自我评价，通过发现在锻炼中的不足来完善自己的锻炼目标。换句话说，在流动儿童的体育锻炼过程中,如果能在体育锻炼过程中的动机、态度、内容及时间安排上有着突出的表现成果,那么就真正地体现出儿童的自我管理对他们的锻炼行为具有积极的影响。

在城市中有很多的流动儿童由于各种原因的限制,在体育锻炼中没有形成较好的锻炼意识,不知道体育锻炼会对自己的重要性,缺少对锻炼的兴趣和动机。他们大多数认为专业知识、社交社会实践是重要的,体育锻炼是一种娱乐性的运动,没有那么重要,还是要把全部精力放在学习上,所以他们对参加体育锻炼持有消极的情绪,这就导致了他们较少地参加体育锻炼。因此,流动儿童通过自我管理的养成,可以培养流动儿童对体育锻炼的动机,让流动儿童有意识的养成体育锻炼的习惯,培养出儿童的锻炼动机会对他们学习体育健康知识以及锻炼身体技能有着定向、调节、强化、维持等作用。

(四) 决策平衡

决策平衡和变化阶段之间有着密切的联系。决策平衡来自 Janis and Mann 的决策制定模型,它是反映了儿童在锻炼中的行为改变得到和付出的相对权重。要促进儿童的健康行为观点,我们可以在儿童的准备期中,适当的干预体育锻炼,让儿童的体育锻炼行为变得既规律又标准。在锻炼中决定行为的重点,是要先考虑到行为中出现的利弊,然后再做决策。如果改变锻炼行为之后,行为能够带来的好处大于产生的坏处,则可能采取行为改变;反之,则比较不容易进行行为改变。当流动儿童体会到锻炼行为的益处时,就会产生对锻炼的信心,从而自觉锻炼,并且可以采取一些适当的措施克服困难坚持锻炼。

二、流动儿童体育锻炼行为的形成机制

(一) 体育锻炼行为的形成理论

斯金纳认为:人是根据他们锻炼行为产生的效果来进行学习,在这个锻炼过程中他们会受到正强化的影响,来增加他们以后锻炼行为的可能性,没有受到过正强化的行为,他们的锻炼行为会慢慢降低,以至消退。人们会根据自身生理和心理的需要参加一些有利于自身的体育锻炼,而在锻炼的过程中他们的这些需要得到满足时,他们所拥有的这种满足感会是他们锻炼前身心需求缺乏的补偿,这种感觉会成为他们继续参与锻炼的动力;反之,如果在锻炼的过程中他们的目的

没有达到，就会削弱他们对于锻炼的热情，从而放弃继续锻炼。所以，只有锻炼的结果能满足个体的动机目标，锻炼行为才能持续。

我们在锻炼的过程中动作行为的不断练习和强化，会在大脑皮层和小脑之间逐渐建立起一种条件反射，这种反射会让我们在下一次动作时可以很好地完成动作，在完成动作的过程中能够很好地形成动作定型。由于我们锻炼过程中所产生的效果符合我们锻炼的目的需要，在完成时会让人产生一种愉悦、满足、胜利等良好的情感，会促使我们产生坚持继续锻炼的动机，锻炼行为的反复出现会在心理上形成固定的心理定式。锻炼行为对于我们有着很大的影响，它可以提高我们的生活质量，满足我们在情感上的需要，还可以在锻炼的过程中增加我们的人际交往，实现我们对美好生活的向往，这样体育锻炼就会成为我们生活中不可缺少的一部分，逐渐形成习惯。因此可以认为体育锻炼行为的形成机制是生理、心理和社会需要使人们产生锻炼行为，当锻炼行为的结果符合人们的动机目标，带来身心效果时，人们会重复、强化和保持这种行为。

（二）体育锻炼行为的益处

体育锻炼促进人的身心健康观念越来越深入人心，有很多的研究也说明了适量、规律的体育锻炼可以改善人的心血管功能，体育的锻炼效果也可以增加人体的免疫力，有利于锻炼到人的身体机能，维持人身体的健康生理状态。

在时代发展迅速的社会，适当的体育锻炼也会避免和减少流动儿童的负面情绪，有效减少流动儿童的生活压力、学习压力和就业压力，让流动儿童以体育锻炼的方式来宣泄压力所带来的负面情绪，获得一种愉悦感、满足感和归属感。

三、体育锻炼行为对流动儿童的心理影响因素

（一）流动儿童对体育锻炼行为的动机研究

无论从事什么活动，其内部动力都来源于动机[84]。随着时代的进步，人们对社会的需求也越来越大，相伴的儿童家长对儿童能够健康的成长也越来越重视，他们希望自己的孩子能有一个健康的身体，会让儿童的体育锻炼作为获取健康的重要手段。同时，儿童日常参与的活动较多的是以体育为手段的休闲娱乐活动。流动儿童通过参加体育锻炼，除了希望满足身体健康的需要外，还注重自身的心理健康，也希望实现人际交往、社会支持和社会健康的目的。

锻炼动机是个体在锻炼目标的指引下参与体育锻炼活动的内部心理动因，反映了个体对体育锻炼的内部需求[85]。锻炼动机能够直接和间接对积极情绪产生正向影响，该结果与前人[86、87]观点一致。根据自我决定理论的观点，锻炼动机包括内部动机和外部动机[88]。体育锻炼的内部动机是通过体育锻炼手段达到获取乐趣的目的，锻炼的过程具有趣味性和挑战性，能够激发流动儿童对体育锻炼的兴趣，帮助流动儿童在锻炼过程中体验和收获快乐。锻炼的外部动机包含了对健康、能力、外貌、社交的需求，这些需求的产生有助于激发学生体育锻炼意向，使学生更易进入体育锻炼状态，促进学生精力和活力的提升。同时，体育锻炼动机还能通过锻炼行为和锻炼投入间接影响积极情绪。

（二）流动儿童对体育锻炼行为的态度研究

奥尔伯特指出：态度是一个人行为的内在结构，也是个体行为的一种倾向性表现，并且认为态度是一种心理结构，可以对个人行为产生持续性作用，所以一个人对事物产生的某种态度，对事情本身的发展起着非常重要的作用。流动儿童在体育锻炼行为中的态度是非常重要的，态度不同所形成的体育锻炼的效果也有很大的差异。所以在体育锻炼行为中参与者持有的锻炼态度的好坏是非常重要的。

四、体育锻炼行为对流动儿童的心理调节作用

（一）适当的体育锻炼，对流动儿童心理的影响

儿童可以在体育锻炼中进行身体动作、技术和技能之间进行互动，在这个过程中也会产生情感上的交流，可以获得成功的体验。情绪是心理健康的晴雨表，流动儿童在体育锻炼的过程中行为、表情、意志等外在表现是其心理状态的真实反映。在生活中流动儿童会遇到某种不称心的事情，可以通过锻炼使紧张、忧虑、焦虑、压抑、沮丧等不良情绪抛到脑后，起到转移注意力的作用，有益于调节大脑活动。

（二）利用锻炼项目本身的特点，促进流动儿童的心理健康

流动儿童如果经常性的参加集体性项目，在锻炼的过程中会慢慢改变孤僻的性格，可以与更多的同学交流经验。儿童如果经常性的参加游泳、溜冰、单双

杠、长跑等项目的运动，可以让儿童在活动中锻炼到自己的技能，在活动的过程中培养他们不怕吃苦、克服困难的精神。儿童参加乒乓球、网球、羽毛球、跨栏、跳高和跳远等活动，可以让孩子变成一个坚强果断的人，克服他们面对困难所产生的各种心理障碍。还有一些运动可以增强人体的控制能力，如下棋、打太极拳、气功等运动项目。

第五章 流动儿童体育参与需求

现在的流动儿童大多数都是跟随着父母来到这个陌生的城市，他们的父母由于工作的原因，都是很少陪在他们的身边，所以这些父母监护孩子的时间少之又少，并不能很好地实行自己作为监护人的责任，这就给流动儿童在学习、生活、体育锻炼等方面产生很大的影响。流动儿童由于父母在生活方面的参与较少，他们在自我管理上的时间相对自由，所以他们有较多时间接触外界事物，很容易受到外界的影响。这些流动儿童大多居住在城市的边缘地区，是有待于发展的地方，而在这些地方生活的人群生活、学习和社交等方面都有待于提高。流动儿童长期与这些有待与提高的人群接触，很容易学习和形成一些不良的习惯，对流动儿童以后的发展造成很大的影响。这些儿童都是祖国的后备力量，形成了不良的习惯会给城市的发展造成不稳定的因素，会在社会中留下潜在的危害，阻碍社会的繁荣发展。在山东省部分的学校中调查数据显示，城市的流动儿童出现的问题明显高于城市儿童。由于各种原因的影响，流动儿童容易出现打架伤害、身体侵害和烟酒成瘾等问题。这将会给这些流动儿童的生理和心理造成难以泯灭的痕迹，会给流动儿童造成心理问题。这些问题的出现对流动儿童的健康成长有着很大的影响。当然，有了这些问题就会影响到流动儿童融入城市的生活中，更不利于他们与城市儿童的和谐相处。所以，我们应该为流动儿童提供一些良好的体育环境，多为他们设立一些公共体育服务设施，让这些流动儿童在课外活动时，能找到一些体育场所，更多地参与到体育运动的活动中，在参加体育运动中丰富自己的生活，并加强与社会的交流与沟通，更好地与城市儿童融入一起。

现在的城市老龄化现象越发的严重，城市的用工需求也越来越大，给流动儿童建设一些公共体育服务，能够很好地锻炼流动儿童的身体，解决流动儿童难以融入城市发展的难题。在城市生活中我们要以体育为媒介，让城市的流动儿童参与运动、享受运动，让每个在运动中的儿童都能够找到自信，可以在运动中享受到成功的喜悦，给自己建立良好的心态，更有利于儿童在城市中找到自己的城市身份、城市地位，更加积极地融入城市的环境中去，让自己成为城市建设的最重要的生力军和后备军。

现在的社会组织在促进经济文化发展、解决社会问题、参与公共设施管理等方面有着巨大的积极作用，是政府与流动儿童沟通良好的桥梁和纽带。当然，只靠政府的努力是很难发挥作用的，流动儿童融入城市是一个复杂的社会问题，我们应该积极吸纳、引导、鼓励社会组织一起参与到流动儿童融入城市生活的治理中，政府和社会组织一起发挥作用才有可能实现这一目标。这些社会组织可以为政府引来更多的社会资本来解决社会的体育设施建设，也可以呼吁更多的社会人群对流动儿童实施更多的关心和关注，使流动儿童可以受到更多的爱心与帮助。现在政府对社会体育的关注越来越大，体育社团、体育民办非企业组织、体育基金会、草根体育组织等体育社会组织的规模数量不断增长。截至2012年所有登记的体育类社会组织数量已经达到了23590个，这个数量已经有相当大的规模。党在十八大上对体育的关注，更是让体育事业的发展达到了高峰。一些体育协会的实体化、俱乐部运营模式的优化、体育培训机构的市场化等将会为流动儿童参与体育创造条件和机遇。部分体育社会组织将积极承担青少年的体育竞赛方面的社会职能，会选拔一些优秀青少年参加体育竞赛，而流动儿童具有吃苦耐劳的意志品质，有利于他们被选拔，并在体育竞赛中取得优异成绩。社会层面的体育组织应支持、鼓励、帮助流动儿童参加或参与到体育训练竞赛中。当然，为了鼓励他们参与到体育竞赛中，也可以通过制定一些福利、奖励、优惠等措施增加参加体育锻炼的机会，满足他们对体育的需求和好奇心。

第一节　课余活动

青少年儿童是祖国发展的新鲜血液，他们的成长必定离不开政府和社会人员的关注与帮助。我们除了要关注流动儿童的生活与学习，更要关注他们的课余活动。课余活动是孩子摆脱学习压力放飞自己心性的重要途径之一，它是校内活动的重要补充。我国的课余活动可以追溯到宋庆龄在上海设立的儿童图书阅览室，之后社会上便兴起了各类学习培训班等文化教育活动。21世纪以来，我国关于校外教育、课外活动的研究更是迅猛发展，很多的研究者便对校外教育的特征、理念、功能进行了有机的探索。

近几年来，关于流动儿童问题一直都是全社会的焦点问题，特别是流动儿童的生理和心理问题。造成他们出现这种问题的原因是复杂的，需要我们对流动儿童的社会问题给予重视。"流动儿童"就是指儿童的父母由于生活所迫使带着他们外出来到城市打工，他们与父母一起过着颠沛流离的生活，没有一个固定的生活环境。他们跟着父母一次次地更换着居住的地方，每到一个新的生活环境，他们就得重新去适应，这就会对流动儿童造成一些影响。由于这样的原因，流动儿童更需要我们全社会的关爱和帮助，不仅要关注这些流动儿童的心理问题，更要关注他们的身体健康。一个人要想有一个健康的身体是离不开长期的体育锻炼的，长期的体育锻炼还可以让人有一个健康的心理状态。城市中流动儿童与城市儿童有着不同的生活境遇，他们由于长期陪着父母更换着不同的生活环境，对城市儿童有着隔膜，所以他们的心理或多或少的都存在着阴影。面对这种情况，我们可以多的组织一些体育活动项目，让他们能够参加到活动中，拉近他们与城市儿童的差距，丰富他们在学校之外的课余生活，这样不仅提高了流动儿童的身体健康水平，还会改变他们的心态，使他们变成喜欢交往的儿童。在上体育课时，也会积极地参加到其中，改变流动儿童看待外界事物的心态，使他们变成一个阳光、快乐、积极向上的儿童。与城市儿童相比，流动儿童所具有的课余生活要单调的多，流动儿童居住的地方比较偏僻，他们的活动范围有限，所参加的活动也是屈指可数的，他们的活动没有多大的花样。那么流动儿童的休闲时间都是如何度过的？他们会参加一些什么样的活动？在活动中会有哪些因素制约了城市中流动儿童参加体育活动的积极性等，都是政府和社会成员亟待解决的问题。

一、流动儿童参与课余活动的现状分析

（一）流动儿童对参与课余活动的认识

1. 参加课余活动与学习的关系

流动儿童由于身处的环境不同会对课余活动有着不同的看法，有的儿童会认为参加课余活动就是一种浪费时间的行为，浪费了自己学习的时间，而且会耽误自己的学习，所以他们不会参加活动；有的儿童会认为参加课余活动对自己的学习影响很大，但是抑制不了自己对活动的喜爱就会较少的参加课余活动；有的则认为对学习的影响是一般,这种学生往往都是不确定课余活动对学习是否有影响,所以他们则是好坏平分;有的儿童认为他们参加课余活动对学习没什么影响或完全没有影响,这类儿童是以乐观的态度看待外界事物,对世界充满了美好的向往。

当这些流动儿童被提问到他们参加课余活动对他们学习的影响时,有5%的流动儿童认为对他们的学习非常有影响,他们不想参加课余活动只想把时间用到学习上;有10%的流动儿童认为这些课余活动对自己的学习有比较大的影响;有53%的流动儿童认为课余活动对自己学习的影响程度一般,认为对学习的影响是有好有坏;有32%的流动儿童认为没什么影响,还认为对自己的学习有着促进的作用。具体情况如图5-1所示。

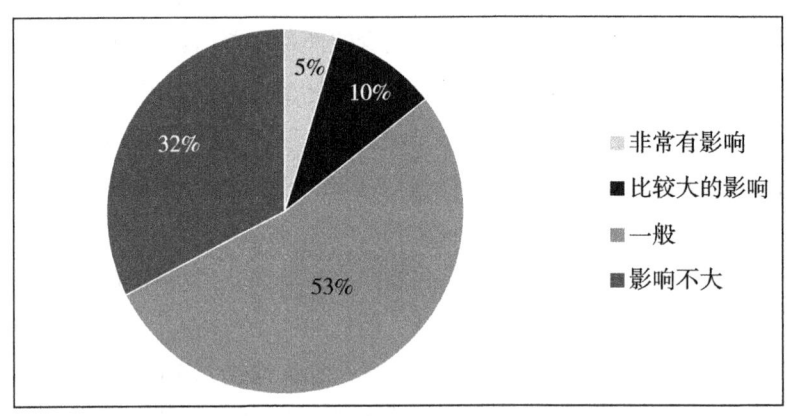

图 5-1 流动儿童对参加课余活动与学习的关系的态度统计

综上所述,这些流动儿童对参与体育活动所持有的态度对他们参加体育活动有着一定的影响,相比较它们如果认为参加这些课余活动会影响学习的话,那么那些持有非常影响或比较影响的流动儿童就不会参加或较少参加除了上课之外的课余活动;那些持有一般或影响不大的流动儿童则会对参加课余活动具有积极地态度,很乐意去参加这些活动。久而久之这些经常参加课余活动的流动儿童的体质就会比不参加的儿童的体质高,不容易生病。

2. 参加课余活动的态度

参加课外活动不仅能够帮助儿童放松他们的学习压力,还可以扩宽他们接触外界事物的视野,能够锻炼到他们除了学习之外的多方面知识。作为家长一定要重视课余活动给流动儿童带来的重要知识,一定使流动儿童意识到课余活动对他们重要的影响。多参加课余活动有很多的好处。一是课余活动与学习是相辅相成的。课余活动是儿童消化课本知识的最好途径,家长经常性的带孩子一起参与有意义的活动,可以去除学习中产生的压力起到放松的作用,更是锻炼了他们的意志力,对他们性格的形成有着很大的帮助,对儿童适应社会有着极大的益处。二是在课外学习到的知识与课内学到的知识都是儿童走向成功缺一不可的要素。我们切不可忽视在日常生活中和参与课余活动时,日积月累所获得知识。这些知识在日后却能起到让人意想不到的功效,成为成功不可缺少的助力。三是课余活动可以在遇到挫折时起到重拾信心的作用。儿童在成长的过程中会遇到各种各样的困难与挫折,这时的儿童如果把注意力转移到课余活动中,并在课余活动中获得成绩,就会有利于儿童重拾信心,一扫之前的挫败感。

对小学在读的7~12岁的流动儿童调查显示,在参加课余活动时有52%的流动儿童显示出的态度非常认真,还有35%的流动儿童显示出的态度是比较认真,而在参加课余活动时表现出的态度为一般和不太认真的数据为11%和2%。具体的情况如图5-2所示。

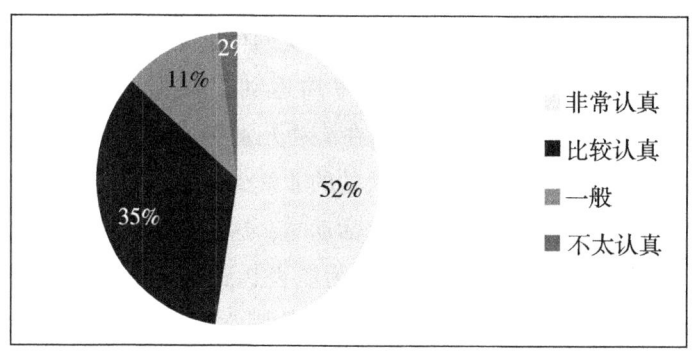

图5-2　流动儿童对参加课余活动的态度统计

(二) 流动儿童参与课余活动的概况

1. 流动儿童参与课余活动的次数

运动频率是指体育锻炼者参加体育活动的次数,参加体育活动的次数不宜过多也不宜过少。通常我们会以一周来计算锻炼者的次数,在一周中人们参加锻炼的次数为3~4次为最好。流动儿童在参加体育锻炼时，不应追求锻炼的次数，应合理的规划自己参加课余活动的时间与次数，每周保证3次的锻炼频率。通过对这8所小学中流动儿童活动次数的调查发现：学校中一半以上流动儿童每个星期参加课余活动的次数不足3次，甚至有的儿童一个月才参加一次课余活动，这些儿童中每天都去参加课余活动的非常的少（表5-1）。

表5-1 流动儿童参与课余活动的次数（$n=755$）

运动次数 （次/周）	<1次/月	2~3次/月	1~2次/周	3~5次/周	1次/天
人数（人）	71	94	172	268	150
百分比（%）	9.4	12.5	22.8	35.5	19.8

由表5-1可以得出，在被调查的8所小学的流动儿童中，每个月参加一次或一次也不参加课余活动的流动儿童有71人，占被调查总人数的9.4%；每个月参加2~3次的流动儿童有94人，占总调查人数的12.5%；每周参加1~2次课余活动的流动儿童有172人，占总调查人数的22.8%；每周参加3~5次课余活动的流动儿童有268人，占总调查人数的35.5%；而一天参加一次的流动儿童人数有150人，占19.8%。而在我们每周锻炼3~4次的标准来看，有418人的锻炼次数达到了标准，占总人数的55.3%，而每周运动次数低于3次的人数达到了44.7%，该比例有可能会更高。一方面在流动儿童参加课余活动的目的来看，来参加课余活动的儿童是以锻炼身体为目的的非常少，很多是基于其他原因才参加的活动；另一方面流动儿童在参加课余活动时，这些流动儿童基本上是没有专业人员的指导，而这些儿童自发的体育行为能否达到锻炼效果是不确定的。根据2012年教育部发布的有关规定"关于进一步加强学校体育工作的实施意见"，在目前的标准来看"小学一、二年级每周的体育课是四节，三至九年级每周的体育课是三节"。所以流动儿童在学校学习期间的锻炼基本能满足每周3~5次的锻炼标准，而在校外儿童能不能完成每周3~5次的锻炼标准才是关键。根据以上调查得出：这8所学校的流动儿童基本上有一半还没有养成参与课余活动的习惯。

2. 流动儿童参与课余活动的强度

流动儿童在参加课外体育锻炼的时候应该注意锻炼的强度，运动的强弱会影响儿童的体质健康。流动儿童多参加课余活动，可以给流动儿童一个健康的体魄，让流动儿童健康的成长，但每个儿童的运动要适量，否则流动儿童在运动中就会造成肌肉、骨骼及脏器的伤害。儿童应该在运动中控制自己运动的强度，儿童的自制力比较薄弱，所以就需要家长在一旁控制儿童的课余活动。我们可以在医学的角度来讲一下运动强度，儿童的最适宜运动强度控制在最大强度的50%~80%。所以儿童在参加自己喜欢的课余活动时，应该在运动中选择适合自己身体的运动强度。而对于运动强度的算法有两种，一是年龄减算法：儿童运动时脉搏控制在（170-年龄）的水平，当然也可以按最高脉搏数控制在（220-年龄）的60%~80%为标准。二是运动后的净增脉搏数百分比分级法。运动后比运动前脉搏数的增加在41%~70%为中等运动强度，所以流动儿童的运动多以中等强度为适宜（表5-2）。

表5-2 流动儿童的运动强度

运动强度	轻微	小强度	中等	次大强度	大强度
人数（人）	144	238	252	66	55
百分比（%）	19.1	31.5	33.4	8.7	7.3

表中所示为这8所学校中流动儿童参与课余活动的情况调查。课余活动中流动儿童的运动量在轻微运动强度的有144人，占总人数的19.1%；流动儿童参加小强度课余活动的人数有238人，占流动儿童总人数的31.5%；运动强度在中等层次的人数有252人，占到总数的33.4%；参加次大强度的流动儿童人数有66人，只占总人数的8.7%；参加大强度的人数还是比较少的只有55人，只占到总人数的7.3%。我国现在体育人口划分参考标准对儿童每次参加活动的强度规定为中等强度以上，在这8所学校的流动儿童中有373人的锻炼强度达到了标准，占总人数的49.4%。

3. 流动儿童参与课余活动的持续时间

参加体育锻炼的持续时间和锻炼强度是密不可分的，当儿童自身参加体育锻炼时，在活动中的运动强度达到自身的阈强度后，在活动中所参加的锻炼效果由他在活动中的运动总量来决定，而总运动量=运动强度×运动时间。在活动中的总运动量是由运动强度和运动时间这两部分来决定的，在给儿童制订适合他们自己的运动计划时，活动中的总运动量是不变的，活动中的运动强度与运动时间成反比的关系。当运动强度较大时，运动的时间就会减少；运动强度较小时，参加运动的时间就会较长。

根据调查结果显示（表5-3），这8所中小学的流动儿童每次参加课余活动的持续时间小于10分钟的有142人，占总人数的18.8%；流动儿童每次参加运动持续时间在11~20分钟的人数有213人，占28.2%；在运动中儿童的运动持续时间在21~30分钟的人数有199人，占参加人数的26.4%；在运动中儿童的持续时间在31~60分钟的人数有136人，占参加运动总人数的18.1%。在我国的《关于加强青少年体育增强青少年体质的意见》中明确指出："确保学生每天锻炼一小时"，让他们养成每天都要锻炼身体的好习惯。科学研究证实，一个人每天需要45分钟以上的有氧运动才能消耗掉自身储存的脂肪，如果运动的时间过短那么运动产生的效果就会不明显，时间如果过长就会影响到饮食和睡眠。所以说，每个人保持一个小时的锻炼时间最有益于人体的身体素质提高。而对于儿童来说，特别是流动儿童达到要求的儿童只有18.1%。由以上的数据可知，流动儿童因为别的因素所以很难达到标准要求，造成流动儿童的身体或心理出现一系列问题。

表5-3 流动儿童每次锻炼的持续时间

运动持续时间	<10分钟	11~20分钟	21~30分钟	31~60分钟
人数（人）	142	213	199	136
百分比（%）	18.8	28.2	26.4	18.1

4. 流动儿童参与课余活动的态度

流动儿童对课余活动的态度是决定他们参与课余活动的重要决定因素。态度是基于他们自身需要而对自己周围事物的评价和行为倾向，这种对外界事物特有的态度主要表现在流动儿童对周围事物的内在感受、情感和意向。对这几所学校的流动儿童进行实地调查，有多数的流动儿童对参加课余活动表示非常喜欢，并认为课余活动是一种非常好玩、有意思的活动，在活动中可以认识和结交到更多的朋友。这些参与课余活动的流动儿童会表现出很高的积极性。当然流动儿童在参加课余活动的时候会表现出喜欢的态度，也会对自己在课余活动中的现状表现出不满意的态度，而对于课余活动他们充满着期待，希望这些流动儿童能够像城市孩子一样享受到课余活动的乐趣。

根据调查得知（表5-4），在这8所小学中的流动儿童非常喜欢的儿童有205

人，占总人数的 27.2%；对课余活动表示喜欢的有 273 人，占总人数的 36.1%；对课余活动持一般态度的有 178 人，占总人数的 23.6%。由此可以看出在这 8 所学校中流动儿童愿意参加课余活动的人有 654 人，占流动儿童总人数的 86.1%。总之，通过对流动儿童对课余活动态度的调查得知，流动儿童尽管对体育的认识不够全面，但并不影响流动儿童参与课余活动的积极性与对获得体育知识的追求。流动儿童其实非常喜欢参与课余活动，但受到学校、家庭、社区和对体育认知的影响。流动儿童对于现在的状况不是特别满意，他们希望可以像城市儿童一样享受到课余活动的乐趣，更多时间的参与体育活动。

表 5-4　流动儿童对课余活动的喜欢程度

态度	非常喜欢	喜欢	一般	不喜欢	很不喜欢
人数（人）	205	273	178	52	47
百分比（%）	27.2	36.1	23.6	6.9	6.2

5. 流动儿童参与课余活动的方式

由表 5-5 可以看出：这些跟随父母来到城市的流动儿童参与课余活动的方式有：个人独自活动、和要好的朋友一起玩耍、与家人一起参与的体育活动、参与校外有偿的体育培训等。

表 5-5　流动儿童参与课余活动的方式

形式	人数（人）	百分比（%）
独自活动	190	25.1
与要好的朋友	464	61.4
与家人	70	9.3
校外有偿的体育培训	24	3.2
其他	7	1

在被调查的流动儿童中，较多的是与要好的朋友一起参加课余活动，有 464 人，占总人数的 61.4%；而独自参加课余活动的流动儿童有 190 人，占总人数的 25.1%；与家人、参加校外有偿的体育培训和其他方式参加课余活动的人数比较少，分别占 9.3%、3.2% 和 1%。可见这些城市的流动儿童参与课余活动的主要

方式是与要好的朋友和独自参加，所以说流动儿童参加课余活动的程度还是比较低的，他们所参加的体育活动大部分都是以自己的兴趣自发组织的体育活动。他们这种根据自己兴趣自发的组织体育活动的形式具有随意性和非正规性特点，这种形式没有体育参与的稳定性和持久性。而且也不利于相关部门对这些流动儿童的课余活动实施有效地引导和监督。所以将这些流动儿童的松散、自发、随意状态合理的利用起来，根据这些特点对他们的活动向着有组织、有领导、有计划地参与形式过渡是解决校外体育参与的重点。

二、流动儿童参与课余活动的外部支持情况

流动儿童的身心发展会因为周围环境的因素受到影响，对他们身心发展的影响主要包括遗传因素，环境因素和教育因素。儿童的遗传为他们在以后的发展提供了可能性，但是只有这些是不够的，关键还看后天的发展，在后天的环境和教育中，儿童要把握住这些外部支持的客观因素。在流动儿童的父母教养方式量表中父母的情感、温暖和理解因子是父母支持；社会支持量表中的主观支持和客观支持是社会支持。在外部支持中我们要为流动儿童提供最好的帮助，主要有：通过对流动儿童在课余活动中的表现，调动这些流动儿童的主观能动性，充分发挥他们的潜能和优势；通过各种资源对流动儿童实行全面的服务，在活动中充分的保护到流动儿童的安全，减少他们在活动中受到的负面影响。在各个方面来研究流动儿童的社会交往薄弱问题，对这些问题实行干预、解决，为流动儿童提供良好的环境。

对于儿童的父母教育方式，有很多学者都对父母对儿童的教育方式进行了研究，主要是从父母教育孩子的维度进行研究。例如，美国的心理学家西蒙兹（Symonds，1939年）关于儿童社会化的研究将父母教育定义为两个基本维度：接受和拒绝，支配和服从。鲍德温（Baldwin，1955年）将他们分为两种：情感温暖与敌意，依赖与干涉。从20世纪六七十年代开始，有的研究者已经从定位的方向转向类型学的方向，试图更全面的总结出儿童父母的养育方式。例如，美国心理学家Baumrind（1967年）经过深入研究后，将其分成专制的、权威的和不负责任的三种类型[89]。Maeeoby和Martin（1983年）将育儿分为权威性、教条性、宽容溺爱和宽容冷漠四种类型[90]。

关于社会支持的观念是非常复杂的，它具有开放性，并且许多学者对社会支

持的观念阐述都有着不同的视角。比如，在社会交往的角度，社会支持指的是社会中每个人交往的亲密程度，是来自家庭自身和外界的帮助，还有在交往中各种正式或非正式的支持[91]。在社会行为的角度，部分学者认为社会支持是能够给予他人或事物帮助和支持的行为或过程。个人在面对他人需要能够给予一定的帮助的反应，这些都会对人类社会的发展产生很大的影响。

（一）政府对这些流动儿童的支持有限

在城市的社会发展中，政府职能的发挥是城市和谐发展的重要前提。政府可以利用职能的发挥，促进城市体育事业的走向。城市的体育事业得到改善，那么流动儿童也有了体育活动的去处。政府为流动儿童提供场地的同时，也为提高人们终身体育提供了条件。通过走访调查发现，流动儿童所居住的环境中体育设施十分简陋。社区的公共体育场地主要包括：一块200平方米的室外广场，在室外的广场上有两张乒乓球台，还有零零散散的几台中老年健身器材。

而学校作为儿童社会化的学习场所，环境建设的成功可以促进流动儿童学到更多有益的东西，有利于流动儿童更好地实现社会化和城市融入。然而有的学校却为了追求利益的最大化，在学校的体育场地设施与器材方面"偷工减料"，完全不考虑儿童的身体健康。政府应该通过调查对学校的体育场地建设监督，并完善学校的体育设施，制定出完善流动儿童学校体育场地设施和器材的相关政策，对流动儿童学校体育设施及教学做到有效的管理。这样流动儿童体育活动中才能用到能够锻炼自己身体的体育设施，在体育课上才有足够的时间来参加体育活动。如果发现有的学校的设备不符合相关的规定，应该与相应的通报批评，并要求加强教学设施与基本的体育设施器材的建设，严重者应给予严肃处理或停办。

总体而言，政府应在城市的建设上多为流动儿童提供一些物质保障；在体育设施的建设上，一定要提高设备的质量。如果只注重"形象工程"，便不会起到应有的效果，对流动儿童就起不到应有的作用。政府应针对流动儿童参与课余活动制定一些倾向性服务政策。

（二）流动儿童的家长、监护人支持不足

流动儿童参与各种体育活动离不开家庭的支持，家庭支持在他们参加课余活动中起着重要的作用，它是流动儿童能够参与课余活动的助推器，更是流动儿童参与课余活动的重要保障。家庭支持的重要性体现在它为流动儿童参与活动提供了很多的条件，家庭支持为流动儿童参与活动提供了物质资金支持，也为流动儿童参与活动困难时给予感情的支持，并在流动儿童做动作时给予他们行为上的帮助。当然，流动儿童的家长也存在着一些隐形的支持。例如，家长自身的体育行为意识也是对流动儿童在体育中的表现有着重要的影响。通过对流动儿童的访谈得知（$n=755$），有85.4%的家长认为参加课余活动对人的身体健康有着很好的促进作用，7.1%的家长平时在工作之余有着体育运动的习惯。在这个数据上我们可以看出，流动儿童的家长虽然在意识上对参加体育锻炼是认可的，但是自身缺少体育行为，不能很好地把体育锻炼应用到自身上。另外，对流动儿童所参加的课余活动有81%的家长是持支持态度的，并且流动儿童在参加课余活动时有81%的家长给儿童物质资金支持，用来购买儿童参加活动时所要的器材。而且有15.1%的家长会抽时间陪自己的孩子进行体育锻炼，他们认为自己平常陪伴孩子的时间太少了，所以会利用一些时间陪孩子锻炼，这样可以增进与孩子的感情。由此可以得出，大部分的家长对孩子参加课余活动是持支持态度的，认为自己陪伴时间少，所以支持孩子去参加一些课外活动。此外，还对那些"不赞同孩子参加课余活动""从未陪孩子参加课余活动"的家长进行了调查（见案例）。

案例一　流动儿童的家长不支持体育活动的原因（节选）

问：您为什么不赞同孩子参加校外的课余活动呢？

王姓家长（父亲）：孩子的平时成绩本来就不好，在学习的时候有一些吃力，如果留出一些时间去参加体育活动，孩子学习的时间就会更少了，所以担心他的成绩会更差。学校每个星期就会有2~3节体育课，在体育课上参加一些活动，学习一些技能就行了，没必要再花费其他时间去玩。现在还是以学业为主，等他的学习成绩上去了，再适当地去参加其他活动。

问：您会抽出一些时间来陪孩子进行体育活动作为亲情的交流吗？如跑步、乒乓球、篮球等。

刘姓家长（父亲）：没有多少时间陪伴孩子进行体育活动。平常在外面工作非常的累，回到家里就不想动了，就想在家里好好地睡一觉，好好的休息休息。孩子如果想参加活动时，会找他的朋友一起参加的，和他的朋友在一起进行课余活动也会很开心的，所以，我也就不在意他的课余活动了。

（三）流动儿童的居住地区体育氛围不好

城市中的流动儿童大多数是孤独的，他们都是跟着父母来到这个陌生的城市，他们身处的社会环境是他们接触最多的社会组织。它们所在的小区和社区是他们社会生活最基本的环境。小区和社区的环境在他们成长的历程中占有重要的地位，在这社会环境中的人和物、人与人的相互交往可以影响到儿童以后的成长和发展。但是，这些流动儿童居住的环境，大多是城市与农村的交界处，里面的人口流动是非常频繁的，它们的组成也是非常混杂的，自然环境较差。在这些地带体育场所和设施远远落后于城市小区，而且在这些城市和农村的混合地带，流动儿童并没有得到社会人的支持和关心，反而有时会因为外来者而受到歧视。并且，在流动儿童生活的环境中也会存在着社会青年不良行为的诱惑，慢慢地会使流动儿童形成不良的社会行为，例如，打架、上网、玩游戏等。所以，在流动儿童中，他们同伴的影响是非常重要的，他们在社会交往中有着共同的爱好和兴趣，会对他们起着相互促进的作用。

案例二　小斌和小聪的故事

小斌和小聪是在一个小区的朋友，他们两经常在一起玩耍。当他们没有地方可玩的时候，小聪就会带着小斌去上网和打游戏。开始时，小斌刚来到这个小区没有朋友，而小聪就住在他家楼下，于是小斌就经常去找小聪玩。起初小斌是没有这些坏习惯的。当他们把小区里能玩的地方都玩遍的时候，觉得没有游戏可玩的时候，小聪就带着小斌去了一趟网吧，并请他上网，起初他也不想去，可是耐不住好朋友的再三邀请，久而久之小斌就沾染上了上网的坏习惯。

总之，课余活动作为一种社会文化现象，能够反映出儿童参加社会活动的种种情况，更是儿童适应社会走向社会的一面。流动儿童在交往中，一定要选择良好的少年，彼此之间可以起到相互促进的作用，否则一旦交到坏朋友就会起到相反的作用，影响到以后的成长。此外，家庭环境的影响也很重要，流动儿童会受到家庭经济和文化的影响。流动儿童社区的体育设施的缺乏是一个事实，居民的歧视与不良社会青年的不良行为的影响，在某个程度上会对流动儿童社会化带来影响。流动儿童在社区环境的影响下，没有受到和城市儿童一样的待遇，没有充足的体育设施来锻炼自己，这从侧面反映出流动儿童融入城市是非常困难的。

三、改善流动儿童参与课余活动政策建议

在流动儿童的日常生活中,要妥善解决好他们的课余活动问题,这个问题的解决能够让这些流动儿童健康快乐成长,对流动儿童能够健康成长有着重大的意义。妥善处理好流动儿童的教育问题,是影响社会公平及流动儿童能够在生活中稳定成长的关键,更有利于社会的发展。而对于我国教育是以学校为主,所以对于流动儿童活动的改善也要以学校的课余活动为主,在改善中坚守学校的教育原则,学校在组织活动内容上应该多为学生考虑,多举行内容丰富的课余活动。所以,在改善流动儿童的课余活动上,我们要在政策层面和学校层面同步进行。

(一) 政策层面

1. 推进高考制度改革,改变"唯分数"导向

高考作为流动儿童人生中的最为关键的考试,它的导向作用使得儿童会面临着考试的压力。所以,要想对城市中流动儿童的课余活动进行改善,要遵循学校教育的原则。在改善中要循序渐进,严格按照有利于学生发展的原则,在高考的内容、形式和录取方式上改变"唯分数"的特点。

在高考的内容上,我们不光要考察这些儿童所掌握的基础知识,更要注重检查儿童的综合素质和能力,要确保做到高考改革与普通高校中的改革衔接,要按照人才要求和国家课程标准为依据进行人才选取。而在高考的选题上要我们可以避免偏、难、繁等特点。在考试中我们不是为了难倒学生,而是通过考试间接了解学生对于知识的掌握情况,让学生知道在学习中的漏洞,并能够及时地改正,还可以在考试中锻炼学生在做题时的思维逻辑能力,遇到困难时解决问题的能力,这些对于儿童以后的发展都有很好的帮助。对于高考的形式,我们要逐步实行高等院校分类入学考试,对于学生的考试要分层次、分类别的统一考试,要改变那种一考定终身的形式。在录取方式方面,对于本科生的录取以高考成绩作为录取条件,这不是录取学生的唯一,还要看学生的学业水平、综合素质和在学校的表现等,选择优秀的学生录取。高水平大学可以根据自身的定位和特色,完善自己的招生要求;而对于高等职业院校可以自己进行单独的考试,逐渐实行申请入学、自行考试的入学模式[92]。

2. 健全对学生课余活动管理的培训和交流体系

校长统一组织去课余活动进行得有声有色的地区去观光和考察，吸取课余活动组织优秀学校的宝贵经验。让校长认识到组织好课余活动也是促进学校发展的重要方式；交流怎样组织课余活动可以对儿童的发展起到好的作用，学习他们的办法。并且，对于如何组织课余活动还应举办一些关于这方面的专题经验交流会，通过会议可以把自己的工作经验与别人交流，同时，也可以获得别人分享的经验，来弥补自己的不足，进而完善自己。如果在工作中遇到问题也可以在会议上提出，与别人一起探讨。

对于教师的问题，可以在他们每年的培训中加入组织学生课余活动的内容，这样可以为儿童的课余活动积累下非富多彩的内容、组织方式；激发他们在课余活动中的热情的；遇到一些让自己手足无措的问题时如何处理等知识。而像音乐、体育、美术等专业老师，各级教育机构应该为他们组织一些专门的进修与培训，让他们有一个提升自己专业知识的机会，让他们在课余活动方面拥有更多的能力来组织活动。

3. 对流动儿童密集的地区加大体育场地建设

在城市中大多数流动儿童的家庭都是居住在城市的边缘地区，他们所在的环境中非常缺少体育设施建设，周围有着较多的工厂，环境相对于城市儿童居住非常差的，而且他们居住的地区多数为流动人口居住的密集区域。如果政府能够加大对他们居住地区的体育设施建设，一方面可以加快城市建设的城市化脚步，有利于实现城市化的各种指标，还可以完善对城市边缘地区的体育设施建设，完善居民对社区中体育设施的要求；另一方面还可以满足农民工对体育锻炼的需求，为流动儿童及农民工参加体育锻炼创造了有利条件，为农民工留在城市创造了条件，这有利于城中村的发展稳定，对城乡接合部的稳定发展提供了强有力的保障。

（二）学校层面

1. 制定使学生课余活动有章可依的规章制度

一个好的学校必定有着它的规章制度，学校中课余活动的开展应该需要一个科学的规章制度。第一，在学校中一定要明确课余活动的组织机构和负责人；第二，在整个活动组织中老师要给予学生帮助，学生在活动中遇到不懂的问题，老师要为学生讲解示范，尤其是音体美专业的老师在组织课余活动中应全程给予帮助；第三，对于儿童参加的课余活动可适当地给予考核和奖励标准，用奖励和成绩来激励儿童参与活动并取得好的成绩；第四，规章标准要对课余活动的内容和活动的组织形式做出建议性的要求，并对校内外的课余活动举办的次数做出规定，最好是半个月举行一次小型的课余活动，每两月举行一次大型活动；第五，对于活动举行的时间要有严格的时间限制，可以是每天的最后一节课，这样有利于学生的学习效率，不会影响学生的上课时间；第六，每次活动过后要求学生提交一份活动总结或感受，并要求学生对活动提出有效性意见；第七，学生参加活动时的安全问题也要考虑到，并要做出详细的安全保障细则，对在活动中有可能出现的问题作出应对方案。

2. 流动儿童学校招聘高校志愿者或体育实习教师，来弥补师资的不足与非专业化状况

流动儿童的学校师资力量非常的稀缺，需要高水平的教师来弥补这一缺陷。高校作为一个高素质人才的聚集地，更是社会中的一个非常宝贵的资源库，作为师资力量缺乏的流动儿童学校可以有效地利用高校里的有利资源。在高校里可以征集到许多高素质的人才，可以为流动儿童的体育课外活动增添许许多多的色彩，也可以弥补教师力量不足的情况。在高等学校里设置志愿者活动，为流动儿童学校吸引更多大学生，特别是能够吸引到高校体育专业或非体育专业的大学生实行义务支教，一方面可以解决这些学校中体育老师师资缺乏的情况，来弥补师资的非专业化；另一方面为高校的大学生提供了一些实习的地方，在这些学校中实习可以增加大学生的上课经验，有利于大学生提前接触学生，为以后的教学生活做好准备，为大学生的情感增添色彩，提高了大学生在教学中的施加能力，这是一个互帮互助的过程。

3. 对学生的课余活动实行考核和激励体系

流动儿童在学校的课余活动中，各级教育行政机构可以为他们建立针对课余活动的考核和激励体系。第一，可以把课余活动的组织作为评价学校和校长成绩的内容之一，并且所占的比例较大；第二，把组织课余活动的情况作为评价老师能力的一种考核方式，作为老师道德评比、职称评比的依据；第三，对于开展课余活动优秀的老师，我们可以给予一定的物质和精神奖励。

4. 学校为流动儿童设立比赛，为流动儿童与城市儿童建立沟通与交流的桥梁

流动儿童大多数存在于城市的边缘地区，他们作为边缘化的群体不是不想接触城市儿童，而是他们所处的地方不允许或是没有条件让他们接触到城市儿童。这些流动儿童从他们的家乡来到了城市，他们在生活中会受到农村和城市的双层影响，拥有着城市儿童所没有的纯真的朴实与勇敢，所以城市儿童在与流动儿童的交流中，可以学习流动儿童的朴实和勇敢，认真感受流动儿童给他们带来的那种与众不同的生活。流动儿童与城市儿童一起参与活动，可以有效地增加他们之间的交流，消除流动儿童与城市儿童之间出存在的隔阂与误解，让流动儿童更快地融入班集体中。当然他们交流的基础还是得学校提供条件，围绕着他们互助交流，以某一个体育活动项目来开展"我们是一家"的体育活动，这样就为城市儿童与流动儿童架起一座可以沟通的桥梁，使这两种儿童都能够达到互助互赢的效果，为流动儿童能够融入城市生活奠定了基础。

第二节 校外培训

一、流动儿童参加校外培训自身因素的影响分析

流动儿童参体育培训是需要一定的动机和兴趣。兴趣是每个人认识某种事物的心理倾向，是让人认识事物、探索真理的重要动机[93]。兴趣能够给流动儿童参加体育锻炼活动充足的内部心理动因，是能够让流动儿童积极参加培训的关键因素，还可以为流动儿童的体育运动和身体练习给予动力和定向的作用。良好的运动兴趣培养有利于使学生发生体育锻炼行为，这种行为的产生会跟随着稳定而特定的活动内容。流动儿童自身对体育运动的强烈兴趣决定着学生参与过程中的努力程度。对于体育运动有强烈兴趣愿望的儿童，在对待体育技能练习中的情趣和注意力都是比较高的，在面对困难时的动机和决心也是比较大的，而对运动不感兴趣的儿童，在参加活动时的注意力就会分散和无所谓的态度，在面对不会的问题时就会退缩。对没有参加过校外体育培训的儿童（$n=306$）进行调查发现，有235人并没有向自己的父母提起过想参加一些校外的体育培训占了总人数的76.7%，还有71人向父母提出过想参加体育培训的想法，占总人数的23.3%（表5-6）。

表 5-6 是否向父母提起过参加体育培训的统计情况（$n=306$）

	人数（人）	比例（%）
向父母提过参加体育培训	71	23.3
没有提过参加体育培训	235	76.7

学生没有参加到校外的体育培训中去的主要原因是自身对运动所产生的兴趣不高。在学校的体育课堂中，没有培养出流动儿童对体育的向往，使儿童在体育运动中缺失了对运动技术探索的兴趣。所以，体育教师应在体育教学中，运用生动的语言和丰富的内容来提高学生的运动兴趣。对于流动儿童的教学，应该探索出对流动儿童适合的体育教学方法，努力为流动儿童创设出良好的课堂气氛，让流动儿童感受到体育中的活泼生动。也要让体育课堂里的内容变得丰富多彩，使儿童接触到更多有益的运动技术，对体育产生更多的运动兴趣。

二、校外体育培训自身的影响分析

（一）校外培训的娱乐性相对较低

通过对流动儿童参加校外体育培训的调查发现，有 189 人中途放弃了校外的体育培训。对校外培训的训练方式、是否喜欢参加、在训练中是否感到快乐进行了调查。其中校外培训的训练方式上，80.3% 的训练方式是以单纯地做动作为主，只有 15% 的训练中结合了少许的游戏用来调动儿童的积极性。所以说，相对于学校中的体育课，校外的体育培训上课形式还是比较单一，不符合儿童爱玩的特点（表 5-7）。

表 5-7 校外培训班的训练方式统计

练习形式	人数（人）	百分比（%）
单纯以动作为主	152	80.3
练习中少量的游戏	28	15
练习中以游戏为主	9	4.7

调查的结果显示，喜欢曾经培训班的上课方式的有 99 人，占总人数的 52.3%；以前参加培训班的上课方式不喜欢的有 90 人，占总人数的 47.7%。而

对于学校的体育课他们大多数是比较喜欢的（表5-8），其中有149人对体育课是喜欢的，占人数的78.9%，有40人对体育课不喜欢，占21.1%。

表5-8 儿童对校外培训班及体育课的态度

	态度	人数（人）	百分比（%）
是否喜欢培训班的上课方式	是	99	52.3
	否	90	47.7
是否喜欢体育课	是	149	78.9
	否	40	21.1

小学生的天性就是玩，要让他们在体育训练中感受到玩的乐趣，满足他们对玩的需要，就需要体育老师在体育课中创造出更多的体育游戏。体育游戏是贯穿于体育课的一个不可或缺的要素，可以让这些流动儿童在体育的课堂上服从老师的安排，并且与老师和同伴的交流中，拉近师生之间关系，在游戏中更容易产生快乐感。这些校外的体育培训强调对技术动作学习的规范，练习是校外体育培训教会学生动作的有效方法，教练在教授动作的过程中强调的是动作的掌握程度和规范程度。相比较体育课会比较枯燥，有些学生的学习能力比较慢，就没有了动作完成时的成就感，会导致学生参加的体育培训动机下降，产生放弃练习的念头。所以，校外培训的枯燥性也是儿童放弃继续训练的一个重要因素。

(二) 校外培训有利于儿童积极性、自信心的产生

对于学生上体育课时，是否愿意为体育课上的同学做一些动作技术示范的调查中（表5-9）。坚持参加体育培训的儿童中，非常愿意的有157人，占被调查人数的60.4%；一般的人数有75人，占总人数的18.9%；不愿意的人数有21人，占总人数的8%；非常不愿意的有7人，占总人数的2.7%。参加了体育培训之后又放弃的儿童里，非常愿意的有58人，占总人数的30.7%；一般的人数有79人，占总人数的41.8%；不愿意的人数有28人，占总人数的14.8%；非常不愿意的人数有24人，占总人数的12.7%。没有参加过校外培训的儿童中，他们非常愿意的有80人，占总人数的26.1%；一般情况的有128人，占总人数的41.8%；不愿意的人数有70人，占总人数的22.9%；非常不愿意的有28人，占总人数的9.2%。

表 5-9 流动儿童参与体育训练的意愿调查

态度		非常愿意	一般	不愿意	非常不愿意
坚持参加 n=260	人数（人）	157	75	21	7
	百分比%	60.4	18.9	8	2.7
中途放弃 n=189	人数（人）	58	79	28	24
	百分比%	30.7	41.8	14.8	12.7
不参加 n=306	人数（人）	80	128	70	28
	百分比%	26.1	41.8	22.9	9.2

可以看出非常希望为同学们做示范的儿童，坚持参加校外培训的儿童在上课的时候所表现的积极性比较充足，参加活动的热情也比较高涨；非常不希望参加的儿童在其群体的个数是比较少的。在给参与度高的儿童上课时，可以比较容易地建立起课堂的活跃气氛。中途放弃的和没有参加过体育培训的儿童在课堂上的表现在某种程度上是不够热烈的，会使整个课堂的气氛比较低沉，没有那种积极地气氛，锻炼的效果也会下降。

根据上面所说的，在平常的体育课中经常参加体育训练的儿童要比放弃参加训练的儿童在体育锻炼中表现得更积极，在课堂上动作的完成程度更好。而中途放弃培训和没有参加过校外培训的学生在完成动作的过程中是比较慢的。这也就说明了，体育锻炼和培训不能中途放弃，放弃后就不会产生原来的效果，要让孩子养成做什么事情都坚持不懈的精神，而那些半途而废的儿童他们在训练中缺少了这种精神，所以就不能很好地发挥坚持体育锻炼对身体的积极影响。这些儿童中参加过体育培训的孩子会在体育课中有较高的积极性，这是参加过体育培训的积极变化中的隐性作用，主要是通过对某个技术动作的掌握所培养出的果断与勇敢，更能培养出儿童团体的合作精神，通过完成动作后儿童产生的较强的自我效能感，可以促进儿童的自信心增强。

（三）校外培训的多样性和可选择性对流动儿童的影响

这几年校外培训的数量越来越多，这正符合现在新时代对知识的市场需求，对社会的发展有着一定的促进作用，丰富了社会中培训市场的多样性。但也有一定的负面影响，市场具有多样性的同时，也相伴产生了培训市场鱼龙混杂的混乱状态。现在的人们对培训市场的需求量大，而开设这种培训班的要求比较低，还能产生非常富有的利益，这就导致了市场上的培训班的种类越来越多。

现在社会中的体育培训市场的发展速度已经远远超出了人们对体育培训的了解速度。培训市场由无到有再到现在的随处可见，发展的速度没有使这些参加培训班的人深入地去了解它，让很多的家长面对琳琅满目的培训班不知道该去了解哪个，更不知道该去报哪个。对其中一位家长的访问，他表示："在自己生活的小区，有很多的家长都把自己的孩子送去了培训班，我也想把自己的孩子送去，不想让自己的孩子输在起跑线上，可是在面对大街上这琳琅满目的培训班时，却不知道该如何选择。我们也试图去问孩子，他自己喜欢什么项目。他是一个比较内向的孩子，在我们问他喜欢什么项目时，他表示他也不知道，这可就让我们犯了难。就这样挑来挑去就把他参加培训班的事情耽搁了。"

市场上培训项目的种类是多种多样的，他们对儿童的作用也是有着很大的不同，有的家长会根据儿童不同的缺点，给儿童报适合他们需求的培训班。而且培训种类的增多，会影响家长和孩子对正在进行运动项目兴趣的转移。这个年龄段的孩子拥有很大的好奇心，会让他们向着没有接触过的项目探索，导致他们半途而废。还有就是儿童的家长对要参加的体育项目的了解程度不够，对儿童未来的规划发展没有方向，所以，在面对为儿童选择项目的时候不知道选哪个，这也会造成儿童在参加培训后，失去了原有的兴趣，在参加后就又放弃了。这样会影响到儿童对动作技能的掌握，不能更好地体现出训练为儿童带来的好处。

根据以上资料可以看出，在影响流动儿童参加校外活动的因素中，校外体育自身所具有的娱乐性还是不够明显，参加过校外培训的儿童在自身身体素质的提高上，短时间是不够明显的，而对于儿童的积极性和自信心的提高是不容易被发现的，这都是影响流动儿童参加校外培训的重要因素。现在社会中的培训市场各种各样，每个培训机构都有着自己的特色，是影响家长为儿童选择体育项目的另一个重要因素。

第三节　体育赛事

体育竞赛是一个单独的项目，是由很多的体育项目融合在一起的总称。在中小学的体育教学中，可以利用体育竞赛的教学方法来激发儿童对于体育参与的兴趣，激发他们的运动潜力，这样在教学中可以促进学生对于团队的合作意识的提升，让儿童在体育课堂上有一个快乐愉快的氛围，而对于流动儿童的体育教学中体育教师应该注意几项问题。

首先,在竞赛中可以利用体育成绩好的学生带动差的学生,让他们组成一个小组,保证每个小组的实力差不多;而不是将实力相近的组成一个小组,这样组成小组可以促使体育教学的课堂氛围活跃,让竞赛更加公正,从而促进儿童对体育的参与度。

其次,教师积极引导学生对竞赛的认识,对比赛要本着"友谊第一,比赛第二"的态度。比赛的最终目的是促进儿童的身心健康,而不是将儿童之间的关系恶化,不能阻碍了儿童之间的和谐发展。

一、我国中小学体育竞赛的发展路径

(一)树立竞赛理念,让体育课堂回归游戏本质

体育是经过长久的演变,变成了现在的面貌和形态,体育来源于游戏,它是经过历史的变迁和时间的洗礼。体育竞赛到现在已经初具规模,而且还在不断的逐渐完善和成熟,但是它却慢慢地脱离了游戏的本质,体育游戏的性质已经在体育竞赛中退化。在青少年的体育竞赛中过分的重视政治功能和体育功能,让儿童参加体育竞赛越来越没有游戏的性质,这将不利于体育竞赛的发展,不利于吸引更多的儿童参与体育中,更不利于体育竞赛的进一步发展。

面对以上情况,需要我们在青少年体育竞赛改革中找到正确的体育竞赛观念,切勿为了一己私利而忽略体育竞赛中的游戏色彩。所以,我们有必要在其中加入游戏的趣味,让体育竞赛增添趣味,使体育回归到游戏的本质。我们需要从这几个方面入手:首先,在青少年体育竞赛中,将那些有限制的规则放开,我们不光要鼓励青少年运动员参加比赛,更要鼓励那些业余的青少年参与到体育比赛中,提高群众对体育比赛的关注度和参与度,这样更有利于体育竞赛的发展。其次,要增加青少年体育比赛的项目,尤其是可以引起青少年兴趣的项目,这样可以让更多的青少年加入进来。除此之外,我们还要对青少年体育竞赛的规则进行一些调整,做一些人性化的设置,消除参加体育竞赛儿童的内心忧虑,逐渐在竞赛中体现出科学的竞赛理念,让竞赛更适合于青少年。

(二)利用青少年的成长特点,发挥体育竞赛的教育作用

一般体育竞赛的组织主体是青少年,所以在竞赛的组织和开展上就要注意青

少年的成长特点。在竞赛的过程中要用符合青少年的竞赛标准去要求他们，用合理、适宜、科学的规则来对待青少年平时的锻炼。而在比赛的过程中，比赛的内容上要加入教育、娱乐、休闲、竞技等多方面的内容。这些内容需要根据他们成长的特点量身定制，如果用成人的标准要求他们，就可能起到相反的效果，使他们对竞赛失去兴趣。体育竞赛是针对青少年设立的，要根据他们的特点规定比赛，这样才能锻炼青少年的身体，在青少年的思想和身心上给予正确的引导，使他们在面对比赛和生活上拥有正确的人生态度。积极向上的态度这样才能让体育竞赛对青少年起到教育的作用。

在实际的比赛过程中，我们经常会忽视体育竞赛中出现的功能现象，只会一味的要求儿童在动作技术是否达标，并没有认真的发现体育竞赛对儿童产生的影响，所以要根据他们的特点制定并从中完善他们的竞赛标准，真正发挥体育竞赛的教育作用。对于这种情况，要注重儿童在体育锻炼中的主体地位，在锻炼中要结合儿童的成长规律来加强教育功能。还要在各式各样的比赛中让儿童感受到更多的引导，接收到多元的文化熏陶，使他们具备更多的文化知识，实现身心健康发展目的。

二、小型体育竞赛模式在中小学体育教学中的运用

（一）在竞赛中满足儿童运动的诉求

小型体育竞赛在学校中的组织形式是多元化的，在学校中根据学生对于课堂需求的不同可以把竞赛分为对抗赛、耐力赛、达标赛等多种形式。体育教师为学生组织体育竞赛的时候，要充分考虑儿童能否在教学中体会到趣味性和时效性等方面，还要考虑到教学过程中的场地限制、器材限制和时间限制等问题。在训练中我们要善于听取学生的意见，尽量在学生体能和运动技巧的熟练程度上设置竞赛的难度，调整到适合学生锻炼的强度上，能够吸引学生积极地参加，这样可以满足大多数学生的运动诉求。

在竞赛中，儿童一般喜欢带有娱乐性和竞争性的项目。在制定儿童要参加的项目时，要充分考虑到学生对于竞赛的参与需求，让学生对于每个运动项目有充分的了解，激励学生要勇于挑战、超越自我。比如，在进行三级跳远的练习时，对于学生的弹跳能力，和协调能力有着较高的要求，教师在学生运动之前，要充分地让学生活动自己的身体，还要考虑到弹跳过程中对儿童膝盖的损伤，从而事

先做好保护措施。儿童做完准备活动后，还可以加入一些跳绳的动作当作练习，可以让身体的弹跳技能和肌肉有一个充分的适应阶段。跳绳和跳远有着很相似的地方，跳绳的动作比较安全，可以使膝盖有一个充分的准备。能够克服对跳远的恐惧，增加对跳远的信心和勇气，从而学会三级跳远的要点。

（二）对学生进行正确的操作指导

要保证学生在参加小型体育竞赛时的安全性，确保竞赛能够顺利地进行，可以对正在进行动作练习的学生进行正确的指导。一般上课的学生人数相对较多，如果对每个学生都进行指导显然不符合实际，会影响课堂的进度。所以说，可以在学生中挑选优秀、动作熟练的学生重点培养，让这部分学生能够完全掌握动作后，对其他学生进行项目的规范操作。这样可以充分利用课堂的有效资源，对于体育项目的实施过程规范有一个把握，可以提高训练效率的最大时效。例如，在足球的教学中，让学生在足球场上进行原地的脚下运球，这个练习比较枯燥乏味，对每个学生不能进行逐个的动作规范纠正。因此，在课堂上组织小型体育竞赛，让学生分成4个队进行比赛，规定相应的足球运球姿势和规则，挑选几名优秀的学生进行赛场监督和规范性纠正，在比赛中让学生对运球姿势和规则充分的了解，从而提高比赛对学生影响的效率。

（三）要及时了解儿童在运动中的情况

在小型的体育竞赛中，要及时地收集学生在运动过程中的运动信息，然后根据不同学生的运动信息制订合适的运动计划。对不同基础的学生的反馈进行分析，为学生参加下一次的竞赛做好准备，以不断地完善课堂教学，提高体育教师的课堂教学有效性。平时可以让学生多观看一些体育竞赛，并收集一些他们对竞赛的看法，根据这些信息和实际结合在一起，对竞赛做一些改进，让学生的身体素质能够得到提高。例如，在篮球训练中，我们要注意提高学生的运动热情，并且还要收集一些学生对训练的不满，适当地对训练的组织形式进行改造，使学生更容易接受，从而可以在教学过程中学到更多的东西。对于学生所参加的竞赛，要对其竞赛规则有一定程度的改进，增加孩子参加篮球项目的参与度和增强他们在篮球中的兴趣，在整个过程中更要注重学生个体的表现力。

三、利用体育竞赛提升教师的教学质量

(一) 采用合适的方法引导学生积极参加竞赛

现在的学生学习压力很大,一般都会把时间放在学习上,很少有那种想玩就玩的学生,对于体育的热情不如以前那么高涨。在平时老师组织竞赛的时候,也没有几个人去参加,这就导致了竞赛有可能组织不起来,若是要强制的要求某些学生去参加比赛,他们在竞赛中也不会拿到很好的名次,不会起到好的作用,因此在这方面老师应该采用一些方法去鼓励学生参加。例如,老师可以将一些需要参加比赛的项目带到体育课中,让学生以做游戏的方式接触到这些项目,给他们参加比赛的信心,让他们对自己动作有充足的信心,他们就会有参加比赛的可能。而且在这些项目中,可以让他们感受到项目的快乐,产生对体育的兴趣,会自愿地去参加竞赛,这会比强制他们参加所产生的效果要好得多。

(二) 学生在竞赛中产生兴趣

现在的学生在体育课上会产生积极性不高的现象,有的还会厌烦体育课,大多数是因为体育课的无趣,而让他们能够坚持继续上课的原因,大多数是因为想在中考的时候能够多考几分。体育课的流程也是比较简单的,大多是跑步、做操、体测这几种,基本上不会教给学生真东西,学生在上课的过程中不仅会感觉到累,还会感觉到无聊。可是在他们的面前还会面临着中考,所以他们又不得不去锻炼,这就造成了一个恶性循环,使得上课的学生会对体育产生厌倦的感觉。所以,我们应该巧妙地利用趣味比赛来吸引学生,让他们重拾对体育的热爱,让他们发现体育也会给他们带来快乐,也是有趣的。

例如,拔河比赛是一个非常有团队意识的游戏,并能调动学生的积极性,在这个游戏中参与者会因为旁观者的呐喊而激情澎湃,在游戏中参与者和旁观者都不会无聊,并且能让每个人有参与感。这种游戏简单而激烈,大多数人都喜欢看。通过这种有趣的游戏,对于学生的积极性有很好地帮助,这样体育的教学质量自然就会提高。

(三) 在竞赛中培养学生互动和团队合作能力

学生在学校中参与的训练项目通常都是单人参加的,很少是多人和团队参加

的，这样的模式下不利于学生的集体生活，更不利于他们在比赛中的团队合作意识和能力。所以，体育教师应该多让学生参加团队比赛，可以在课堂上举办一些团队合作性的比赛活动。

例如，接力比赛可以根据他们的等级进行分组，分组后可以让他们自行决定谁是第几个跑，发挥自己的长处，能够帮助团队获得更大的胜利。像这种比赛可以让学生明白团队的重要性，在团队中都可以找到自己的位置，找到自己的价值，这样才会让学生感觉到自己的重要性，感受到自己的训练是有价值的。

(四) 采取适当的评价方式调动学生积极性

许多学生正处在青春的关键时期，无论是身体还是心理成长的关键阶段。同时，他们在这个阶段里非常的敏感，老师和同学们的言行举止都可能会影响他们的心理，会给他们造成心理难以泯灭的痕迹。所以在评价他们的时候，要注意对他们自尊心的保护，这就要求老师在实践中寻找到合适的评价他们的方式，避免造成不可挽回的后果。

例如，每个孩子都有不同的特点，都会有自己独特的地方。他们会在竞赛中表现出不同的结果，但是他们的确是努力过的。当面对这种情况时，老师不要过多地指责他们，而应该适当地给他们一些鼓励，可以在事后为他们讲解，指出他们的不足，并对其进行指导评价，让他们认识到自己的不足，加以改正。严格来说，就是要让教师尊重学生。

第六章 流动儿童体育价值观念

第一节 流动儿童体育价值观的分析

体育价值观是指主体根据体育对其自身及社会的意义或重要性进行评价和选择的原则、信念和标准。它是人们对体育的价值属性、主客体之间的体育价值关系,以及一定形式之间的体育价值创造活动,逐渐形成的相对稳定的心理和行为取向或心理行为定式。它是人们认识和评价体育和体育现象对自身或社会的重要性所持有的内部标准;是人们在一定环境中的动机、目的、需要和情感意志的综合体现。近几年来,我国各个学校都在出台各种学生体育活动的方案,以加强学生的身体健康,提高学生的健康素养,促进我国儿童身心健康发展,并能够引导流动儿童树立正确的体育价值观念。

一、影响流动儿童体育价值观的现状分析

多数的流动儿童对体育价值观念认识不足,造成了流动儿童自身的体育价值观念的空缺,在总体上呈下降趋势。我们必须注重流动儿童的体育价值观念的培养。

目前当代流动儿童的体育价值观念现状表现为:体育教师没有真正地去引导流动儿童去树立正确的体育价值观念;片面的追求体育的时尚性,让自己的父母去买名牌的运动服装及运动装备;很多城市儿童开始趋向于身体健康和掌握运动技能,说明城市儿童父母已经开始明白体育运动的重要性;身体健康是第一,没有任何东西比自己的身体更重要。从流动儿童身上看出现在的体育价值观念还是单一的价值观念。

二、影响流动儿童体育价值观念的因素

自身因素：学校是一个人一生中最重要的地方，它让我们获得了知识又收获了友谊，也是对我们人生影响最大的地方。如果流动儿童没有养成自律的习惯，很容易形成成瘾性人格，也会出现对体育运动的忽视。例如，玩网络游戏、饮食不注意、不经常锻炼身体等都会改变流动儿童的体育价值观念。目前手机是造成现代流动儿童身体健康的重要凶手之一。智能手机的普及，网络游戏的发展导致很多儿童变成了手机奴，只要没事就会对手机不离不弃，这就导致了流动儿童忽略了体育锻炼，甚至讨厌体育锻炼，很难保证他们会拿出时间去进行室外体育活动，如此一来，就更无法树立体育价值观念了。

社会因素：随着我国综合国力的提升，生活水平的不断提高，我国政府出台了"学生身心健康发展"政策，就是为了培养儿童体育价值观念。使我们的儿童能够形成体育意识，养成良好的体育行为，提高流动儿童健康水平，对促进流动儿童体育价值观念有着重要作用。

家庭因素：家庭因素也是影响流动儿童体育价值观念的重要因素之一，父母的影响是非常大的。父母对体育的意识、理解、参与体育活动的情况以及对体育的关注都会影响孩子的体育价值观念。家庭教育对孩子起着潜移默化的作用。随着各行各业的快速发展，很多流动儿童的父母忙于工作，他们没有时间保证参与体育运动，只有极少数的国家公职人员会在节假日的时候去参与体育活动，这就对流动儿童的体育价值观念造成了非常不利的影响。为了能够更好地让流动儿童树立正确的体育价值观念，首先父母一定要营造一个好的家庭体育文化氛围。

学校因素：学校作为学生教育的主阵地，也是流动儿童身体健康素质全面发展的关键。学校体育活动开展不够全面，部分学校场馆不开放，难以保证学生的锻炼需求，这些客观因素制约着流动儿童的体育价值观念。当前部分学校存在一些不足之处：学校的体育课经常被其他科的老师占用，在其他科目的老师眼里，体育课可上可不上；篮球、足球、排球三大球类运动开展不足，课程质量有待提高；学校对体育教育资源投入不足，忽视了体育在教育中的重要性；体育教师对体育课的重视性不够，存在很多漏洞，教学方法以及教学模式有待提高，这些因素是流动儿童体育价值观念培养的关键。

第二节 流动儿童的体育锻炼行为

流动儿童由于籍贯的限制,在城市里某些学校就读时需要交纳一部分的借读费用。这个年龄段的儿童缺少父母的陪伴,就无法保障流动儿童的身心健康发展。体育锻炼能够提高他们的身体健康,减缓他们学习的压力,从而弥补父母对他们陪伴的缺失。

一、流动儿童的基本情况

通过与流动儿童交流得知,流动儿童的其他时间都很单调,基本上都是帮着家里做家务,或者写家庭作业,更多的是与其他同学打网络游戏。他们不会拿出时间去进行体育锻炼,这就导致了流动儿童对体育锻炼意识没有概念。事实上很多流动儿童在学习方面有很大的压力,他们长时间生活在农村,适应了农村教师的教学方法与方式,很难适应城市学校老师的教学方式;再加上父母对他们的期望过高,他们也不想让父母失望。因此,体育锻炼是很好的减压工具,能够使他们调节内心的焦虑与不安,减缓学习与生活上带来的压力,体育锻炼对流动儿童的身心健康起到非常重要的作用。

二、流动儿童体育锻炼行为的情况

(一)体育锻炼的目的

经过访谈可以看出,多数的流动儿童对体育锻炼还是很感兴趣的,他们认为体育锻炼可以增强体质,再加上今年的新冠肺炎疫情,更能体现出体育锻炼的重要性。通过体育锻炼他们还能加强与同学之间的友谊,非常有利于他们的成长和发展。有些地方、小区、学校等区域当前存在体育设施建设不完善,无法满足流动儿童进行体育锻炼的需要,而且多数体育教师自身专业的实力不高,并不能很好地引导流动儿童进行科学的体育锻炼等问题,这样就直接影响了他们对于体育锻炼的积极意识。

(二)参与体育锻炼的时间规划

在访谈过程中询问道,少数的流动儿童认可每天的体育锻炼,他们认为每天进行适量的体育锻炼对自己的学习有帮助，不仅能提高自己的学习效率，而且还能提高自身体质，在新冠肺炎疫情还没有散去就应该多进行锻炼，增强自己的身体素质，减少感染的概率。绝大部分的儿童认为没有必要花时间去进行体育锻炼，多花点时间在手机游戏上，刷抖音、玩王者荣耀再帮家里做点家务就没有时间再去进行体育锻炼。如此发展下去，他们的这种思想就导致他们对体育锻炼的忽视，最后也无法养成体育锻炼行为，身体健康日趋下降。

（三）参与的体育活动的类型

学校的体育设施建设不是很全面，有的体育设施没有根据学生的需要进行建设。有的学校虽然有很大的体育馆，但是体育馆的设施很单一，只有篮球场地和羽毛球场地，其他的设施几乎没有。在农村学校的体育设施建设中几乎没有能够适合儿童年龄段的体育器材，他们只能踢踢足球、打打篮球其余的就是追逐打闹。现在学生的性格都变得沉闷、不喜欢交流，在没有体育爱好的情况下就和同学就坐在了一边等待下课铃响起。

根据调查结果总结出，大部分的男性儿童比较喜欢篮球运动、跑步、小游戏，他们说只有这些运动可以不受场地限制，随时都能进行；女性儿童比较喜欢羽毛球运动，虽然羽毛球运动也不受场地空间限制，但是很多客观因素在制约着他们的活动，羽毛球场地虽然投资不大，但是可以借助篮球场地进行有力的推广。

（四）参加体育锻炼的方式

他们在农村学校时，男生只能和伙伴们去篮球场上打打球，然后就回家一起打手机游戏，而女生只能出去散散步、跳跳皮筋等，但这种方式也能促使流动儿童进行友谊交流。农村基础设施建设比较落后但是他们并不是很难过，因为有的儿童也会积极来进行体育锻炼。

三、流动儿童自身的体育锻炼行为

流动儿童自身的体育行为即是自己对自己的认识与看法。一个人对自身存在的体验。自我作为心理学的一个基本概念，是个体对自己是谁，自己是一个什么样的整体看法或影像。想了解一下流动儿童受周围环境的制约下自身的体育认识和对体育的态度，目的是考察一下流动儿童在适应城市的环境过程中对体育感受与期望。

（一）流动儿童对体育的认识

在调查中发现，流动儿童对体育的认识由于受到他们所生活自然环境和社会环境，包括人的社会地位和物质生活条件的影响，不同的社会环境会影响人们体育价值观念，体育价值观不仅影响个人的行为，还影响着群体行为。目前，他们对体育的认识很大程度上是把"体育课"等同于"玩"，把参加体育活动和玩相提并论，但是这样的情况并不会影响他们参加体育活动的积极性和正确的体育态度。

（二）流动儿童的体育价值观态度

态度是人们在自身道德观和价值观的基础上对事物的评价和行为倾向，主要表现在对外界事物的内在感受、情感和意向。在与流动儿童交流过程中发现大多数的流动儿童表示很喜欢参加体育活动，参加体育活动很有意思，很好玩，而且还能通过参加体育活动认识一些小伙伴，可以看出他们对体育活动表现出了很高的积极性。但是面对现实状况他们表现出了很多的无奈和不满，更多的儿童是对体育活动充满着期待，他们希望能和城市里的孩子一样可以去享受体育活动带给他们的乐趣。当我们在与其他流动儿童交流过程中，他们表达了自身的感受，他们总觉得自己虽然身在城市里，但是跟真正城里的孩子还有很大的区别，他们说出了对参与体育行为现实状况的不满。其实流动儿童的天性就是"玩"，他们对参与体育活动都有很积极的一面，但是很多儿童受到学校和环境的限制性因素的影响，不能像城里的孩子一样去享受体育设施和场地。大多数城里的儿童参加体育活动时，父母都会带他们去专业体育场馆，享受高规格的体育设施，而且还会请专业的体育教练进行现场教学。然而流动儿童却不一样，他们甚至连最基本的场地和体育设施都无法保证，他们无法体会到体育带给他们的快乐。

总而言之，通过对流动儿童体育认识和体育态度的访谈过程总结出，他们虽然对参与体育活动积极性非常高，但是对体育的认识尚处在一个初级的阶段，却并不影响他们对体育活动积极的兴趣和体育价值观的认识。他们都喜欢参加体育活动，但是受到学校、家庭和社区环境的影响，很明显能看出他们对现实状况并不满意，他们也同样希望能和城里的孩子一样能有参与体育活动的时间、场地、体育设施的机会。

四、家庭、社会环境对流动儿童体育锻炼行为的影响

(一) 家庭环境与体育锻炼行为

家庭是人们来到这个世界进入的第一个社会生活小团体，也是人类的最基本社会组织形式。家庭是一个人生活的港湾，也是接受教育与社会化的最初群体。对一人来说，家庭教育是非常重要的，孩子是父母的复印件，如果说复印件出了问题，说明原件出了问题。家庭教育的影响是全面的、潜移默化的。家庭的环境、家庭成员、家庭的生活方式及娱乐时间的安排都会对流动儿童产生影响，父母正确的行为和意识都会对儿童产生耳濡目染的作用，良好的家庭环境可以培养一个人良好的行为习惯，促进儿童的社会化。

随着科学技术的发展，许多儿童回到家的第一件事就是拿起手机，写完作业的第一时间还是拿起手机，目的就是和其他的同学玩网络游戏。手机带来的影响更多是消极的，手机不仅影响孩子们的视力健康，还会影响他们的学习成绩。很多家长对于孩子的引导有一种严重的误区，儿童因玩手机游戏导致学习成绩下降，然而父母却告诉孩子，只要不玩手机了成绩自然就会上升，最后的结果就是孩子继续玩手机，因为他们的心中认为只要我不玩手机了我的成绩就会上升。这种误导害了很多优秀的儿童，原本可以避免的失误，却给孩子造成了很大的影响。

现在流动儿童的父母对其照看和关注的时间不足，再加上流动儿童没有养成良好的体育行为，导致他们无法处理体育与学习之间的关系，无法认识到体育的重要性。

一个良好的体育环境可以给流动儿童的生活带来很大的改变，能够促进流动儿童体育人生的转变，促使流动儿童养成养好体育锻炼习惯。优越的体育环境可以激发流动儿童的体育兴趣，培养其良好的体育习惯，从而形成更好的体育行为。流动儿童在乡下时对体育的认识程度浅薄，体育老师要多从孩子们的思想入手，要多进行体育的思想教育，让他们真正地学会处理体育与学习的关系。我们在日常宣传校园体育文化时，要让流动儿童充分的感受和认识到体育的重要性。只有流动儿童认识到体育的重要性，才会对体育活动产生兴趣，在完成前一阶段

工作之后，我们需要做的就是帮助流动儿童选择他们自己最感兴趣的体育项目，只有儿童根据自己的体育兴趣找到了适合自己的体育项目，他们才会主动地去参与体育活动。如冬季项目中的花样滑冰和短道速滑，北京 2022 年冬季奥运会取得申办资格，越来越多的人喜欢上了冬季项目。尤其是速度滑冰这个项目，近几年得到很多中小学生的认可，在北京等地很多家长也会利用学生业余时间带他们去短道速滑馆学习速度滑冰。他们并非单纯的认识到这是一个体育项目，而更多是他们认为这是一种潮流，这种潮流项目在学校快速地延伸开来，而很多学生并没有因为它很累而放弃，相反，学生越喜欢就会越关注，越关注就会越用心，慢慢地学生就会对这些项目有更深入的了解。所以我们始终认为学生对体育不感兴趣并非真的是厌烦和排斥体育，而是学生没有找到适合自己的项目。在与其他儿童交流中感受到，他们对于自己喜欢的体育项目还是愿意花时间去认真学习，这对于学生体育价值观念的形成具有重要的作用，因为如果学生找到了自己感兴趣的体育项目，久而久之他们就能体会到体育的乐趣从而养成很好地体育行为。所以因为喜欢而长期从事体育活动最终形成一种习惯，这正是我们希望看到的结果，所以体育行为的出现是体育价值观念形成的基础。

（二）社会环境与流动儿童的体育锻炼行为

留守儿童长大后跟着父母来到了城市就转变成了流动儿童，以前在农村跟着爷爷奶奶而现在跟着父母到了一个陌生的环境，他们同父母生活在城市，他们没有自主选择权。李教授运用"推拉理论"分析了影响农民工流动的因素。农村的推力和城市的拉力是一致的，基本表现为城乡收入的差距。换而言之，农民进城打工就是为了获取更多的收入，为了挣钱养家供孩子上学，能够给父母和孩子更好的生活，他们不得不选择进城打工，但是他们在城市为了能给孩子好的生活和教育，不得不节约生活成本，只能选择尽可能省钱。他们选择住所的地方大多数都是城中的农村和城乡接合部，多数位于城市郊区位置，这些地方属于城市化被忽视的地带。这些地方工厂较多外来人员混杂，地方偏僻环境污染较为突出，没有像城里社区一样有一些较为好的体育设施，如果他们想去城里的公共体育场所也并非容易，他们需要交通工具与时间。农村的体育设施相对于城里的设施来说在体育场所的建设方面是比较落后的，极度缺乏体育设施，而且在村中的小学体育设施相对来说是健全的，但是学校的体育设施并不会为这些外来的流动儿童进行开放，这也使得他们不得不去其他公共场所去参加体育活动。更值得注意的是流动儿童居住的地方外来的社会青年比较多,这对流动儿童来说是一种不良的社区环境,这种环境对流动儿童参与体育活动也产生了一定的影响。总而言之,这些不良的因素在某种程度上影响了流动儿童积极参与体育活动以及体育行为的形成。

五、影响流动儿童体育锻炼行为的因素

(一)农村体育基础设施建设不完善

农村地区的学校体育基础设施建设比较落后,当地政府对于体育器材设施的投资比较少,村里的儿童只能去打打球,然后荡荡秋千等,在某些程度上已经限制了儿童的体育锻炼。这样就导致了流动儿童在进入城市学校后各方面都会落后于城市儿童。从关联的角度来看,体育基础设施建设是最主要的也是最关键的因素,是阻碍我国发展体育锻炼的主要原因;很多地方政府或者学校对体育锻炼的不重视,会影响儿童体育锻炼行为的形成。

(二)学校体育教师专业水平低

农村地区许多学校里面的体育教师专业水平低,他们对于体育课的认识不到位,学生对于体育课的了解产生了偏差。这样就导致现在的学生对体育课有一种误解,在他们眼里体育课就是玩,没有什么可学的。在农村学校许多体育教师都是年纪比较大的老教师,他们的学历有的只是中专,更可怕的是有的学校都没有专业的体育教师,都是其他科目的老师充当体育教师角色。由此,体育课就变成了学生们玩的天堂,体育课变得不受重视,致使专业的体育课变成了业余体育课。体育教师没有教授体育锻炼的方法,儿童就不会有体育锻炼的意识,没有体育锻炼的意识就不会养成体育锻炼的行为。在体育课中,体育教师应该通过教学过程来向孩子们传授一些体育锻炼的方法,促使他们去养成体育锻炼行为,拥有一个健康的体质。

(三)父母对体育锻炼的误解

首先父母没有一个正确的体育价值观念,他们也没有树立一个正确的体育教育观念,他们对课外活动持反对的态度。在与监护人交谈过程中,能够感觉到儿童的父母对体育教育的认知存在偏差,尤其是年龄大一点的监护人对体育锻炼持

有严重的反对态度,他们那个年代体育给他们留下不可磨灭的消极影响。但是,相对于年轻的父母以及其他监护人,大多数都会对体育锻炼持赞同的态度。作为父母都希望自己的孩子长大成材,将来会有的好的出路,会让他们一味地去学习,无形之中给孩子造成了隐形的压力,他们没有工具发泄,最后导致孩子出现了心理问题,越来越多的学生经受不住学习的压力而选择跳楼来解脱自己。

为了孩子的健康发展,作为父母或者是监护人首先要把孩子的身心健康放在第一位。其次父母一定要支持孩子体育锻炼,有时也要督促孩子去进行体育锻炼。

六、解决流动儿童体育锻炼行为的对策

(一) 学校要高度重视流动儿童体育锻炼活动

学校要多开展一些丰富多彩的体育活动,使流动儿童亲身体验一下体育活动的乐趣,让他们去积极参与学校举办的活动时会多交朋友建立友谊、共同运动传播正能量。学校也要承担起流动儿童的情感教育及心理教育,大多数的流动儿童进入的陌生的城市,会使他们在心理上不适应新环境的学习与生活,从而导致他们在日常生活中自卑、不自信。通过开展体育锻炼活动,会减缓他们学习上的压力,加强他们与其他同学之间的交流,建立好的友谊,促进流动儿童身心健康的全面发展。他们只要感觉到体育锻炼带来的好处,那么他们就会喜欢上体育锻炼,形成终身体育意识,养成体育锻炼的行为习惯。

(二) 家长要支持孩子进行体育锻炼

家长要支持儿童的体育锻炼,父母自身也要树立正确的体育价值观和教育观为孩子做出一个可以效仿的行为典范。只有把孩子的身心健康发展放在第一位,才能对孩子以后的成长起到关键作用,他们要支持孩子进行体育锻炼,也要满足孩子对体育用品的消费,这样孩子就会更加积极地去参加体育锻炼活动,体育锻炼行为更加容易养成。

(三) 地方政府加大体育基础设施建设

为满足农村地区流动儿童的体育锻炼,地方政府要加强体育基础设施建设的力度,改善好农村地区体育环境,增加体育设备的供给,为他们提供一个非常好

的体育锻炼场所。很多年来，农村地区的体育基础设施建设一直存在严重的问题，设备陈旧、损坏严重，潜在的隐患非常多。政府只要加大投资力度，建设适合多数人锻炼的体育器材，必然会吸引更多的人来进行体育锻炼，渐渐地流动儿童的总体体质就会大幅度上升。

第三节　对流动儿童体育价值观的培养

《全民健身计划纲要》明确指出："以全国人民为实施对象，以儿童为重点"。它重点强调了作为我国社会主义体育基础的重要性，学校体育在全民健身战略中的主战场的重要地位。学校体育活动开展的如何，不仅关系到我国整个国家国民体质的好坏，而且对改善和提高我国国民素质，振兴国民经济起着十分重要的作用。"价值观的形成与发展依赖于个体思维发展水平和自我意识发展水平"，"体育价值观的形成一定程度上来自个人的理性分析"。

通过阅读其他学者的研究结果可以看出，不同体质、健康状况的流动儿童体育价值观在统计学上存在显著性差异。流动儿童在身体成长的过程中，有的儿童体质越来越好，提高了自身免疫力。马斯洛提出的需求理论指出，"需要是人类活动的内在动力"。

每个国家、每种文化、每个人、都有自己的价值观，并根据这种价值观来确立自己的态度、目标和行为。体育价值观是指人们对体育价值的根本看法和态度，它支配着人们的体育实践活动，并指导着体育行为。然而流动儿童体育价值观的形成受多方面的影响，包括国家对体育的宣传、家庭成员对体育的认识和态度及学校教育中的地位。体育教师对体育活动的重视及体育教师的教学方式、方法、教学设计和教学思想、教学结构，还有流动儿童的年龄、性别、爱好、性格及周围环境等直接或者间接地影响流动儿童体育价值观的形成。

一、流动儿童在农村学校的体育课现状

通过访谈了解到，在农村学校体育课或者体育活动时常被认为是学生玩耍的课，可上可不上。而且以前我们最常听见的一句话就是"体育老师生病了，这节课我们上……"，尤其是临近期末考试体育课被占或者被停掉改为考试科目是很常见的事情。从农村学校毕业的流动儿童都有过类似的经历。对于目前农村中小

学体育课的调查现状来看，现在的小学还存在这种现象，即使中学阶段任课老师不再出现占课现象，体育老师有时候也会让孩子们在教室里上自习课。一节课下来有的小孩集中精力学习了，但是有的小孩却玩了一节课，宝贵的时间就这样一点点地浪费掉了。

流动儿童因受到很多因素的限制，导致了他们对体育的认识出现了误区，所以对体育价值观念就会出现误解。学校体育老师及学生对体育活动意识淡薄。体育教师师资力量薄弱，有的学校体育教师的师资资源相对欠缺，部分学校让其他科目的老师兼任体育老师的职位。**学校体育设施与场地破旧，影响体育老师上课的需要**。义务阶段的学校，在体育设施和场地上都存在地区发展不均衡。农村的体育器材和场地缺乏，而且学校场地和器材的利用率低，城镇上的学校则表现为学校配置的体育设施和场地部分闲置。**学校对体育教学管理不到位**。学校不重视体育教学工作，体育教学随意性强，这就难以保证体育老师在体育课中向学生传播体育价值观念。**体育活动参与者的体育意识薄弱**。由于儿童认知能力差，体育教师如果不能对学生进行很好的体育价值观念的教育，他们是无法领会到体育价值带来的好处。长此以往，他们更无法形成自己的体育价值观念。

体育价值观念对于我们每个人来说显得尤为重要，流动儿童从小就应该接受良好的体育教育，增加他们对体育锻炼的本质、体育价值观的认识，促进体育兴趣的产生。参与体育活动的兴趣和爱好能够促进流动儿童对体育的认识，并能够激发他们对体育行为的动机。正确认识体育价值观念能够帮助流动儿童树立正确的价值观。这需要父母、学校、社会各界的努力来共同帮助流动儿童，让他们在社会的关怀下感受到家的温暖。

二、影响流动儿童体育价值观的因素

农村体育文化缺失、场地器材匮乏、农村体育人力资源短缺、农村特殊的生产和生活方式、农村社区体育和家庭体育的"空缺"。我们要多关注流动儿童的行为素养，注重培养农村留守学生的良好的行为习惯，倡导"生命至上，健康第一"的理念，为学生提供更多的体验、交流、互动、的机会，培养他们树立正确的人生观、价值观，让体育充分发挥育人功能，让流动儿童更加阳光。

通过分析郑凯在农村留守儿童课余时间体育活动的现状调查得出：农村留守儿童课余时间想参与体育运动项目，但受家庭经济条件、学校体育场地及体育设施等这些因素的限制，他们无法参加正常的体育活动。研究表明：农村初级中学的留守学生参加课外体育活动的现状不佳，大部分学生虽然有参加课外体育活动的想法，但学校没有采取有效措施来开展这项活动。

在《中美日三国学校课外体育活动比较》中看出：我国的学校课外体育活动的组织形式与美国和日本相比，除了体育课以外仍以两操活动和全校性组织的活动为主。学校与学校之间开展的活动比较少，甚至没有，最具典型的就是县运会、市运会，但是这种级别的运动会是专业运动员展示的平台，普通的流动儿童无法参加。即使这些组织形式的体育活动带有不同程度的限制性因素，我们可以保证流动儿童每天最基本的活动量，让他们一天的学习压力得到释放。

在留守儿童课外体育活动研究的资料和文献中不难发现，目前我国对农村留守儿童的课外体育活动受到制约的因素主要有家庭经济条件、父母的体育活动意识缺乏、场地设施、体育教师指导、农村体育文化意识缺失、场地器材供应不足、农村体育资源匮乏、农村的生活方式、农村社区体育和家庭体育的"空缺"等因素。虽然关于对流动儿童体育的研究不多，但是有很多的问题需要我们去找到其解决的根源。通过留守儿童体育活动的研究不难得出，流动儿童对体育活动的认识不深刻，最后导致对体育价值观的认识浅薄。流动儿童到了陌生的环境，由于缺乏体育活动的意识，对学习也会产生一定的影响，导致学习效率不高，情绪低下。

三、体育价值的功能

体育价值观包括体育对主体需要的满足程度的认识，同时还包括对主体存在和发展所具有的功能属性及主客体相互关系的特定效应等方面的认识。

学校体育的功能：指学校体育在一定的环境和条件下对人和社会所发挥的作用，它与学校体育过程结构和学校体育环境密切相关，是学校体育本质反应，映射出学校体育对人的物质机能育人的精神思维及社会物质与社会精神的多种作用。

（1）体育的教育功能：现代社会，体育已经渗透到社会的每个阶层、每个家庭和每个人。体育的功能已不再是仅限于促进生长发育、促进骨骼生长、增强体质、锻炼身体素质、提高运动技能，更重要的是要求我们培养终身体育意识养成终身体育兴趣和体育习惯，提升我们的生活质量，改善我们的生活方式及生活习惯，以适应现代社会发展的需要。现代经济社会的进步、时代大发展、生产力提高的同时，我们每个人也迎来更严峻的挑战，面对更大的压力和社会的竞争力，我们提高自身的身体健康素质就显得尤为重要。体育运动加强了人们吃苦耐劳的意志品质和顽强拼搏的精神，塑造了团队凝聚力。促使流动儿童在以后的学习和生活中能够勇敢地面对危机和挑战，养成不怕苦、不怕累、顽强拼搏、积极向上的精神。体育运动的每个项目都会在一定的规则下进行，体育规则的制定会加强自我约束和规范自己的行为。由此，体育作为一种体质、意志、精神的教育，已成为提高全民族现代人素质的催化剂。可以说体育是人类最好的教育。

（2）体育的健身功能：体育的健身功能是学校体育最原始、最本质、最独特的功能，能够使人养成正确的身体姿势，促进生长发育，提高身体的机能水平，提高身体素质和基本活动能力，增强对外界环境适应能力。

（3）体育的娱乐功能：体育休闲娱乐是人在基本的生存之外积极参与生活，以获取快乐的非功利性活动，它包括生理上获得快感，更主要是指在心理上得到愉悦。体育与休闲娱乐相结合，才能成为健康生活的重要手段。体育作为人类积极维护健康的活动，是人类文化的积淀和理想的追求，是人类身体和精神的乐园。随着生活水平的提高和物质生活条件的改善，法定节假日增多，人们每到节假日都会出去游玩，放松心情迎接接下来严峻的工作挑战。除了以上三个功能外，体育还具有人体社会化功能、群育功能、文化功能、经济功能、辐射功能。现阶段我国经济建设的快速发展，信息全球化及经济全球化的发展，体育与经济、政治、文化产生了更加广泛的联系。在各种世界级别的比赛中，体育就是代表一种政治，我们国家的运动员参加奥运会、世界杯时代表的是一个国家，代表中华民族出战，比赛不仅仅是竞技能力和技术的比拼，也是民族精神的比拼。在诸多功能中发展最为迅速的就是经济功能，小康社会市场经济的发展，体育健身、休闲、娱乐、竞赛等所带来的经济价值逐步被人们认识，体育的经济功能从原有的隐藏状态中彰显出来，逐步发展成为体育显著功能而备受关注。全世界各地的人民聚在一起观看世界顶级赛事盛宴，这无疑是给当地人带来了经济收入。

通过流动儿童与城市儿童的体育价值观对比分析，城市儿童的体育价值观比流动儿童要好。两者的体育价值观有着显著的差异性。其原因，城市儿童家庭经济条件比较好，各方面压力较小，而且父母都非常支持孩子参加体育活动，孩子运动积极性高。流动儿童家庭经济状况却无法满足他们对体育消费的需要，家庭经济条件相对落后，父母经济压力大，流动儿童的性格比较沉闷等。城市儿童与流动儿童在体育价值观的健身价值观、生活价值观、教育价值观、认识价值观也有明显的差异。通过流动儿童与城市儿童的各项价值维度对比情况来看，城市儿童对体育价值观比流动儿童体育价值观的认知全面。由此可见，流动儿童对体育的认知还是比较片面化，正确的体育价值观有助于流动儿童培养坚持不懈的精神品质和坚强意志，从而促成健康的体质。

流动儿童参加体育活动的最大的益处就是锻炼成为健康的身体，这不单单是对流动儿童有效果，对所有人群都起到一定的作用。其次就是促进成长、心情愉快、意志品质和毅力、增加与同学之间的交流、增加自信、学习效率提高、集中注意力等。无论是流动儿童还是非流动儿童参加课外体育活动在一定程度上都给他们带来了快乐，带来了友谊，能够帮助他们在一个陌生的环境中健康快乐成长。流动儿童从小缺乏父母的陪伴和关爱，与城市非流动儿童相比，其心里的感觉是完全不一样的。流动儿童更多的趋向是会封闭自己的内心，心里有事情不会去和父母倾诉，时间久了对父母的感情越来越淡，发展成为一种可有可无的感情。体育活动能够使人敞开心扉、性格开朗，使他们去结交更多的朋友，能够让他们养成团体意识。通过参与课外体育活动打开流动儿童封闭的内心，改变他们的性格，使他们变得活泼开朗，进而更加理解父母的辛苦与不易。

四、流动儿童体育价值观的培养方法

诸多作者认为想要流动儿童形成一种理性的体育价值观念，我们必须进行积极引导流动儿童的日常体育行为和体育态度。我们不仅要做很多方面的准备工作，还要根据流动儿童的学习时间和他们的身体条件状况及学生的性格特点来培养。适龄儿童体育的发展，不仅需要国家、学校、社区、家庭等层面的外力支持，最为根本的是要促使青少年儿童形成并践行正确的体育价值观念，即青少年儿童对体育领域中的各种事物与现象进行认知和评价时所持有的基本观点。体育价值观的认识是无止境的。科学的、全面的体育价值观会使更多的儿童投身于体育锻炼。

（一）学校对于流动儿童的体育价值观的培养

学校体育教师开展趣味体育教学，提高流动儿童的体育兴趣，体育教师可以通过具有趣味性的体育教学设计，展现竞技体育的趣味性，把儿童的注意力集中到体育课堂中来,有助于学生积极思考,启发体育运动思维,运动过程中发扬团结互助的精神,营造快乐的体育活动氛围。

丰富体育文化,引导学生树立正确的体育价值观。体育文化内涵丰富,体育教学可以通过创新教学形式,融入体育价值观的相关内容,开展各种具有特色的体育活动等途径来丰富学生的体育文化生活,让学生在活动中对体育逐渐形成更深层次的认识。

加强教师教学能力培训,完善体育设施要使学生形成对体育价值的正面认识还要从客观条件加以完善。因此,加强体育教师的教学能力,为学生提供完善的体育锻炼理论,能够让学生从心理上增强对体育的喜爱程度,提高学生的体育兴趣,有助于实现体育教育的育人目标,让学生塑造强健的体魄。

(二) 体育兴趣的培养方法

(1) 成就感教学法。儿童在学习的过程中努力参与并取得进步时,他们对成功的表现会产生积极的兴趣并对此项体育活动更加专心。因此,要想使学生对体育产生兴趣,就必须设法使他们获得成就感。

(2) 愉快教学法。在学校体育教学中贯彻愉快教学的宗旨是要学生在体育活动的过程中体验到欢乐、满足,由此而产生体育兴趣。充分信任和尊重学生,用"乐教"影响学生"乐学",防止由于体育活动内容的苦、累、脏及其他因素造成学生厌学的消极心理。

(3) 满足儿童需要法。活泼好动是少年儿童的天性,绝大多数学生喜欢上体育课,参加体育活动的原因是认为体育课就是单纯的玩耍。就现在而讲,农村的中小学体育课就是放任型的体育课,从刚开始的跑圈再到各种拉伸活动最后解散自由活动。这就是农村中小学的体育课现状。给学生造成了一种误区,这样下去他们就会以为体育课就是玩耍的课。他们自我认知能力和束缚能力差、自律性低及注意力不集中,这就需要体育教师对他们进行积极性的引导。小学生好奇心强,在体育课上希望每节课都会有新东西、新收获、新活动。体育教师应该注意教学内容安排的"新",教法手段运用的多变性,充分体现体育课的灵活性、游戏性和娱乐性,这样能提高学生的求知欲,增强他们对体育的兴趣。

(4) 教学"引导"法。体育兴趣离不开教师的引导和环境因素的诱导。教学中持续"引导"是引起学生愉快体验并逐渐形成体育兴趣的重要条件。

(5) 激励儿童法。信念与目标激励,让他们心中有目标、有理想,培养他们那种为目标不懈奋斗的精神；榜样激励，作为老师要做好榜样示范的作用，家长在家庭生活中也要做好榜样示范作用，让儿童心中有一个正确导向，他们才会养成正确的体育行为习惯；关怀与帮助激励。

(三) 学校对体育价值观的培养措施

(1) 要树立"健康第一"的指导思想。随着生产水平的快速提高、社会生活方式的改变及闲暇时间的不断增多，人类的生活结构发生了很大的变化。例如，今年的新冠肺炎疫情导致了很多的医务工作者为祖国献身，许多鲜活的生命早早地陨落。有的人免疫力强大；有的人免疫力低下；现阶段加入体育锻炼的人群越来越广，终身锻炼的意识已逐渐深入人心。所以，体育教师也要树立"健康第一"的指导思想，利用体育教学教给学生社会适应的本领和调节心理情绪的方法，从而增进学生身心健康这一目标出发，引导学生掌握基本的运动能力，学会科学锻炼的基本方法，培养坚持每天体育锻炼的习惯，增强体质、心理健康和社会适应本事等全面发展。

(2) 教师要对学生加强体育价值观的教育。学校体育老师要加强体育理论的教学，要把奥林匹克精神传扬下去，让学生树立正确的体育价值观念。在体育动机指导中强调体育价值观的教育，使学生了解体育锻炼的价值在于增强体质，减少疾病，使学生的体育意识增强。学生只有在内心深处理解了体育的作用才会对体育产生浓厚的兴趣，为终身体育打下坚实的基础。

(3) 体育教师不仅上一节好的体育课，要随时让学生能够体会到上体育课的乐趣，他们对体育活动会更加充满期待。每堂课都有新感受，从而让他们喜欢上体育课，积极地去参加体育活动。例如，第一次上课做《喊数抱团》的游戏学生会很感兴趣，第二次也许也很感兴趣，那第三次呢，第四次呢，时间久了呢？现代社会在不断地提高和发展，教育教学在逐步革新，依旧是原先的知识和方法学生学久了会感到厌倦。只有不断提高教师的业务水平，才能促进教学的发展，才能使欢乐体育真正欢乐起来。只要孩子们喜欢上了体育活动，他们就会形成一个自己的体育价值观念。

(4) 增设课余体育活动课，追求教学手段的多样化。改善教学方法和教学手段，提高教学水平，采用灵活的教学方式带动学生们学习体育的兴趣。取消以往的单调、枯燥的重复练习，容易使学生感到无聊和厌倦，教学手段的多样化对提高学生体育兴趣至关重要。在城里学校的流动儿童可以借助其他教学多媒体手段进行体育学习，如用幻灯、录像等手段，有条件的地方可采用计算机等多媒体电化等手段。因此，教学手段灵活多样和新颖，以及丰富多彩的学习形式，对激发学生的体育兴趣是一种行之有效的方法。

（5）学校要创造良好的体育文化环境。良好的体育文化对儿童的体育观念的发展是非常重要的，体育教师可以根据自己学校的特点开发一支传统特色的体育项目队伍，能代表学校参加各种比赛，为学校增光添彩的强队。学校越是对体育队伍重视，学生的心中就会越重视。由于流动儿童在农村上学时学校体育课开展的不充分，体育老师没有进行积极地引导。直到流动儿童进入到城市里的学校，各个体育设施建设比较完善，他们可以充分利用学校体育文化环境引导学生对体育的了解和认识，从而激起学生的体育兴趣。

（6）学校安排观看高水平运动员表演赛。在北京的中小学都会有武术和竞技健美操运动员，这两个项目都是属于同一种项群，都能够给人带来很好的视觉盛宴。精彩的体育表演能够激发学生体育欣赏水平和参与体育活动的欲望。例如，我们国家的阅兵式表演，各个兵种步伐整齐，排面成一条线的方队，我们看了以后心情无比的激动和自豪，激励了我们当代的每一个年轻人，致使我们每个年轻人都有当兵的欲望。观看高水平运动员的表演也是同样的道理，可以拓宽学生的视野，增长知识。国内很多中小学在举办大型演艺节目的时候都会安排竞技健美操运动员进行精彩的展示，各个大学在举办各种大型活动时也会邀请竞技健美操运动员进行热场表演等。这些高水平运动员精彩表演能激发学生们参与体育活动的兴趣。

（7）学校和体育老师要共同关注流动儿童的成长和对体育学习的兴趣。要多关注流动儿童的身体健康，培养他们的自信心，帮他们克服自卑感。让流动儿童可以和其他儿童一样能够正常使用城市中的公共体育设施，提高他们参与体育活动的兴趣，进而形成自己的体育价值观念。

（8）转变传统教学观念，培养学生体育兴趣和终身体育观。在体育活动中体育老师要培养学生坚持不懈、吃苦耐劳的意志品质，学会正确的锻炼方法，体会运动的乐趣。学校进行体育工作时应该注重学生对运动技能的学习和掌握，让他们在校期间学会并掌握一到两项运动技能，多注重学生体育娱乐价值观和教育价值观的培养。促使学生坚持从事体育锻炼，并使他们养成终身体育行为的习惯。

（9）利用现在的网络直播等形式宣传体育价值观，使流动儿童对体育价值观有正确的认识。近几年来大家都很喜欢通过快手直播来宣传自己的产品达到盈利的目的，现阶段都是通过微信、抖音、快手来了解国内外各种新鲜事物。今年新冠肺炎疫情的暴发也导致了快手、抖音等直播渠道的快速发展，很多的世界冠军也通过快手、抖音等平台来为大家进行现场教学，我们可以借助这个机会跟专业的顶尖人才近距离接触，学习他们的优点。因此，我们应该顺应这个社会发展的潮流，通过微信、快手、抖音等网络宣传体育运动，使学生认识到体育运动带来的积极影响，体育运动有时不仅不会影响学习，还能缓解学习的压力。学校体育教师要提高学生对体育价值观的认识，让他们明白体育活动能提高学习效率和促进人身心健康。让更多的家长支持孩子的体育运动，尤其是流动儿童的体育活动，流动儿童的父母也应该多多学习正确的体育价值观，并能够鼓励和支持孩子参加体育活动，促进其身心健康。体育价值观是人们对体育价值认识的结果，也决定了人与体育之间密切关系，体育价值观是影响人们体育行为的重要因素。

Chapter 7 第七章
流动儿童身心健康教育

第一节 流动儿童的健康素养

健康素养指的是个人获取、理解并且运用健康信息来维护和促进自身健康的能力。健康素养是国民科学素质中的一项重要内容，在很大程度上可以影响人们的健康水平。可以通过提升人群的健康素养水平来提高人民对自身健康的重视和维护，从而进一步提高人们的知识水平、对卫生服务的利用及自我管理水平。随着社会的不断发展，经济的快速增长，很多儿童的健康教育还是不到位，出现了很多漏洞。现在的学校还是唯"成绩论"，只重视学生的成绩增长，却忽视了儿童的健康教育，导致了他们体质下降、过度肥胖、营养不良及心理疾病等问题，直接影响了儿童的健康成长。

一、流动儿童存在的健康问题

流动儿童身体素质存在了很多不可忽视的问题。随着社会的不断发展，经济的不断增长，城市儿童的营养膳食水平比流动儿童要高很多。而且城市儿童的发育水平也比流动儿童要高。其中最明显的特征就是学生的身高增长加快、骨骼发育增快、体重明显上升。这些特征可以直接说明现在的儿童营养水平已经比以前有所提高了。他们的营养水平虽然提高了，但是儿童的总体体质水平在逐渐地下降。通过浏览陵城区糜镇陵城八中学生的体质监测表，发现现在学生的肺活量水平已经呈现明显的下降趋势，学生近视率越来越年轻化，以前近视的人群多为学生，现在已经扩展到幼儿以及年龄小的儿童，最大的原因就是他们只要有时间就会去触碰电子产品，电子产品带来的危害是隐形的。虽然目前国家出台了各种中小学课余活动方案，但是在实际开展过程中效果不是很明显，我们国家流动儿童的身体素质还是令人担忧。

流动儿童心理健康素质问题。流动儿童除了身体素质以外，他们的心理健康素质也存在了很多问题。这些问题还是源于他们的监护人，有的流动儿童监护人是爷爷奶奶，从小接受了旧的教育观念；保守的思想，让儿童的心理受到了不同程度的伤害。他们表现出来的基本特征是自私、心理素质极差、抑郁、焦虑、自律性差等多种问题。

二、对于流动儿童健康素养的培养对策

（1）多关注流动儿童身心健康发展。在关注流动儿童学习的同时，也不能忽略流动儿童的身心健康的发展。班主任多组织班级开展健康教育知识的主题班会，从小培养他们的健康意识，使他们对健康意识长期潜移默化的影响。

（2）培养流动儿童终身体育锻炼意识。培养流动儿童终身锻炼意识，提高他们的体质健康，增加他们的运动技能，提高自身的运动水平。体育教师在体育教学过程中可以将运动技能与健康知识相结合，一方面可以预防他们的运动损伤；另一方面可以加强他们对自我的保护意识。儿童在运动的同时也要注意他们的饮食情况，少吃那种油炸的垃圾食品、碳酸饮料，如果长期摄入会导致儿童的身体不能正常发育，会产生肥胖症。现在经济发展迅速，儿童饮食方面出现了问题，他们有的会经常喝一些含糖量高的饮料以及其他类型的碳酸饮料，长时间饮用会对人体的肾脏造成一定的危害，情节严重的会导致糖尿病。所以说家长要尽可能多的关注孩子的健康饮食和体育锻炼，只靠学校单方面的引导是不够的。从小帮助他们养成一个良好的饮食习惯，为以后打下一个良好的基础。

（3）加强流动儿童的心理健康素质和自我保护意识，远离不良诱惑。流动儿童的自我保护意识非常的重要，他们年龄小认知能力差，对事物的分析能力远未达到成年人的水平，自控能力差，很容易被一些不良的消极的实物所诱惑，以至走上不归路。所以说老师和家长一定要共同努力提高流动儿童的心理素质健康和自我保护意识，使他们远离心理疾病和不良的网络环境。学校还应该增加一些心理课程，一点一点地加强流动儿童的心理素质健康。正确引导孩子前进的脚步，使他们有一个正确的人生观、价值观、世界观。

第二节 流动儿童的健康行为

健康行为指的是人们为了增强体质和维持身心健康而进行的各种活动。如充足的睡眠、均衡的营养、运动健康等。近几年来流动儿童的健康行为受到大家的广泛关注，有许许多多的流动儿童进入到新的学习环境中养成了好的健康行为习惯，但是还有很多的流动儿童养成了非常不好的健康行为习惯。不好的健康行为会使自己的身体健康遭到伤害，致使发病率增加及常见疾病的发生。

一、流动儿童健康行为总体情况的分析

调查结果显示，山东省39.1%（1700/4348）的流动儿童形成了健康行为，调查问卷中的基本情况身高、体重、就读年级、家庭居住地、父母工作地、父母文化程度等健康行为形成情况的差异均有统计学意义（$P<0.01$ 或 $P<0.05$）。根据统计数据显示（表7-1），山东省不同地区流动儿童健康行为形成总体状况BMI指数分析得出，BMI指数正常的流动儿童占74%（966/2410），偏瘦的占31%（309/983）和肥胖的占25%（566/2246）。总结分析得出：随着社会经济的发展，流动儿童的BMI正常指数还是占据了相当大的比例，说明大多数的流动儿童在生活中还是很注意自己的健康行为习惯。但是肥胖和偏瘦占到了56%，这两项加起来已经到了一半的占比，我们对于流动儿童健康教育还需要加强。还有多数的流动儿童没有好的健康行为习惯，说明父母以及监护人对流动儿童的健康行为教育还是存在很多的漏洞。流动儿童的健康行为与家庭居住地有很大的关系，居住在城市的儿童健康行为比率高于居住在农村的占比。城市的儿童健康行为占比为41%；农村的儿童健康行为占比34%。

通过表7-1可以看出流动儿童的父母一方在外地的占比大，说明流动儿童在外地的生活中只有一方父母陪伴，只有32%的父母能够一起在外地打工照顾流动儿童，但是就读于5~6年级的健康行为占比是比较大的，流动儿童就读5年级以上就说明他们对于健康的认知有了初步的了解，逐渐地认识到健康行为的重要性。现在儿童的父母大多都是大学学历以上的，大学学历和小学学历占比分别是45%，说明现在父母的学历出现了两极分化。初中学历以上的父母也占据了少数，分别占了34%和37%；小学学历以上高中学历以下的他们可能对于健康行为

不重视,所以说他们对于孩子的健康行为的教育也存在缺失。

表 7-1 不同流动儿童健康行为的情况比较

人口统计学指标		人数(人)	健康行为人数(人)	卡方值	P 值
性别	男生	2410	966 (0.4)	2.201	>0.05
	女生	1938	734 (0.38)		
BMI 等级	瘦	983	309 (0.31)	769.949	<0.01
	正常	1119	825 (0.74)		
	肥胖	2246	566 (0.25)		
就读年级	1~2 年级	1737	661 (0.38)	8.093	<0.05
	3~4 年级	1627	616 (0.38)		
	5~6 年级	984	423 (0.43)		
家庭居住地	城市	3235	1320 (0.41)	15.434	<0.01
	农村	1113	380 (0.34)		
父母工作地	父母都在外地	116	37 (0.32)	19.284	<0.01
	父母一方在本地	266	136 (0.51)		
	父母均在本地	3966	1527 (0.39)		
父母文化程度	小学	144	65 (0.45)	44.694	<0.01
	初中	1194	401 (0.34)		
	高中	1480	543 (0.37)		
	大学以上	1530	691 (0.45)		

(一) 不同年级的流动儿童不同维度健康行为形成情况比较

从不同维度、不同年级的流动儿童的健康行为状况来看(表 7-2),卫生习惯、饮食习惯、用眼健康、运动习惯、睡眠、心理健康等维度差异性显著($P<0.01$ 或 $P<0.05$)。从卫生习惯方面来看,1~2 年级流动儿童 22% (380/1737) 比 3~4 年级 6% (90/1627) 和 5~6 年级学生 6% (59/984) 健康行为略好,1~2 年级的学生在幼儿园阶段能够受到很好卫生教育,所以他们上了小学依然能够保持很好的习惯;饮食习惯、用眼健康、睡眠和心理健康方面,5~6 年级学生比 1~2 年级和 3~4 年级学生在健康行为方面略好,5~6 年级的学生在学习方面会有

比较大的压力,他们面临着升学考试,而且学校宣传的健康知识对于他们来说会很容易理解并能够很好地去遵守。在运动习惯方面3~4年级学生42%(677/1627)较高,3~4年级对于体育活动认知水平会比1~2年级的学生认知水平高,他们肢体的发育也比他们快,所以他们能够很好地去参加体育活动。

表7-2 不同维度健康行为形成情况比较

级别	人数(人)	统计量	卫生习惯	饮食习惯	用眼健康	运动习惯	睡眠	心理健康
1~2年级	1737		380 (0.22)	535 (0.31)	626 (0.36)	502 (0.29)	857 (0.49)	719 (0.41)
3~4年级	1627		90 (0.06)	512 (0.31)	571 (0.35)	677 (0.42)	789 (0.48)	669 (0.41)
5~6年级	984		59 (0.06)	399 (0.41)	454 (0.46)	279 (0.28)	524 (0.53)	491 (0.5)
		卡方值	255.347	30.638	36.332	76.195	5.928	23.174
		P值	<0.01	<0.01	<0.01	<0.01	<0.05	<0.01

(二) 流动儿童不同身体形态健康行为形成情况比较

根据公式BMI=体重(kg)/[身高×身高(m^2)]和问卷中填写的身高体重进行计算,山东省中小学流动儿童(表7-3)偏瘦型占22.61%(983/4348),正常体型学生25.74%(1119/4348),肥胖型学生为51.66%(2246/4348)。在偏瘦型学生中健康行为的只有31%(309/983)。

表7-3 不同体型健康行为比较

人口统计学指标		人数(人)	健康行为人数(人)	卡方值	P值
BMI等级	瘦	983	309 (0.31)		
	正常	1119	825 (0.74)	769.949	<0.01
	肥胖	2246	566 (0.25)		

由此可以看出现在的儿童体质健康正在走下坡路,他们的身体健康无法保证,69%的人处于了不健康的状态,这些儿童可能就是因为某些不健康的行为和不健康的生活造成现在的状况。正常体型中健康行为小学生74%(825/1119),

虽然正常的比率比较高，但是也不能保证个人的体质健康都能达到国家健康标准，所以说体育活动和体育锻炼是非常重要的，对于儿童来说参加体育活动是提高学生体质标准最直接的办法。肥胖体型中健康行为小学生只有 25%（566/2246），出现差异均有统计学意义（$P<0.01$ 或 $P<0.05$）。

在关于睡眠的健康行为中（表7-4），总体睡眠健康行为并不乐观，在睡眠的 5 个指标出现差异均有统计学意义（$P<0.01$ 或 $P<0.05$）。在睡眠时间保持 10 小时的行为中，整个小学阶段的学生仅占 14.37%（625/4348）；不做噩梦的仅占 7.89%（346/4348）；能够按时起床的仅占 8.49%（369/4348）。

表7-4 睡眠健康行为的比较情况

级别	人数（人）	统计量	睡眠时间保持10小时	无睡眠障碍	进行午休	不做噩梦	按时起床
1~2年级	1737		221（0.13）	124（0.07）	622（0.36）	98（0.06）	204（0.12）
3~4年级	1627		205（0.13）	130（0.08）	573（0.35）	129（0.08）	108（0.07）
5~6年级	984		199（0.2）	93（0.09）	350（0.36）	116（0.12）	57（0.06）
		卡方值	35.363	4.574	0.129	32.667	40.091
		P 值	<0.01	<0.05	<0.05	<0.01	<0.01

本次调查结果显示，山东省中小学流动儿童健康行为形成率仅为 39.1%，比其他省市调查结果显示的健康行为略低，如低于三亚市小学生健康知识知晓率"45.83%"的调查结果，与其他调查结果的最大差别是健康行为与性别无关，在山东很多学校对于健康睡眠宣传不到位，包括家长对于睡眠知识不重视导致很多儿童睡眠不足，学校和家庭给予孩子过多的学习生活压力，这也是导致学生出现睡眠问题的一个重要方面。人口学特征中的 BMI 等级、就读年级、家庭居住地、父母工作地、父母文化程度等在健康行为方面的差异性显著，尤其 BMI 等级反应的差异性最为显著。城市儿童的健康行为形成率要高于农村，城市儿童的父母多为知识分子，即使文化程度不高，但是由于环境的影响他们也能够养成良好的健康行为，父母至少一方在本地工作的健康行为形成率高于父母工作在外地或者父母工作都在本地。父母文化程度在大学及大学以上的形成率较高，父母文化程度越高对于自己子女的家庭教育越重视，同时他们对于孩子健康行为的塑造也会更加用心，能够给孩子起到一个很好的榜样示范作用，他们也想培养出跟他们一样优秀的后代，这对孩子以后的生活带来积极影响。

我国小学生肥胖超重现象已经引起了社会、学校、家庭的高度重视和广泛关注，肥胖超重是引发诸多疾病或慢性病的诱因，会导致各器官的衰竭。除营养、遗传等因素外，最主要的原因就是他们饮食及体育运动出现了严重的问题。运动量不足、乱吃乱喝给身体各个器官带来了很严重的负担，导致了各种疾病的发生。本研究与邹珍的调查研究结果相一致，肥胖型学生的健康行为形成情况较差，尤其在运动习惯、睡眠习惯的形成方面更差。最常见的肥胖原因就是他们很少运动，因此可以推测偏瘦学生人群和肥胖人群与运动习惯和睡眠习惯的养成有较高的相关性。对于中小学流动儿童来说，健康习惯的养成尤其是运动习惯等与家庭环境有着密切的关系。父母的锻炼习惯和健康认知以及榜样示范作用将在很大程度上影响孩子的行为和习惯，家庭环境建设在疫情期间显得尤为重要。这次的疫情一方面促进了亲子之间的沟通；另一方面每个家长也能够很好地陪伴在孩子身边照顾他们的生活起居。家庭具备的体育环境和健身氛围将会帮助流动儿童形成良好的健身习惯，更主要的是在居家学习的间隙，父母能够陪伴自己的孩子进行简单的室内体育运动，有助于缓解学习的压力、放松紧张的心情，有规律的、适量的运动不仅能强身健体，还有助于提高睡眠的质量。

然而居家在线学习使得流动儿童离不开电脑、平板、手机等媒体工具，亦出现了一种消极影响。电子产品使用频繁致使儿童的视力健康逐渐降低。1～2年级、3～4年级、5～6年级视力不良率分别为7%、19%、39%，随着年级的增长在逐步增加。与《中国义务教育质量监测报告》中"四年级学生视力不良检出率为36.5%"的数据基本吻合，视力下降也不是短期的效应，居家学习期间的不健康的行为姿势、长时间用眼等问题，以及睡眠不足、运动缺乏等造成的体质健康的下滑或免疫力降低等都会对眼健康造成一定的影响和伤害。老师和家长应加强用眼健康的教育，在线教学时要适时、及时提醒学生保持正确的坐姿、保持眼与书本的距离、适当安排在线学习的时间间隔。家长要帮助孩子严守作息时间，控制孩子使用媒体工具的时间，适时提醒孩子不要长时间盯着屏幕并陪伴孩子在户外进行适当放松。从营养、运动、作息等方面进行调适来增强小学生的自身免疫力，以免居家在线学习期间造成视力的下降或身体机能下滑，影响流动儿童健康成长。

居家学习期间教育、卫生部门及学校采取多种形式进行线上健康教育、宣传，但是从本研究获取的数据分析来看，山东省流动儿童健康行为的形成情况不乐观，居家学习期间的作息规律、生活习惯、运动行为等都有很大的变化，从而折射出流动儿童返校后需要更加重视学生的身心健康,多措并举改善学生的各种行为习惯,采取运动负荷小、间歇时间长、运动方式简单的体育活动来增强学生的体质健康水平和提高身体机能。家长、老师应重视健康教育,积极营造良好的健康文化环境,培养流动儿童良好的卫生习惯,注重营养搭配科学合理的膳食结构,积极疏导流动儿童的不良心理和情绪,培养积极健康向上的新时代少年。

二、食品安全和电子产品对健康行为的危害

(一) 流动儿童健康行为的形成情况

山东省中小学流动儿童的总体近视率19.83%(817/4348),由表7-5可以看出5~6年级的近视率极高,说明流动儿童在学习中没能养成一个好的行为规范,由于我们的家长没有及时的关注他们的学习和生活,忽略了孩子的健康。用眼健康的5个指标出现差异均有统计学意义($P<0.01$或$P<0.05$)。中小学流动儿童每天做眼保健操的是44.14%(1919/4348),其中1~2年级的学生较多;虽然他们每天都在做眼保健操,但是眼保健操的质量确没有保证。眼睛距离书本一尺只有18.17%(790/4348),其中5~6年级学生较多;使用电子产品情况较为严重,现在电子产品的广泛普及给我们带来了方便,同时也带来了非常大的伤害,致使很多流动儿童经受不住诱惑迷上了网络游戏而无法自拔。久之我们的视力健康受到威胁。他们每次使用电子产品超过15分钟高达65.69%(3659/4348);每天使用电子产品超过1小时也达到了65.69%(3659/4348),其中1~2年级和3~4年级更为严重66%。如果家长不重视、不关注孩子的健康,那么会给孩子的一生带来不良的影响,使我们孩子的视力受到严重的伤害,从而影响孩子的学习成绩,最终也会影响孩子的人生轨迹。视力健康对于我们来说非常重要。

表7-5 用眼健康行为情况比较

级别	人数(人)	统计量	因视力而戴眼镜	每天做眼保健操	眼睛离书本一尺	每次使用电子产品超过15分钟	每天使用电子产品超过1小时
1~2年级	1737		119 (0.07)	910 (0.52)	281 (0.16)	1385 (0.8)	1150 (0.66)
3~4年级	1627		312 (0.19)	616 (0.38)	264 (0.16)	1392 (0.86)	1069 (0.66)
5~6年级	984		386 (0.39)	393 (0.4)	245 (0.35)	882 (0.9)	637 (0.35)

续表

级别	人数(人)	统计量	因视力而戴眼镜	每天做眼保健操	眼睛离书本一尺	每次使用电子产品超过15分钟	每天使用电子产品超过1小时
		卡方值	431.765	80.999	50.542	49.993	296.723
		P值	<0.01	<0.01	<0.01	<0.01	<0.01

(二) 学校体育设施建设对流动儿童健康行为的影响

在运动习惯中（表7-6），每天坚持适量运动的仅占17.32%（753/4348），运动习惯的5个指标出现差异均有统计学意义（$P<0.01$ 或 $P<0.05$）。小学阶段学生适量运动均较少；而每天坚持运动40~60分钟的学生占有70.84%（3080/4348）；家里有简单的体育器械的仅占有2.4%（104/43348），各年级学生均较少。由此可以看出，关于运动习惯的健康行为并不乐观。

表7-6 运动习惯健康行为比较

级别	人数（人）	统计量	每天坚持适量运动	每天运动时间40~60分钟	每天接触自然光	老师要求每天运动	家里有简单体育器械
1~2年级	1737		250（0.14）	1028（0.59）	518（0.3）	63（0.04）	33（0.02）
3~4年级	1627		343（0.26）	1484（0.91）	490（0.3）	43（0.03）	33（0.02）
5~6年级	984		160（0.16）	568（0.58）	262（0.27）	56（0.06）	38（0.04）
		卡方值	27.246	23.423	4.139	15.961	11.829
		P值	<0.01	<0.01	<0.05	<0.01	<0.01

虽然中国的儿童体质健康与往年相比有了明显的提高，但是目前还存在一些严重的问题。例如：儿童的近视率显著增高。现在科技发展迅速，造成儿童的视力健康受到威胁。由于监护人或者父母看管不力造成儿童近视率显著增加，城市儿童的近视率明显高于流动儿童。他们接触时间最长的就是电子产品——手机、电脑、平板等。在学校学习期间没能养成正确的写字读书姿势，导致近视眼患病率逐步增高。许多家长看管不利，儿童在晚上偷偷把手机放在床上，以至于晚上熬夜打网络游戏，不仅影响了充足的睡眠且对自身的健康造成了严重的伤害。龋齿患病率和寄生虫感染率增加。父母从来不会注意孩子身体上出现的小问题，也从来不去关注孩子的饮食健康的问题。监护人的榜样示范作用没能展现出来，没

有让孩子养成一种早晨晚上要刷牙的习惯。对孩子过度溺爱，给他们买一些膨化食品、垃圾食品及油炸食品，虽然能够满足孩子的口味，但是时间久了孩子的身体健康就出现了严重的问题。有的导致肥胖症，有的导致糖尿病，还使流动儿童养成了一种错误的健康行为。

在农村的幼儿园和小学体育器材设施安装不到位，很多儿童对体育活动的意识不够，很少进行体育锻炼。儿童的成长过程中需要一个安全稳定的环境。留守儿童的父母在外地打工，难以对儿童进行教育和监督，监护人多为爷爷奶奶及外公外婆，他们的溺爱对儿童身体健康造成了很大的影响。监护人看管不到位时，儿童吃垃圾食品，滥喝饮品等都是监护人缺乏食品安全意识，对孩子的身体健康造成极大的危害，流动儿童在留守阶段更加需要监护人的保护。当流动儿童进入到城市中流动儿童的身体健康状况与城市儿童有着明显的差异，流动和非流动儿童发育的差异表现在身体形态方面，如身高、体重等。形态学指标受环境因素，如营养状况、疾病等的影响，需要重视加强流动儿童营养状况、提高流动儿童卫生服务质量等。切实提高流动儿童的身体发育水平，就需要社会、家庭、学校的共同努力。城市应该改善一下流动儿童的生存环境，让他们与城市儿童享有同样的地位。大多数的流动儿童都来自农村，当地政府应该提高当地农村的卫生服务水平，关注流动儿童的身体健康，加强他们的营养膳食，让他们接受免疫接种、防治疾病等来改善流动儿童由于其他因素而造成的身体发育落后的状况。

到中学阶段，留守儿童过渡为流动儿童时，此时的流动儿童数量增多。以德州市陵城区糜镇为例，大多数的流动儿童都是在县城上学，多数父母为了孩子在陵城区打工，极少数的父母在外地打工。在区县的学校体育设施以及体育器材都是比较完备的，对于学校开设的如田径、篮球、羽毛球、乒乓球、足球等常规的体育运动项目，加上体育老师进行一定的指引，他们能够更好地利用体育器材和体育设施来参加体育活动。能更好地促进流动儿童的身体健康。目前在陵城区租赁房屋的费用相对来说还是比较低的，体育设施建设比较完善，现在每个小区都会配有体育健身器材等，大部分的流动儿童可以到就近的体育场所进行体育活动。他们不会受地域限制无法享受到完善的体育设施。

健康行为有以下特征。有利性：健康的行为能够使人拥有健康的身体，能够对身边其他人产生积极的影响，能促使身边的人养成积极良好的健康行为。规律性：饮食规律会对自己的肠胃形成有利的保护，减少了各种肠道疾病的发生。睡眠规律减少了亚健康的发生及各种疾病的发生。

健康行为的养成需要做到以下几点。**生活节奏要有规律**。由于现代社会工作和生活节奏加快，负荷加重，随之而来的是容易发生疲劳；我们可以认为疲劳是目前和将来危害健康的一个重要因素。其中最重要的一个因素就是生活不规律，经常性的熬夜学习。流动儿童的经常性熬夜打游戏，对儿童自身的身体健康造成了极大的伤害。生活节奏规律是预防和消除疲劳的一个重要方法，无论多忙都要给流动儿童留出时间让他们多进行身体锻炼。在保证生活节奏规律的情况下，还需保证儿童充足的睡眠，没有充足的睡眠就没有健康。**营养膳食要均衡**。任何一种食物都不能提供人体需要的全部营养，所以合理的膳食必须由健康食品构成。第一，减少流动儿童对甜食和动物脂肪的摄入，增加豆制品、蔬菜、水果等富含维生素和蛋白质的食物。通过采访高年级的流动儿童，询问一些关于监护人对于营养膳食的问题，他们回答道："父母及爷爷奶奶从来都不会关注我们吃得好不好，先问我们吃得饱不饱，尤其是爷爷奶奶在日常生活中很节俭，他们经常吃一些隔夜的菜，睡前和早晨都不会刷牙，他们对营养的知识很陌生。"第二，减少钠盐的摄入量可以减少青少年高血压的出现。高盐饮食是引发高血压的常见原因之一，除了腌制类食物之外，受青少年青睐的快餐食品和包装食品含盐量也很高，如熟泡面、薯片、加工后的鸡块，烤鸭、香肠等，因此要加强流动儿童健康饮食的科普教育，从小培养流动儿童的健康饮食习惯，让其自觉养成清淡饮食、少食膨化食品等的良好健康习惯。良好的饮食习惯和科学的锻炼习惯的养成，不仅能够有益于身体健康，还可以减少高血压的发病率，且体育锻炼对青少年骨骼发育具有促进作用，更将有助于流动儿童的健康成长。

第三节　流动儿童的健康教育

流动儿童健康教育能强化流动儿童的健康意识和健康常识，树立维护自我的健康理念，对进一步提高流动儿童健康生活方式和行为，促进流动儿童健康教育具有重要的现实意义。家庭、学校、社会健康教育早已被公认是一项促使流动儿童健康教育的重要活动，进而促进全社会健康的有效策略。流动儿童的健康教育是城市学校教育必不可少的重要组成部分，与少年儿童德、智、体、美方面的培育有着极为密切的联系。通过学校健康教育，能使流动儿童清楚地了解健康卫生保健科学知识，养成良好的卫生习惯，形成遵守和维护公共卫生的道德品质。

我国政府对学校的健康教育实施的政策覆盖面比较广，既有健康教育的理论体系，又设定了教育方针。随着流动儿童学习环境的变化，国家政策也在随之变化，部分学校为流动儿童增加了健康教育的教学，更好地为青少年儿童提供有利的帮助。

一、流动儿童的心理健康教育

流动儿童在心理健康教育方面存在很大的问题。综合学者的研究得出七个心理健康标准：了解自己；保持人格的完整与和谐；充分的安全感；有无和谐的人际关系；智力正常；能协调与控制情绪，心境良好；专注于工作。

对应以上标准目前流动儿童面临的心理健康问题有以下方面。

学习方面的问题：流动儿童的父母不能很好地陪在他们身边，在学习上容易产生很多困难。流动儿童的父母上班时间比较长、比较累，且父母的学历都在大专文凭以下，所以他们缺乏父母的指导与陪伴。他们学习的注意力不能保持足够的集中，日积月累孩子会对学习容易失去兴趣和信心。在实际生活中他们对于儿童的教养方式存在着问题，由于时代的进步他们对一些新鲜的事物已经不再了解，他们的思想观念已经落后，文化知识水平较低，已不再具备辅导和监督儿童学习和家庭作业的能力。所以他们只能选择放任型的教养方式，对流动儿童的学习和心理方面缺乏足够的关注。

少数部分的流动儿童的监护人是单亲，对他们的关照的时间少之又少。由于父亲或母亲的离开，他们在心理上会出现很大的问题，进而影响他们的学习兴趣。因此，流动儿童如果没有父母的陪伴和关爱会出现学习迷茫、学习态度不正、坏的学习习惯、对学习没有动机、成绩差等问题，严重的就早早辍学走上打工的道路。只有少数的流动儿童能够体会到父母的艰辛，自己养成了自律习惯，刻苦学习取得了优异的成绩。

情绪方面的问题：流动儿童的生活环境比较特殊，大多数留守儿童会因父母的缺席，影响到其身心健康发展。流动儿童遇到不高兴的事情时，没有人去倾诉，只好一个人闷在心里。爸妈不能长时间陪在他们身边会让他们感到自卑、孤独和无助。流动儿童由于年龄小，对事物分辨能力差，他们的心理承受能力较差，内心很容易受到创伤。父母如果不经常陪在他们身边，容易使流动儿童的情绪产生问题。具体表现为悲痛、伤感，严重的会出现抑郁、偏执、冷漠、嫉妒、逆反等。《留守儿童心理健康教育模式研究》中提到大多数的儿童都希望父母不要外出打工，他们的理由是"父母不在我们身边，我心里非常难受""看到别人的父母为他们买衣服什么的，心里会很难过"。在这些话中，我们可以体会到流动儿童内心的痛处，他们成年后亦不能很好地调控自己的情绪。

自我意识问题：流动儿童在农村时大多都出现了自我意识问题，主要表现是自卑。因为父母在外地打工，从家庭经济条件及其他方面来说很多儿童自认为低人一等。他们进入城里以后看到其他的同学有父母开车接送，自己却没有父母接送；学校举办亲子运动会，自己的父母来不了；这样的情况对于流动儿童来说是司空见惯的。这些产生的自我意识问题使他们会以另一种方式表现出来，有的同学会自我安慰，理解父母上班很忙；有的会以说谎及其他方式来显示自己家庭的完美，但是仍会担心谎言被同学们戳穿。

人际关系问题：人际关系是考察心理健康的一个重要指标，也是增进心理健康的重要途径。流动儿童最大的人际问题就是亲人关系淡漠。父母上班时间很忙，一方面流动儿童想让父母给他们陪伴，另一方面想多和父母进行沟通。其次是和同学的关系淡漠。流动儿童不良的自我意识，会导致其在人际关系交往中退缩。流动儿童进入到新的环境，其不良的自我意识会影响他们结交新的朋友，建立新的友谊，也会影响他们与同学的交往方式。

分析流动儿童心理健康的影响因素有以下方面。

父母与子女沟通交流的时间：父母对子女的陪伴和与子女的沟通在家庭中是非常重要的。孩子在这个时期逆反心理和独立意识非常强烈，如果孩子与父母长时间缺少沟通，没能建立良好的依恋关系，容易导致流动儿童与父母之间的关系受到影响，进而影响他们的身心发展。

家庭教育水平：家庭是孩子人生的港湾，父母则是孩子的第一任老师。儿童阶段模仿能力特别强，他们的认知能力达不到成年人的水平，他们不知道什么是好什么是坏。孩子的行为和习惯不仅仅是自己养成的，还是父母通过榜样示范作用潜移默化的。父母的教育对孩子人生观、世界观、价值观的指引起着至关重要的作用。在普通的流动儿童家庭里面，绝大多数的流动儿童父母都忙于上班，甚至有的父母上班时间跟儿童放学休息时间是相反的，他们无法顾及孩子的健康成长，甚至有的父母来最基本的陪伴都无法做到。久之，流动儿童的心理就会产生一种孤独感，即使全家生活在一起也会造成孩子对家庭归属感的缺失。

很多流动儿童从小跟着爷爷奶奶，老人对孩子的态度会影响孩子的心理健康。一方面对孩子过度的溺爱，使他们的态度有偏差；另一方面监护人的教育方式和理念不科学、观念陈旧。心理问题是流动儿童群体及所有儿童所面临的重要问题，现阶段社会为解决儿童心理问题采取了各种方法预防和减少心理疾病的产生。有的电视台举办了《少年说》节目，让儿童把自己憋在心里的话说给自己的爸爸妈妈、老师及同学们听，让自己的情绪得到发泄。

二、流动儿童的健康行为教育

营养健康教育。流动儿童在农村上学时养成的不良行为习惯和生活习惯能够导致各种疾病的发生。青少年儿童存在着营养不良和营养过剩问题，有的超重；有的过于肥胖；有的过于瘦小。学校应该重视儿童的营养膳食教育，从学校的配餐上也要实现儿童的营养均衡。班主任要通过多媒体、讲故事，以及生活实例来为孩子们讲解营养膳食的健康知识，引导他们了解健康营养膳食的重要性。

控烟教育。流动儿童心智尚未成熟，他们在陌生的城市中难免会遇到一些不良嗜好的朋友，他们自控能力差很容易沾上烟草。学校应该建立无烟学校，为他们设置很醒目的禁止吸烟标志、把控烟表现纳入儿童评优评奖的政策中。校长要组织每个班级的班主任实施烟草危害的主题教育，通过PPT及视频的形式进行各方面的教育。让流动儿童能够认识到烟草的危害，学会抵制不良诱惑，使自己健康快乐成长。在国家教育和卫生政策法规的推动下，学校教育对流动儿童群体健康教育内容围绕心理和生理方面进行扩展，通过多种多样的形式来传播健康知识、普及烟草危害的教育。

传染病的健康教育。目前各种传染病都能够使儿童的成长造成一定的威胁。其中最令人恐惧的是"艾滋病"。艾滋病的健康教育是能够从根本上预防和减少艾滋病毒传播，也是实现遏制艾滋病毒流行的重要举措之一。学校通过讲解艾滋病毒传播的方式、方法和途径，能够提高流动儿童自我保护能力和卫生保健知识。现阶段学校已经将艾滋病传播的教育纳入课堂教育中，有的学校还开展主题讲座、发放资料、观看视频。使学生们更为深刻的了解艾滋病的危害及传播途径。保护自己要从自己做起，学好健康教育知识就是对自己生命安全最好的保护。

Chapter 8 第八章
流动儿童体质健康教育

体质健康教育是健康的重要保证,也是实施素质教育的重要渠道。它具有增强体质、培养品质、开发智力、发展个性、促进人的身心健康发展的特点和作用。体育教育工作要坚持"健康第一"的指导思想。中小学生体质健康教育将承担起培养少年儿童具有科学健康观的重要责任。近几年来,由于中小学生的学习压力,使他们很少进行体育活动,造成了耐力、灵敏性、肌肉力量、肺活量等体质指标呈下降趋势,肥胖的学生明显增加,学生的体质健康水平不容乐观!

目前,全国农村留守儿童6102.55万人,占全国的儿童总人数的21.88%,在全部农村儿童中,留守儿童比例达到28.29%,平均每四个农村儿童中就会有一个留守儿童。这些留守儿童大部分都会跟随父母去相应的城市上学学习,为了能够给孩子提供一个好的学习环境,接受良好的教育,他们会把自己的子女带到打工的城市,亲自进行照看。中国农村老年人和流动儿童的生活境遇已经成为突出的社会问题,农村留守儿童长期缺乏父母的照料,因此引发了流动儿童在城市中的生活、健康、教育、情感、心理发生了一系列问题。每到春节过后都会有大量的流动儿童跟着父母去城市上学。《中共中央国务院关于深化教育改革全民推进素质教育的决定》中指出,健康的体魄是青少年为国家人民服务的前提,是中华民族旺盛生命力的体现。因此,关注流动儿童的体质健康状况,唤醒社会各界人士对流动儿童的关注,为他们的健康成长创造良好的社会学习环境,是体育教育工作者义不容辞的责任。

第一节 流动儿童体质健康认识

青少年儿童是国家的未来也是民族的希望,他们肩载着伟大中华民族复兴建设的重任，世界各国对学生少年儿童的体质健康问题都给予高度重视。流动儿童：所谓流动儿童是指流动人口中0~17周岁儿童。流动人口是指居住地与户口登记地所在的乡镇街道不一致且离开户口登记地半年以上的人口，市辖区内人户分离者。由于居住地与户口登记地相分离，流动儿童在城市里难以享受与城市同龄儿童平等的受教育机会。随着经济社会的飞速发展，城镇化进程不断加快，同时农村的土地收益与付出满足不了农民的需求，农村劳动力大量向城市转移，父母为了能够更好地照顾自己的子女将其带入打工的城市上学，这是形成农村流动儿童这一特殊群体的主要因素。20世纪90年代以来，中国城镇化进程的速度加快，社会结构与经济制度也经历了深刻的变迁，农业收入与城市经济利益相比明显存在差距，在这样环境的驱使下，越来越多的农村剩余劳动力涌向城市务工，形成了大量的流动人口。同时，由于我国农民工在城市里各个方面的生活环境受到种种限制，所以为了孩子的升学以及人生的发展，他们不得不把孩子带在身边，让他们进入到城市中去学习，从而形成了流动儿童群体。

一、家庭的生活方式与儿童体质健康的认识

儿童的体质健康问题是一个非常值得关注的大问题。目前，随着经济和科技的发展我国儿童的营养膳食和生长发育水平得到了显著改善和提高，但是由于部分农村居民尤其是贫困农村居民缺乏最基本的营养膳食常识，在一定程度上影响了流动儿童的身体发育。流动儿童的生长发育水平反映了不同社会阶层生活条件，父母的生活方式及儿童自身的生活习惯和对营养与健康的常识等直接关系到儿童良好健康水平的实现。

目前随着我国生产力发展水平的提高，大多数家庭的生活水平得到了提高，而电脑、手机、平板的应用更加广泛，导致儿童花费在网络游戏上的时间比重越来越大。这不仅使得学习时间大幅度减少，还减少了体育活动时间，家庭作业的质量逐渐下降，学习成绩渐渐落后于其他同学。流动儿童的身体没有得到适当的锻炼，以至于体质健康方面出现了问题。

流动儿童回到家中接触最多的就是电视节目和手机，智能手机的广泛普及，使几乎每个家庭都能用得起智能手机，这就是越来越多的流动儿童学习成绩下降原因之一，有的流动儿童沉迷于网络游戏不能自拔。当前城市中学校的周围都有各种各样的快餐店与小吃店，但是那些快餐与小吃的营养与卫生问题让人担忧，

经常食用会使儿童的膳食结构逐渐失去平衡。对于流动儿童来说，父母没有足够的时间陪伴他们，其日常生活也可能会受到影响。据统计资料显示，全国目前约有2000万名留守儿童，他们的营养与健康问题已经引起全社会的强烈关注。他们的父母及监护人中意识不到营养膳食的重要性，对营养健康的认识不深刻。在农村由于监护人的溺爱给儿童买一些毫无营养的垃圾食品，例如，炸鸡，汉堡，可乐等。很多垃圾食品对儿童的身体健康造成直接伤害。流动儿童的认知水平有限，他们没有认识到营养膳食的重要性，导致儿童营养不良等状况。这些问题值得去认真地反思，认真的关注孩子的身体健康，让他们能够健康快乐成长。

二、学校与儿童体质健康的认识

受传统教育观念的影响，目前农村学校对于学生体育活动的合理安排缺乏重视。大部分教师的思想在一定程度上受到了传统教育观念的影响，他们对待体育生的眼光都是"另眼相看"。戴着有色眼镜去看他们，认为体育活动无非就是"头脑简单，四肢发达"的体育生才会去做的事情，对于普通的学生没有任何意义。长此以往，将导致我国儿童整体的体质健康状况下降。

在学校与流动儿童交流过程中，我们曾询问过四年级的流动儿童对体质健康的认识。他们说："我们对于体质健康不了解，因为我们在农村上学时老师没有告诉过我们什么是体质健康。我们只知道锻炼身体是主要的，好的身体就是不经常生病，在学习中能够保持一个良好的状态。"通过这位同学的陈述可以看出农村学校的老师不会给孩子普及体质健康的知识，只知道让他们多活动、多锻炼，但是老师忽视了孩子其他行为的健康问题，为以后的成长埋下了隐患。一名六年级的小同学回答道"我们对体质健康还有一点了解，我们的体育老师也曾经给我们讲过体质健康的重要性。我们从小在城里长大，有时候我们的爸爸妈妈也会给我们说体质健康的重要性，要想学习成绩好必须得有健康的身体来支撑。"通过六年级的儿童的陈述，可以看出城里的儿童不仅会受到学校的教育还会受到良好的家庭教育，在这种双重教育下他们的体质健康肯定会越来越好。体育课不仅要教会孩子们掌握一门运动技能，还要教会学生们科学的锻炼方法及健康的行为习惯相对于农村的体育课，城市学校的体育课会更加的有质量。

多项调查表明，1985—2000年，我国城市青少年身体素质下降明显，其中，城市青少年儿童耐力素质下降更明显。2000年与1995年相比，除男子50米跑、立定跳远和女子仰卧起坐的部分年龄组外，学生身体素质指标均呈明显的下降趋势，其中男子引体向上和男女耐力跑、立位体前屈的各年龄组下降幅度和速度都十分显著。2005年与2000年相比，城市学生身体素质继续下降。其中50米跑成绩，19~22岁城市男女生分别下降0.1秒（男）、0.3秒（女）；立定跳远成绩，7~18岁城市男女生分别下降了3.7cm、3.9cm；19~22岁分别下降了3.6cm（男）、3.7cm（女）；引体向上成绩，13~18岁城市男生下降了1.2次，19~22岁下降了1.5次；一分钟仰卧起坐成绩，7~18岁城市女生下降了3.7次；19~22岁下降了1.5次；50米×8往返跑成绩，7~12岁城市男女生分别下降2.3秒、1.3秒；1000米跑成绩，13~18岁、19~22岁城市男生分别均下降12.4秒与11.9秒；800米跑成绩，13~18岁、19~22岁城市女生分别下降10.3秒与9.2秒。2005年我国青少年儿童身体素质指标均值显示我国城市青少年儿童握力、立定跳远、引体向上、耐力跑等身体素质指标明显差于乡村青少年儿童。通过以上数据表明，现阶段我国青少年儿童的体质健康存在一定问题，各种指标数据都处于下降趋势。

三、家庭成员与体质健康的认识

在我国计划生育的影响下，当前每个家庭大约有1~2个孩子，大多数为独生子女，少数的家庭为3个子女。当代社会生活水平提高了，经济发展迅速了，父母对孩子的疼爱已经超出了界线，老人对子孙的疼爱也逾越了边界，监护人的溺爱会使孩子变得越来越依赖于他们，最后可能偏离人生正确的方向。在农村生活中，老人担心孩子的身体受到伤害，他们不愿意甚至不允许孩子与其他小伙伴随便玩耍，更不允许他们去参加体育活动，这就使得儿童与其他孩子之间的团结友谊变得越来越淡，最终导致他们未能形成团结合作的意识，他们进入到新的学习环境中也不会去参加任何集体活动，儿童的体质健康状况也受到了影响。

四、流动儿童参与体育运动的情况

流动儿童的父母主要以服务业、个体商业、手工业等为主，父母的从业性质决定了工作时间的不稳定，家庭收入偏低决定了用于流动儿童课余文化辅导、兴趣特长培养的投入较低，而流动儿童可用于自由支配的闲暇时间相对较多。通过调查问卷显示，流动儿童课余课后活动时间主要集中在午后、傍晚、周末、假期等，体育活动的内容主要以奔跑、追逐类游戏和民间游戏为主，偶尔也参与跳绳、球类等运动。

表8-1显示，他们参加次大强度，持续时间较长、次数最多；参加大强度的儿童次之比例为19.8%。流动儿童每天都会进行很长时间的活动，而且还保持在剧烈运动的状态。每周参与体育运动3~5次的流动儿童达到了35.5%。在每次参与体育运动的时间上来说，10~20分钟、21~30分钟的流动儿童占比分别为28.2%、26.4%。参与体育运动的强度上来说，以中小强度为主（微微出汗、不太紧张等自我感觉），占到了64.9%。通过分析流动儿童的体育参与情况从体育运动的持续时间、参与次数、运动强度这几个方面能够很好地看出流动儿童是喜欢参加体育运动且可以进行较长时间运动。这几项指标能够很好地反映流动儿童参与体育运动的基本情况。

表8-1 流动儿童参与体育运动情况统计

运动强度	（%）	持续时间运动强度	（%）	参与次数运动强度	（%）
轻微	19.1	<10min	18.8	<1次/月	9.4
小强度	31.5	11~20 min	28.2	2~3次/月	12.5
中等	33.4	21~30 min	26.4	1~2次/周	22.8
次大强度	8.7	31~60 min	18.1	3~5次/周	35.5
大强度	7.3	>60 min	8.5	1次/天	19.8

第二节 流动儿童体质健康状况

本次选取了部分流动儿童进行体质健康测试。参照《国家学生体质健康标准》中所规定的测试方法，测试项目涵盖了身体形态、身体机能、身体素质三个方面。测试项目为身高、体重、肺活量、50m×8折返跑、仰卧起坐、立定跳远，并参照《中国学生体质健康评分表》对测试成绩进行分析，获取关于流动儿童身体形态、学生身体机能、身体素质等方面的数据，运用Excel软件对测试数据进行统计，运用逻辑分析法对测试结果进行分析阐述，对流动儿童体质健康现状进行调查研究与分析。

根据《国家学生体质健康标准》，通过身体形态、身体机能、身体素质三个方面来体现中小学流动儿童的体质健康状况。其中，用身高体重指数来体现中小学流动儿童的身体形态状况；用肺活量体重指数来体现中小学流动儿童的身体机能状况；用50m×8往返跑，仰卧起坐和立定跳远的成绩来反映中小学生流动儿童的力量、速度、耐力、柔韧性和爆发力等身体素质状况。

一、流动儿童身体形态的调查研究

身高是反映人体纵向发育的指标，也是最直接反映人体形态的指标。体重是直接反映人体的骨骼、肌肉、脂肪等及内脏器官发育状况的指标。进行身高、体重测量能够直接反映学生生长发育水平，评价学生的身体匀称程度和营养状况。由调查数据可知，流动儿童男生身高，体重指标在正常范围内仅44.19%，30.23%的学生属于偏瘦，23.26%的学生处于营养不良状态，只有2.32%的学生偏胖，女生身高体重指标仅35.14%的学生属于正常范围内，62.16%的学生属于瘦或者偏瘦，2.7%的学生属于偏胖。由调查结果可以看出，体重较轻、营养不良是流动儿童身体形态方面存在的主要问题，且女生营养不良较男生严重。这说明流动儿童在跟随父母进入到城市中后，他们的个人生活质量没有提高，出现了很大的问题。父母由于长时间上班对自己的子女无法面面俱到照顾。他们年龄小自理能力差，所以他们自己生活起来非常的困难，有时为了方便就会自己出去吃快餐，快餐虽然能够满足个人的口味，但是卫生质量不能保证，导致很多流动儿童出现营养不良的现象（表8-2）。

表8-2 流动儿童身体形态（身高体重指数）状况调查

身体形态	男 ($n=86$)		女 ($n=74$)	
	人数（人）	百分比（%）	人数（人）	百分比（%）
营养不良	20	23.26	8	10.81
较低体重	26	30.23	38	51.35
正常体重	38	44.19	26	35.14
超重	0	0	0	0
肥胖	2	2.32	2	2.70

二、流动儿童身体素质状况调查研究

身体素质是指人体在中枢神经系统的支配下,在运动活动中所表现出来的机能能力和运动能力。这种能力由力量、速度、耐力、柔韧性和爆发力组成,分别用50m×8往返跑、仰卧起坐、立定跳远这3项运动成绩来检验流动儿童身体素质状况。

(一) 50m×8往返跑测试分析

50 m×8往返跑是反映小学生耐力素质的运动项目,可以培养小学生不怕困难,勇往直前的意志品质。由表8-3可知,流动儿童耐力素质男生优秀率仅为2.33%,女生优秀率仅为5.41%,男生不及格率为41.86%,女生不及格率40.54%。40%以上的学生都处于不及格范围。他们除了体育课以外,可能不会再去参加别的体育活动了。流动儿童进入到城市后体育活动的频率减少了,可能他们对城市不熟悉,无法到体育活动场所进行体育活动,也可能受到周围社会环境和体育设施的影响,无法进行正常的体育活动,从而导致了流动儿童体质健康质量的下降。

表8-3 流动儿童耐力素质 (50m×8往返跑) 现状调查

50 m×8 往返跑	男 ($n=86$)		女 ($n=74$)	
	人数 (人)	百分比 (%)	人数 (人)	百分比 (%)
优秀	2	2.33	6	5.41
良好	30	34.88	20	35.13
及格	18	20.93	18	18.92
不及格	36	41.86	30	40.54

(二) 仰卧起坐测试结果分析

仰卧起坐反映了腹肌力量和耐力水平,通常用来评定人体肌肉的耐力水平(表8-4)。

表 8-4　流动儿童腹肌力量、柔韧（仰卧起坐）现状调查

仰卧起坐	男（$n=86$）		女（$n=74$）	
	人数（人）	百分比（%）	人数（人）	百分比（%）
优秀	8	9.30	0	0
良好	20	23.26	0	0
及格	32	37.21	24	32.43
不及格	26	30.23	50	67.57

由表 8-4 结果得出，流动儿童男生腹肌力量和耐力水平比女生流动儿童腹肌力水平要高，男生优秀的比率为 9.30%，女生却是 0。不及格的男生比率为 30.23%，不及格的女生比率为 67.57%。女生腹肌力量和耐力水平全部在及格和不及格范围内徘徊，没有达到良好或优秀的学生。通过分析可以得出，由于男女生性格的差异，男生天生活泼好动，体质健康状况就会比女生的水平高。

（三）立定跳远测试结果分析

立定跳远是反映下肢力量和爆发力，以及身体上下肢动作的协调性和连贯性的测试项目。通过表 8-5 可以看出在下肢力量和爆发力方面，23.26% 的流动儿童男生达到了优秀水平，32.56% 的男生处于不及格水平。女生整体水平不如男生，40% 以上的流动儿童女生趋于不及格状态，及格人数的比例较少。他们当中有极少数的儿童放学以后会去体能馆跟着专业的教练去练习儿童体能。

表 8-5　流动儿童爆发力（立定跳远）现状调查

立定跳远	男（$n=86$）		女（$n=74$）	
	人数（人）	百分比（%）	人数（人）	百分比（%）
优秀	20	23.25	6	8.11
良好	18	20.93	20	27.03
及格	20	23.26	18	24.32
不及格	28	32.56	30	40.54

由此可以说明，流动儿童在平时很少进行体育锻炼，可能女生不会进行体育活动，而是在家里进行学习。男生却比女生稍微好点，男生天生好动，他们也酷

爱运动，相对来说优秀比率比女生高。

三、流动儿童体质健康的综合评价

由表8-6可以得出城市儿童的体质健康总体状况令人担忧，男生优秀的比率仅仅2.33%，女生为0，总体上男生的体质健康比女生好，女生无论从各种指标上都处于弱势。男生不及格的比率占到了51.16%，女生不及格的比率占到了64.86%，总体不及格人数占到了一半以上，这说明流动儿童的体质健康状况不容乐观。良好的身体是一切活动的基础，学校及家庭要重视流动儿童的体育锻炼。学校要多多的举行各种有益于儿童身体健康成长的活动，会提升他们的学习能力。家长也要为孩子做好榜样示范作用，与孩子一起进行体育活动，增加与孩子之间感情交流，拉进与孩子之间的亲子关系，更好的帮助孩子健康成长。

表8-6 流动儿童身体素质综合评价

体质健康总体评价	男（$n=86$）		女（$n=74$）	
	人数（人）	百分比（%）	人数（人）	百分比（%）
优秀	2	2.33	0	0
良好	16	18.61	6	8.11
及格	24	27.90	20	27.03
不及格	44	51.16	48	64.86

四、学校体育与流动儿童体质健康

体质指的是人体的质量，它是人体在先天遗传性和后天获得性基础上所表现出来的形态结构、生理功能、心理发展、身体素质、运动能力等方面综合的、相对稳定的特征。体质包括人体的体格、体能、生理机能、适应能力和精神状态等内容的发展水平。就目前的调查研究发现，儿童的体质健康水平在走下坡路，最大的问题就是运动系统和运动能力、心理健康和情绪控制方面出现严重的滑坡。现在国家体育总局提倡通过体育运动增强体质、增进健康。但是目前大部分学校没有去落实体育活动课程，尤其是农村小学的体育活动课程是比较落后的。最主要的一个原因就是农村小学师资力量匮乏，很多其他学科的老师被迫去替代体育老师上体育课，使得儿童没能养成良好的运动习惯和体育锻炼意识。

五、家庭体育与流动儿童体质健康

特别是对于流动儿童来说，父母没有足够的时间陪伴他们，他们缺乏关爱与照顾，其日常生活也受到了或多或少的影响。据资料显示，全国约有2000万名的留守儿童存在着体质健康问题，已经引起全国人民的广泛关注。通过科研数据统计结果显示，流动儿童的身高、体重均低于本地儿童。就目前而言，现如今随着经济的发展，生活水平的提高，我们的饮食也得到了改善，但是流动儿童体质状况出现了一些问题，出现两极分化的状况，出现过度肥胖和瘦小的现象，对儿童的身体健康造成了严重的影响。

流动儿童缺乏父母的关照，再加上老人的生活方式对饭食没有营养概念，导致营养不良。流动儿童的营养不良检出率高于本地儿童，而且流动儿童的体格发育以及体质状况、营养等健康状况方面都与本地儿童有一定的差距。这与生活不稳定、家庭经济状况不好、父母及监护人的文化程度偏低和缺乏营养膳食知识等因素有关。

父母尽可能多利用空余时间陪伴孩子成长，让他们感受到父母的关心和爱护。加强流动儿童的营养健康意识，提高学生、家长营养膳食知识水平，促进其改变不良饮食习惯。

表8-7分析了社会支持的父母、同伴、学校三项指标对于社会融入的心境、交往、生活、学习四项指标的 F 值。同伴支持对于流动儿童的社会融入的心境、交往、生活、学习四项指标的 F 值在 5.294~8.724，这说明流动儿童在城市中能够结识很多的朋友，关系越来越融洽。同伴的支持能够帮助他们改变他们自身的交往方式，提高社会交往能力。父母支持对于社会融入的心境、交往、生活三项指标的 F 值在 3.257~3.468，而对于学习指标的 F 值仅为 1.728，可以看出，流动儿童父母对于自己孩子的学习关注度不高。但是学校支持对于流动儿童社会融入的交往、生活、学习指标的 F 值较高，在 4.072~4.591，而学校支持对于心境指标的 F 值较低，仅为 2.427。从心境指标上可以看出学校对于流动为儿童的心理健康教育问题不太重视，以至于后期流动儿童出现心理问题。社会支持对于流动儿童的城市融入有积极的支持作用，父母、同伴、学校在不同的方面能够更好地促进流动儿童融入城市，但也反映出父母对于儿童学习的关注度较低。学校在

流动儿童的心理健康、健康教育等方面的关注有所欠缺，城市流动儿童的活动参与群体对于其融入城市有积极的促进作用。

表 8-7 社会支持指标对于社会融入指标的 F 值

指标	C1 心境	C2 交往	C3 生活	C4 学习
B1 父母	3.412	3.257	3.468	1.728
B2 同伴	5.294	7.772	8.724	5.485
B3 学校	2.427	4.409	4.072	4.591

第三节 流动儿童体质健康教育

少年兴则国兴，少年强则国强。少年是祖国的未来、民族的希望、一个民族的精神体现，他们的肩上承载着建设国家的重任，他们的体质健康教育非常重要，直接影响着祖国未来的国民体质健康水平。

一、学校体质健康教育

近年来，我国青少年学生体质健康状况不容乐观，体质健康水平越来越差。影响他们体质健康的因素：家庭因素、学校因素、自身因素、环境因素、营养因素等。青少年儿童的近视发病率低龄化严重。城市与乡村的差距逐渐缩小，青少年儿童的肥胖与膳食结构相关联，营养汲取不均衡，致使患肥胖儿童增多。目前很多父母及老师对体育健康的认识还不够深刻，父母认为体育活动会影响孩子的学习成绩，老师认为体育课只要能够满足孩子们的开心快乐就达到了本节课的目的。亦有父母对体育活动的认识已经不断提升，提倡孩子出去运动，增强体质，甚至在寒暑假给孩子报名篮球训练营等。现阶段学校对体质健康的教育还不够重视，部分学校只开设了活动课，但是没有老师的看管，只是简单的自由活动，这样无法促进孩子们体质健康。

流动儿童身体自尊和社会融入之间具有一定的相关性（表 8-8），身体自尊直接或间接影响流动儿童的城市融入。身体自尊的健康、技能、外观、素质四项指标与社会融入的心境、交往、生活、学习指标之间的相关性分析可以看出：

流动儿童身体自尊方面的技能指标和城市融入的交往、生活、学习的相关性最大。在农村小学阶段部分老师没有充分的尊重儿童的自尊心，小孩对于自尊的理解和认识就比较差。部分小学的教师还存在体罚学生的现象，伤害了儿童的自尊心，指数分别达到了：11.200、11.633、9.508。身体自尊方面的素质指标和城市融入的交往、学习指标的相关性很大，达到了10.397、10.736。通过指标可以看出流动儿童的自尊水平是非常高的，一个人的自尊水平越高，他的自律水平也越高。素质与生活之间的 F 值也达到了6.105。身体自尊方面的健康、外观和城市融入的四项指标之间的关系在1.430~5.492，相对于技能、素质指标的 F 值较低。指标显示流动儿童的技能水平比较低，他们很少接触技能的学习，例如：体育技能的学习。大部分的农村学校对于体育课都是处于非常不重视的状态，一是因为体育教师师资力量的缺乏；二是体育教师专业能力的缺失。他们在体育课教学中基本上不会教授运动技能，很多儿童都是通过假期的训练营来进行运动技能的学习，而城市儿童的体育技能会明显高于农村儿童。数据分析总体显示，身体自尊方面的技能、素质水平的提高与流动儿童在交往和学习方面的相关性高，流动儿童认识到体育运动的重要性。提高自身的运动素质、增强自己的运动能力，掌握一项运动技能，对流动儿童在城市中的生活、学习、交往具有积极与促进作用。但这也反映出流动儿童对于健康的理解仅停留在身体的运动素质、运动技能等方面，对于因参与体育运动而改变的良好的精神面貌、身体形象、积极心态、心情舒畅等方面的认知有待提高。

表8-8　身体自尊指标对于城市融入指标的 F 值

指标	C1 心境	C2 交往	C3 生活	C4 学习
A1 健康	2.994	3.374	2.834	3.285
A2 技能	4.960	11.200	11.633	9.508
A3 外观	2.048	1.430	2.634	5.492
A4 素质	3.885	10.397	6.105	10.736

二、家庭体质健康教育

现在大部分家长仍然停留在学习成绩而不去关注孩子的综合素质，使得流动儿童在年龄较小的时候就有较大学习压力，在这一定程度上使得流动儿童的身体健康素质降低。流动儿童进入到陌生的城市,对城市的周围设施不了解,无法开展相关的体育活动。家长对体育活动意识淡薄,不会给孩子传播体质健康教育等方面的知识,且由于长时间上班没有太多的时间陪伴孩子,使得孩子对体育活动参与度降低,导致他们的身体体质下降,影响他们的身体健康和成长。

教育部针对种种问题,采取了一系列有力措施:①切实保证学生每天一小时校园体育活动;②建立和完善学校体育卫生工作保障机制;③建立健全推进学生近视眼防控的工作机制;④努力改善学生营养健康状况,实施民族地区、贫困地区农村小学生营养改善计划,加强对城市学生营养宣传教育和营养指导。

第四节　流动儿童体质健康培养

学校老师要积极塑造学生们的世界观、人生观、价值观,要让他们树立远大理想,励志为构建社会主义和谐社会和实现中华民族伟大复兴梦而读书。学校要加强和改进学生的思想政治教育工作,因为思想政治教育的意义深刻,它能够教育人、鼓舞人使学生能够树立一个正确的人生观、世界观、价值观。学校老师要关心和帮助流动儿童在成长过程中遇到的困难,加强流动儿童心理健康教育和体质健康教育。同时家长要花尽可能多的时间来陪伴孩子,及时关心孩子的成长,教育孩子树立远大目标,为孩子营造良好的家庭环境,让孩子感受到父母的爱和家的温暖。学校及家庭可从以下两方面进行。①实行家校联合的方式保证流动儿童的体质健康。实现学生身心健康全面发展的目标,这一目标的实现不能仅靠每周的体育课来保障。需要家长与学校一起鼓动儿童利用业余时间,积极、主动地参与体育活动。如果家长和学校之间的沟通发生偏离,家长的自身健康意识和行为方式失去榜样示范作用的话,就很难保证流动儿童每天参加体育活动的时间,很难去纠正孩子的不健康行为。如果还在固守"一切都为了学习成绩,一切为了高考"的思想来牺牲体育锻炼的时间,那么流动儿童的体质健康会受到较大的影响。②学校要加强相关体育设施建设,营造一个良好的体育氛围。流动儿童的体质健康很难保证,他们的父母思想观念保守,不利于流动儿童的体质健康发展。从学生出发,加强体育场地设施建设,增加体育器材设备等。体育教师要结合本校学生的特点,开动脑筋,善于发现,采购一些实用的体育器材。充分调动学生参加体育活动的积极性,为他们创造一个良好的体育活动的空间及氛围,为他们的健康成长贡献一份力量。希望能够引起学校、教师、家长、学生的重视,我们大家一起关注流动儿童体质健康，共同提高流动儿童的体育活动环境，为流动儿童体质健康教育做贡献。

一、流动儿童社会融入的中间变量

为进一步判断身体自尊、社会支持对社会融入是否具有线性回归关系，我们通过 SPSS19.0 进行回归分析。把 A 身体自尊与 B 社会支持作为自变量，C 社会融入作为因变量，做线性回归分析。可以得到如下结果（表8-9，表8-10，表8-11）：

表8-9 身体自尊、社会支持与社会融入的方差[b]

模型		平方和	df	均方	F	Sig.
1	回归	22.711	2	11.356	72.120	0.000[a]
	残差	64.241	408	0.157		
	总计	86.952	410			

注：a. 预测变量：(常量)，B，A；b. 因变量：C。

从方差分析结果（表8-9），我们可以看出方差分析的显著性为 0.00<0.05，说明在本次分析中 A，B 和 C 之间存在显著的线性关系。

表8-10 身体自尊、社会支持与社会融入的系数关系[a]

模型		非标准化系数 B 标准 误差		标准系数 试用版	t	Sig.
1	(常量)	2.423	0.174		13.905	0.000
	A	0.190	0.031	0.273	6.058	0.000
	B	0.451	0.058	0.350	7.764	0.000

注：a. 因变量：C。

从系数结果（表8-10）中，我们能看到整个回归分析的结果是很好的，t 检验的显著性水平 0.00<0.05，说明本次回归方程的系数是显著的，具有统计学意义。本次回归分析的回归方程为：

$$YC = 2.423 + 0.19XA + 0.451XB$$

从回归方程中可以看出，A 身体自尊对 C 社会融入的影响力小于 B 社会支持对 C 社会融入的影响力。

表 8-11　身体自尊、社会支持与社会融入的模型汇总[b]

模型	R	R^2	调整 R^2	标准估计的误差	Durbin-Watson
1	0.511[a]	0.261	0.258	0.39680	1.885

注：a. 预测变量：（常量），B，A。　b. 因变量：C。

在表 8-11 中，我们看到 DW 检验值为 1.885，通过查询 Durbin Watson table，不存在自相关现象。图 8-1 就是输出的残差图，可以看出，残差的分布没有呈现出明显的规律性，说明数据不存在自相关等情况，本次的回归模型不用进行其他操作，可以直接使用。

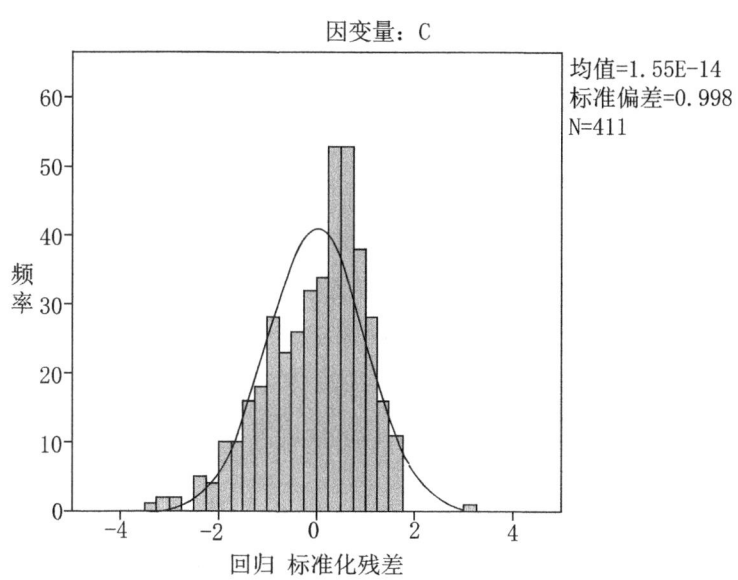

图 8-1　身体自尊、社会支持与社会融入关系残差图

二、流动儿童体育参与的价值体现

首先，社会支持对于流动儿童参与体育运动有积极的促进作用。流动儿童能够很好地接受九年义务教育，与城市儿童混合组班进行学习及参加体育课，流动儿童比城市儿童更乐于参加课外体育活动。他们之前在农村学校的时候非常喜欢体育活动，他们更有时间和精力参加学校组织的课余体育训练。流动儿童的父母也支持孩子参加学校以及选拔到县区以上的运动队训练和参加比赛。城市家庭在

健身健康方面的消费支出的增加及体育培训市场的异常火爆,吸纳了更多的少年儿童参加体育运动项目的"有偿"锻炼。很多城市儿童的父母在课外会给他们报各种体能培训班,跟着专业的体能教练进行体能练习,他们的体质总体上会比流动儿童的好。学校资源在一定程度上为流动儿童提供了帮助,学校体育老师能够很好地尊重流动儿童并保障儿童的体育权利。流动儿童因受制于家庭收入、父母体育的认知水平及休闲时间,更希望与城市儿童一起进行体育竞赛、比赛,比如足球、篮球等对抗性的比赛,以及搭伴进行体育活动。社会体育组织及社区体育志愿服务能够弥补家庭投入和学校教育的不足,搭建社会、政府、学校、家庭之间的流动儿童体育协同联动机制,搭建农村体育与城市体育、民族体育与现代体育交融的体育文化平台,为城市儿童、流动儿童提供同台参与的机会,让流动儿童更好地参与注重规则意识、竞争意识、合作精神的现代体育运动,通过体育参与适应、融入现代城市生活。

其次,体育参与对于流动儿童身体自尊有积极的促进作用。体育锻炼不仅能丰富流动儿童的业余生活,更能够塑造强壮的体魄;健美的体魄是良好的身体自尊的前提条件,而身体自尊又能够影响自尊的其他指标。在"健康中国""全面健身"的健身与健康热潮中,流动儿童积极参与体育锻炼,能够提高身体素质水平和掌握体育运动技能;在学校举行的体质健康测试和体育运动竞赛中能够获得优异的成绩,能够树立流动儿童良好的自信心和身体自信。良好的身体素质和心理素质,以及在体育锻炼中获得的与同伴交往、沟通、团队等能力,将会极大的改善流动儿童的健康水平。健康成长是学校、家庭、社会的关注焦点,流动儿童的父母需要投入更多的时间陪伴孩子,学校需增加流动儿童体育锻炼的投入,用于购置体育器材、运动装备等。

再次,流动儿童良好的身体自尊有助于社会文化融入。体育运动能够促进少年儿童的身体自尊和群体身体自尊水平,还能够通过提高体质健康水平对身体自尊、身体意向产生正向效应。身体自尊、整体自尊、身体意向水平的提升能够为流动儿童的城市融入产生积极的正向效应。流动儿童来到城市生活面临着诸多的不适应,拥有强健的体魄、良好的形象、乐观的态度、进取的精神等能够更好地让流动儿童认同城市文化、适应现代城市生活。现代城市文明不同于乡村文化,流动儿童要适应所在城市的道德、规则、观念、意识、语言以及现代城市的竞争等,都需要良好的自尊。身心的健康有助于更好地进行社会交往,在社会交往中进行学习,在交往、学习、交流中提高自我的社会适应能力,更好的改变身心健康水平，从而更好地融入城市生活中。

最后，现代城市文明与乡村文明及地域文化、交流语言的差异决定了社会文化的融入是一个缓慢、渐进的过程，城市在发展过程中形成了共享、包容、开放的文化氛围。人们对城市文化的认同感及文化自觉更能够促使流动儿童融入城市的发展中，使他们能够和城市儿童一样享受良好、优质的教育资源。城市文化的包容与开放也将会促进流动儿童的城市融入，学校、老师、父母的支持对于流动儿童的城市融入是非常重要的，社会各级组织应关心流动儿童的城市融入问题，学校应给流动儿童参与体育锻炼提供更多的条件，流动儿童家庭如能增加体育锻炼的投入等，将会更好地促进流动儿童的城市融入。

提高流动儿童体质健康意识，让流动儿童树立健康的理念较为关键。大多数家长至今还抱有"孩子没有病就是健康"这种健康观念。这是对体质健康理念的片面化理解，他们忽视了健康意识和健康知识。建议加强流动儿童的营养健康意识，切实提高学生、家长营养膳食的认识。学校要加强对营养膳食知识的宣传和教育，让学生真正认识到食品卫生和膳食营养的重要性；老师亦要多多关注一下流动儿童的营养膳食，帮助他们健康快乐成长。

随迁进入城市的儿童少年能够很好地接受义务教育，在学业上得到了保障，但是能否真正融入城市中亟须引起社会的广泛关注。体育运动作为现代城市生活的重要内容，多措并举促进流动儿童参与体育运动，能够促进城市儿童与流动儿童之间的交流。社会、学校、家庭应积极鼓励流动儿童参与体育锻炼，给予政策和经济上的支持。通过体育锻炼提高身体自尊水平，能更好地促进流动儿童认同城市文化，接收城市文化，从而更好地融入现代城市生活中，成为城市建设的生力军和后备人才。

第九章 流动儿童体育服务模式

第一节 济南市流动儿童体育参与状况分析

随着济南市经济社会的快速发展，越来越多的农村剩余劳动力涌入市区，流动儿童数量也随之增加。流动儿童群体是典型的弱势群体，他们的社会生存和发展问题备受关注。为探讨济南市流动儿童的生存状况和发展诉求，我们采用问卷调查和个别访谈相结合的方式，选取济南市 500 名、6~14 岁的随父母或其他监护人，由农村流入城市并在流入地暂时居住半年及以上的流动儿童（户籍所在地为农村，流入城市后还是农村户口）开展了调查研究。

一、济南市流动儿童体育参与状况

（一）参加体育运动的频率情况

从表 9-1 中我们得出来到新的城市后，流动儿童参加体育运动的次数较多的有 226 人，占样本总数的 45.2%，参加体育运动次数适中的占 35.2%，参加次数较少的有 98 人，占样本总数的 19.6%。通过以上数据的分析，参加体育运动频率次数较多的流动儿童占比例较高。对于流动儿童来说，在城市生活中参加体育运动频率相对提高。其中有主要两个原因，其一，城市学校的体育课程相对于农村学校体育课程更加丰富多彩，可利用的器械、道具也相较多，体育教师也相对专业；其二，城市体育文化环境有着积极的熏陶作用。但是在相对提高的同时，流动儿童体育参与的频率也在下降，这是因为随着流动儿童学习内容变得丰富，从而忽略了体育参与的状况。

表 9-1　参加体育运动的次数

参加体育运动的次数	个数（人）	百分比（%）
较多	226	45.2
适中	176	35.2
较少	98	19.6
总数	500	100.0

（二）参加体育运动的时间情况

在中共中央、国务院发布的《关于加强青少年体育增强青少年体质的意见》文件中，明确提出让学生每天锻炼至少一小时，培养学生养成锻炼身体的好习惯。从表 9-2 中可以发现，能每天锻炼一小时的流动儿童有 274 人，占样本总数的 54.8%，每天不能坚持锻炼一小时的流动儿童有 226 人，比能锻炼 1 小时的流动儿童少 9.6%。不能每天锻炼 1 小时占总比例的 45.2%，还应该加强对流动儿童每天体育锻炼的比例。

表 9-2　每天锻炼 1 小时情况

每天锻炼 1 小时	个数（人）	百分比（%）
能	274	54.8
不能	226	45.2
总数	500	100.0

（三）参加体育运动的场所情况

由表 9-3 可以看出，流动儿童除去在学校的运动场所以外，社区公共健身场地使用率最高，占比 41.2%，与流动儿童家庭经济收入、社区公共健身场地时间不受限制、有同伴一起玩耍等方面相关；使用比例居于第二位的是公园广场，占比例 31.4%，其原因是公园比较安静、空气新鲜更加适合儿童跑跑跳跳；居于第三位的是营利性体育场所，占比例为 14.4%。在营利性体育场所学习运动技能的流动儿童，家庭的收入状况较好，父母能够承担辅导的支出费用，使用其他场地的为 13%，主要是没有固定的体育参与运动场所，可能是居家锻炼等。

表 9-3　流动儿童体育运动参加场地

参加场地	人数（人）	百分比（%）
社区公共健身场地	206	41.2
公园广场	157	31.4
营利性体育场所	72	14.4
其他	65	13
总数	500	100

（四）流动儿童参加体育运动的项目情况

由表 9-4 可知，在课外体育活动参与项目中，对体育活动项目的选择受参与者的体育态度、体育价值观等自身主观因素及实际情况场地、器械、地理环境等客观因素的影响。调查结果显示，济南市流动儿童体育参与项目包括跑步、篮球、排球、足球、乒乓球、羽毛球、跳舞、跆拳道、健身器械运动及其他，分别占比例为 20.2%、15.4%、12.4%、19.2%、26.2%、6.6%。大比例的流动儿童体育参与的项目有跑步、跳绳，大多数是为了体育考试加以练习的项目；选择跑步项目是因为不受场地的限制，较为便捷。次大比例的是跳舞、跆拳道，其主要原因是流动儿童喜欢跳舞、跆拳道。而在球类运动等要求设施相对较高的项目中，参与比例相对较少。其他的体育参与项目因为参与的人数较少，属于小群体的项目，因而受到了一定的选择限制。由于流动儿童在居住地时间较短，没有办法长期从事一种体育项目，因而阻碍了许多流动儿童参与体育活动，未能满足国家所倡导的《健康中国行动（2019—2030 年）》，这说明流动儿童的体育参与项目选择多样化还有待提高。

表 9-4　流动儿童参加体育运动的项目

项目	人数（人）	百分比（%）
跑步	101	20.2
篮球、排球、足球	77	15.4
乒乓球、羽毛球	62	12.4
跳舞、跆拳道	96	19.2

续表

项目	人数（人）	百分比（%）
跳绳	131	26.2
其他	33	6.6
总数	500	100

（五）参加体育运动的消费情况

体育运动的消费情况是受到家庭的经济来源及个人需求情况来衡量的。经调查发现（表9-5），首先是没有体育消费占比最大，占比例为34.6%，其原因是月薪收入较低，而且体育参与意识较低，家长对体育参与的态度不认可。其次是购买运动服、鞋占比较大为21.2%，其原因是衣服、鞋子是生活的必需品，既能为孩子运动提供准备，也能解决孩子穿着问题。再次是购买体育器材和到营利性场所运动占比例分别为15.4%、14.4%，流动儿童能够负担起这部分费用，主要是家庭收入可观，家长体育锻炼意识浓厚；最后是观看体育比赛和其他消费分别占比为5.8%、8.6%。由此可以看出体育消费情况并不是特别乐观，这与家长、学生、学校教师体育参与意识有很大的关系，还需要促进体育参与活动的意识，促进体育经济的发展。

表9-5 用于体育运动的消费情况

体育消费	个数（人）	百分比（%）
购买运动服、鞋	106	21.2
购买体育器械	77	15.4
观看体育比赛	29	5.8
到营利性体育场所运动	72	14.4
其他消费	43	8.6
没有消费	173	34.6
总数	500	100.0

（六）参加体育运动后的情感变化

从表9-6中我们可以看到，体育运动后有214人感到心情愉悦，占调查样本总量的42.8%，有20.6%的儿童感到更加自信更加乐观。体育运动能使儿童获得成就感、荣誉感及信任分别占调查样本总量的10%、5.2%及7.6%。可以看出，仅有小部分流动儿童能够感受到体育运动带来的深层次的情感体验。另外，有69人、13.8%的流动儿童在体育运动后没有感情变化，甚至在运动中感到痛苦，说明这部分流动儿童没有掌握体育运动的正确方法，缺乏相关指导。

表9-6 体育运动后情感变化

情感变化	个数（人）	百分比（%）
心情愉悦	214	42.8
自信	103	20.6
获得成就感	50	10
获得荣誉感	26	5.2
获得信任	38	7.6
无感情变化或感到痛苦	69	13.8
总数	500	100.0

（七）流动儿童体育参与重要性的认识

《国家中长期教育改革和发展规划纲要（2010—2020年）》中指出，"不断加强体育，牢固树立健康第一的理论，切实保证体育课和课外体育活动时间，开展心理健康教育，促进青少年儿童健康快乐地成长，培养其吃苦耐劳、意志坚强等优良品质"。大纲充分指出了体育对青少年健康成长的重要性。目前，随着学生体质健康标准的实施、"亿万学生阳光体育工程"开展和"全民健身"的号召，青少年的体质问题已经引起社会各界人士的广泛关注。运用体育锻炼的手段解决各类群体存在的体质、心理等问题的研究已有很多，但对于农村流动儿童这一特殊群体的体育参与研究的关注度还不是很高。

体育活动的参与给青少年带来的益处不仅仅表现在强身健体，还在个人的认知、意志品质、兴趣等方面有积极的促进作用。蒙台梭利就曾强调指出："体育不仅有助于青少年的身体发育健康，而且有助于发展青少年的意志以及促进青少年之间的团结协作。"

从表9-7可以看出，流动儿童喜欢体育参与的占52%，感觉一般的占

40.6%，不喜欢的占 7.4%。其原因是多数流动儿童喜欢参加体育活动，感觉参加体育活动比较好玩、有意思，并且通过参与体育活动可以结交更多的朋友；而不喜欢体育参与的是因为学校体育器材破旧，享受乐趣受到一定的限制。尽管大部分的流动儿童喜欢体育运动，但是对体育运动认识尚处在一个初级阶段，对体育运动的价值认识还不足。

表 9-7　流动儿童体育参与的态度

选项	人数（人）	百分比（%）
喜欢	260	52
一般	203	40.6
不喜欢	37	7.4

二、影响济南市流动儿童体育参与的主要因素

（一）影响济南市流动儿童体育参与的主要校内因素

政策制度因素的影响。2001 年，国务院颁布了《中国儿童发展纲要（2001—2010 年）》（以下简称《纲要》），从儿童健康、教育、法律保护和环境四个领域提出了儿童发展的主要目标和策略措施。十年来，国家加快完善保护儿童权利的法律体系，强化政府责任，不断提高儿童工作的法制化和科学化水平。我国儿童生存、保护、发展的环境和条件得到明显改善，儿童权利得到进一步保护，儿童发展取得了巨大成就。

党的十八届三中全会《中共中央关于全面深化改革若干重大问题的决定》认为应当加强体育课和课外活动，促进青少年的身心健康发展。2016 年 5 月 6 日，国务院办公厅出台了《关于强化学校体育 促进学生身心健康全面发展的意见》（以下简称《意见》），《意见》首次将学校体育与健康中国、中国梦紧密结合。2017 年 1 月 19 日，国务院印发《国家教育事业发展"十三五"规划》的通知中指出，要塑造学生强健体魄，把全面增强学生体质和意志品质作为最终目标，全面加强学校各项体育工作。党的十九大报告中提到积极开展全民健身活动，加快推进体育强国建设，我们应当把体育和学校体育工作融入实现"两个一百年"奋斗目标大格局中去谋划，将全民健身上升为国家战略。通过报告和文件

我们可以看出党和国家对全民健康的美好愿景以及对学生身心健康的高度重视。近些年来，随着各项改革，学校体育取得了积极进展，但仍然相对薄弱，主要体现在对学校体育重要性认识不足、体育课和课外活动时间不够充裕、体育教师资源短缺、场地基础设施匮乏等方面。具体实施意见、要求的学校所体现的效果甚微。学校体育工作实际开展过程中存在"雷声大，雨点小"的现象。因此，基层政府和学校要针对实际存在的问题出台相应的政策制度，做好落实监管，保障学生体育参与的实效性。

学校环境因素的影响。学校是人类知识及传播的专门化机构，是一种广泛存在的社会组织，是有计划、有组织、系统地进行教育教学的活动场所，也是促进个体身心健康发展、个体社会化的场所之一。学校在流动儿童生活中占据着重要地位，对流动儿童的社会经验获得与个体社会化过程起着重要的促进作用。一个良好的学校体育环境可以给流动儿童的生活带来一生的改变，可以激发流动儿童的体育兴趣、培养其良好的体育习惯。

（二）学校领导对流动儿童体育参与的重视程度

在体育教学工作中，对教学影响最大的是学校领导层，因为学校体育教学及体育活动的开展受他们体育态度及重视程度的影响。经过调查，大部分的学校领导对流动儿童体育参与比较重视，但在教育和体育教学过程中却不是那么令人满意。在面临考试或者体育考核时，这种重视就变成了"视情况而定"。在小学教育阶段，我们非常肯定我们的教学水平和教学成果已经取得了不错的成绩，对于在基础教育阶段的人才培养做出了巨大的贡献。但是在流动儿童学校，学校教育仍然有一些令人不满意的地方，学校体育工作仍是一个急需提高的工作。

近些年来，儿童体质健康急速下降。我们不得不面对一个问题，体育测试的准备阶段和结束后的一段时间都是最好的。"成绩至上"的情况导致学生体质锻炼与学习出现了不可调和的矛盾。为了提高升学率，学校会利用一切学习时间来提高学生们的学习成绩，导致想参加体育活动的流动儿童，没有了时间的保障。所以拥有学校各项决策权的校领导对待"提高学生成绩"以及对待"体育"的理解与态度，会直接影响着学校各项体育工作的开展。

（三）班主任对待流动儿童体育课的态度

班级是学校开展各项教育教学活动的具体实施组织单位，从上到下所有的活动都要在班级中开展。班主任作为学生思想政治、道德品质的引领者，在整个学校教育工作中有特殊地位。班主任对学生的人生态度及学生的日常行为都会产生至关重要的影响。特别是中学阶段的学生，正是人生观、价值观、世界观形成的阶段，老师的一言一行都会潜移默化地影响着他们。学生的体育参与是班级活动的一部分，因此，班主任对体育参与的理解及对学生体育参与的态度将极大地影响学生对体育参与的主动性和积极性。

在学校期间，班主任不仅管理着流动儿童的行为，还是他们心理成长的导师，会走进他们的生活，了解他们的日常习惯，就更容易了解班主任与学生体育参与的关系，每个班级体育参与的氛围都会直接影响到整个学校的体育工作，因此班主任的态度是非常重要的。

班主任自身的体育参与也会间接的影响学生体育参与的态度、体育参与的频率、次数以及体育参与的运动量，班主任自身体育参与的程度越大，则学生对体育参与就越重视、运动量也会越大，如果班主任自身对体育参与没有兴趣，也就不能使学生很好地参加体育运动。

班主任的安全责任问题和体育运动的风险性，导致了班主任不想让学生过多的参与体育运动，以避免运动造成的损伤，带来不必要的麻烦，在这一点上很大地影响了学生的体育终身意识。

（四）影响流动儿童体育参与主要的校外因素

社会因素的影响。随着我国经济体制改革，现代社会随之发生一系列变革，人们的生活方式、生活习惯也产生了变化，这些变化占据了流动儿童很大部分的课外时间。流动儿童的思维逐渐变得成熟，与社会的接触越来越多，导致受社会因素的影响也就越来越大，社会上影响体育参与的因素，会潜移默化的影响他们体育参与的行为。

本人调查研究后发现，主要有两个方面的影响，第一是体育场地和设施的影响。由于大多数学生来自农村地区，这导致了周围的场地设施，主要是公益健身设施和大众的健身设施，学生的选择范围很窄。在大多数情况下，这些设施无法满足流动儿童体育锻炼的需求；第二是社会观念和体育传媒的影响。流动儿童的课外体育参与往往都是有朋友圈的，自己的同学、朋友、家长都会因为相同的体育爱好而一起参与。其中互联网、手机的出现正在很大程度上影响着我们的生活，体育传媒对流动儿童体育参与也有不小影响，他们在校外会更多地从电脑、电视、手机上获取体育的相关信息，这就在一定程度上影响了流动儿童体育参与的状况。

家庭环境因素的影响。家庭是影响农村高中学生课外体育参与的一个重要因素，因为家庭是孩子最早接受教育的场所，也是最重要的社会化场所。因为流动儿童大部分时间都是在家生活，由父母负责一切支出，所以家庭经济条件的好坏决定着生活条件的好坏，也决定着体育消费，即对体育活动种类做出的选择。家庭成员的生活习惯、个人素质、个人爱好、职业种类等因素，对流动儿童课外体育活动的开展有着潜移默化的影响。家长对孩子参加体育运动的态度直接影响到孩子参加运动的态度。因此，家庭中的诸多方面和因素都可能影响孩子的体育参与。

家长的文化程度。随着社会的不断发展，我们迎来了一个全新的经济形态——"知识型经济"，即"以知识为基础的经济"。其中最主要的就是人才文化程度的高低，我们虽然不能以一纸文凭妄下定论，但对于现代社会而言这是最基本的标准。文化程度的高低很大程度上决定了人的思想高度。特别是现代家庭教育中，家长的文化程度会直接影响孩子的人生观、价值观。

学生自身的兴趣选择。自身的兴趣爱好是唯一由学生自己决定的因素。这个因素的形成需要一个长期的过程，但是一旦兴趣形成就变成一个持久的内因，激发学生参与活动的主动性和积极性。因此，为了引导学生对体育参与感兴趣，我们就要考虑可能影响他们的主要因素。

第二节 青岛市流动儿童体育参与状况分析

为研究探讨青岛市流动儿童的生存状况和发展诉求，我们采用问卷调查和个别访谈相结合的方式，选取青岛市500名，6~14岁的随父母或其他监护人，由农村流入城市并在流入地暂时居住半年及以上的流动儿童，并且户籍所在地为农村，流入城市后还是农村户口的流动儿童开展了调查研究。

一、青岛市流动儿童体育参与状况

(一) 学校体育课开设情况

体育课是体育教学的基本组织形式，主要使学生掌握体育与保健基础知识、基本技术、基本技能，实现学生的思想品德教育，提高运动技术水平。体育课也是了解学生体质状况的基本手段，锻炼学生身体、达到增强体质的目的。

通过《新课程标准》可知，要求小学1~2年级每周4课时，3~6年级每周3课时体育课。经调查得知：青岛市流动儿童学校每周都会开设两节体育课，每节课时长为45分钟，按照新课程标准，均未达到规定课时。其主要原因有两点：一是由于是流动儿童学校，大部分优秀的体育师资全部集中在公立学校或者比较好的学校，造成了体育教师师资力量不足。并且现在学校重视知识传授，对于比较忽略体育，即使有教师招聘的名额，一般也会是那些主要学科，例如：语文、数学、外语，而对于音乐、体育、美术招聘较少，从而造成了师资队伍人数的不足。二是为了追求升学率，不重视学生体育课程，体育课程总时被其他的学科占用，以此来提高学生的升学成绩。体育课上课不足说明学校没有对学生的体育锻炼形成正确的认识，造成体育课被占用，学生不能按照国家规定进行体育活动，忽略了体育课对学生的健康成长、增强体质的促进作用。学校方面应该重视体育课的功能与意义，扩大体育教师队伍，加强体育教师师资培训，从而改善体育课堂的质量，从而促进流动儿童这一群体的健康成长。

（二）流动儿童体育课表现情况

在与体育教师与班主任交流后得知，多数学生体育课课堂表现良好，但是不排除有少数流动儿童的课堂表现差强人意。在进行集体游戏的时候他们总是独自或者与其他某一流动儿童玩耍，不能很自然的融入集体中。在体育参与时有些流动儿童的注意力涣散，难以调动其体育学习的积极性。通过和流动儿童进行交流发现，他们难以融入集体和同学们一起参与体育运动，部分原因是受到非流动儿童的排挤，有些儿童在体育游戏或者体育活动时禁止他们加入，这使流动儿童的自尊心受到严重的打击，导致了他们丧失了对体育参与的积极性。从另一个角度来讲，班主任和体育教师对这一群体的关注度不足。在日常的生活中应加强对这一群体的关注，鼓励他们多与同学们交流。除此之外还要引导同学们互相尊重与帮助，让流动儿童能够积极地参与到体育运动中来，以此改变流动儿童体育参与的课堂状况。

（三）流动儿童对体育课的满意度

流动儿童对体育课的满意程度将会直接导致流动儿童体育课的参与度。由表9-8可知，他们对体育课感到满意占比例52%，40.6%的人对体育课感到一般，感到不满意的占比例7.4%。在与流动儿童进行交谈后可知，令他们满意的原因是多数情况下体育老师在课上会采用"散养式"的方式进行上课，即进行集合、热身运动之后，便解散，让学生自由活动直至下课。这样使流动儿童感到，可以在体育课自由活动，可以玩，也可以坐在一边休息，使学生感觉到自由，所以才会觉得满意；还有一部分学生感觉到一般，其原因是，在体育课上可以进行身体活动，但是体育老师在进行新体育技能传授时，无法对学生进行有效的示范动作，这就极大地降低了对体育运动学习的积极性。另一部分人对体育课感到不满意，其原因是学校标准场地及体育设施破旧，体育课项目的教学单一，丰富性较少，且因场地问题，天气不好的时候就不能正常上课。流动儿童自身方面，性格十分内向不愿意与同学们一块玩耍，参与课堂的积极性也不高，尤其是在团体活动中，常常选择回避，这极大地降低了他们体育课的参与度。

表9-8 流动儿童对体育课的满意度（$n=500$）

类别	人数（人）	百分比（%）
满意	260	52
一般	203	40.6
不满意	37	7.4

（四）流动儿童参与大课间的情况

新形式的大课间体育活动，是一种打破传统的体育课间形式。采用多种活动方式，让学生身体各个部位都能得到充分的锻炼，让学生走到阳光下，与阳光做伴，以操场为舞，在阳光的沐浴下，尽情地享受生活、享受快乐。"阳光体育"给学生带来了运动的快乐，让他们在运动中找到自信、得到满足。大课间给同学们留出了更多的自由时间，给学生流出适当的自由活动时间是非常有必要的，老师如能共同参与活动，则效果更佳。大课间有利于提高师生的整体素质和健康水平，有利于更进一步的融洽师生关系，可以在大课间活动中培养学生健康的心态，有利于抓好学校的管理工作。

经调查得知，大课间一般在上午第二节课结束后开展，一般为30分钟，因为大课间是强制性的，所以每个年级都得参加，但是学生的活动时间并没有这么长。其原因是学生集合整队就需要很长的时间，需要8分钟左右，集合完毕学生又要带离操场差不多5分钟，而学生的真正有效活动时间相对较少，并不能达到减缓学生压力，致使全身得到充分活动的目标。

（五）流动儿童校外体育参与的现状

体育参与的频次，既是反映运动习惯，运动行为的关键指标，亦是身体能否取得有效锻炼的一个重要指标。在一定的时间范围内，进行体育参与的次数越多，运动习惯越好，相应的身体素质就能获得越有效的锻炼。由表9-9得出，流动儿童每周1~2次的体育参与人数最多，占其总人数的47.2%；其次为一个月2~3次，人数为148人，所占比例为29.6%；人数最少为每天一次，计19人，占比例最低3.8%；一个月1次以下的49人，占比例9.8%；每周3~5次48人，占比例为9.6%。数据显示学生校外体育参与的频次较低，其原因是流动儿童每天放学后，除需要完成家庭作业外，有时候还会在家里面做家务，或者照顾弟弟妹妹等。而部分流动儿童在有空闲的时间中，也没参加体育运动，而是选择在家里看电视或者玩手机。由此，学校方面应重视对这一特殊群体体育参与兴趣的培养，促进他们对课外体育活动的了解，充分激发他们进行课外体育锻炼的积极性，从而增加他们参与的频率，发挥出体育应有的功能，以此来改善流动儿童的身心发展水平。

表9-9 流动儿童校外体育参与的频次（$n=500$）

类别	人数（人）	百分比（%）
一个月1次以下	49	9.8
一个月2~3次	148	29.6
每周1~2次	236	47.2
每周3~5次	48	9.6
每天1次	19	3.8

流动儿童校外体育参与项目情况。在当今社会，无论是在家庭、学校还是社

会层面，体育参与都处于"缺位"状态，这不是个案而是很多学校、家庭、社会教育的盲点，迫切地需要我们对此加以关注。在家庭教育、学校教育还是社会教育中，都对流动儿童成长产生巨大的影响。流动儿童会在家长、老师及长辈对待某一件事情的态度、处理方式及持有的价值取向中得到启示。身边的人对于体育运动的看法和想法，除了会对流动儿童的态度有影响，更会对他们的终身体育意识的形成和良好体育运动习惯带来直接的影响。由表9-10可知，流动儿童参加最多的校外体育参与是跑步，占26.2%；篮球、足球占比例19.2%；乒乓球、羽毛球与跳皮筋、踢毽子占比相同为12.4%，其他占比例15.4%。通过与流动儿童交流得知，有些流动儿童喜欢篮球、足球、跑步这种运动是因为受到场地因素的影响较小，学校和村子里面都有，非常喜欢；有些女生喜欢跳皮筋、打沙包是因为他们从小就爱玩，现在已经很熟练了；还有其他一部分项目，但是因为缺乏指导，时间久了渐渐也便失去了兴趣。通过项目可以看出，流动儿童在体育参与的时候，如果缺少场地器材，也不具有专业的培养，将会严重影响他们体育参与的积极性，久而久之便失去了体育锻炼的兴趣。

表9-10 流动儿童校外体育参与项目情况

项目	人数（人）	百分比（%）
乒乓球、羽毛球	62	12.4
篮球、足球	96	19.2
打沙包	33	6.6
跑步	131	26.2
跳皮筋、踢毽子	62	12.4
其他	77	15.4

家长对孩子体育参与的态度影响着孩子对体育参与的积极性，不仅可以锻炼孩子的体育参与兴趣、体育意识和锻炼习惯，还能增加孩子与父母的感情交流。孩子发展需要健康强壮的体魄作为支撑。由表9-11得知，父母对流动儿童校外体育参与的态度。非常支持只有45人，仅仅占总人数的9%，与比较支持和无所谓形成了明显的差异，比较支持占比24.8%，无所谓的占比66%。通过数据可以反映出家长对孩子体育参与不积极，支持率相对较低，努力转变部分家长对孩子

体育参与的态度、观念，能有效提高更多学生的体育参与度，支持孩子多多参与体育，可以让那些不太运动的学生喜欢上体育运动，更大程度地参与到各种体育活动中。

表 9-11　父母对流动儿童校外体育参与的态度

选项	人数（人）	百分比（%）
非常支持	45	9
比较支持	124	24.8
无所谓	330	66
不支持	1	0.2

流动儿童体育参与的动机情况。动机，指促使人从事某种活动的念头，在心理学上一般被认为设计行为的发端、方向、强度和持续性。通过激发和鼓励，使人们产生一种内在驱动力，使之朝着所期望的目标前进的过程。近年来，学生体质监测，考核的内容成了学生的练习项目。由表 9-12 可知，目前青岛市流动儿童进行体育参与的动机主要是身体健康，为以后升学考试做准备。因为对体育的认识水平不高，导致他们进行体育锻炼的动机不强。应对考试占比例最高 92%，身体健康占比 63.4%。相比之下，流动儿童体育参与的动机还是偏向于应对考试，由此，我们可以看出流动儿童进行体育参与的动机并不高。

表 9-12　流动儿童体育参与的动机（$n=500$）

动机	人数（人）	百分比（%）
应对考试	460	92
身体健康	317	63.4
娱乐交往	152	30.4
消磨时间	137	27.4
放松身心	294	58.8
提高运动能力	60	12
其他	57	11.4

二、影响青岛市流动儿童体育参与的因素

缺乏场地器材。体育场地是人们进行体育运动或者进行体育课堂的重要前提之一，其好坏直接影响着人们体育参与的积极性，甚至可能涉及安全问题。就学校体育场地，国家制定有确切的标准，必须拥有一个200~400米环形跑道的田径场。然而由于经济条件的影响，外加领导不予重视，这使得流动儿童学校体育场地的短缺成为一个长期存在的问题。像羽毛球、排球和足球场地一块也没有，连基本的教学都难以满足，体育场的配置与国家规定存在一定的差距，不但极大地降低了流动儿童体育参与的热情，还制约着学校体育工作的开展。通过调查可知，在影响流动儿童日常体育参与的众多原因中，场地器材的缺乏排在首位，流动儿童体育参与的前提是体育场地设施的配置。经过调查，在流动儿童体育场地设施的配备上，无论是在数量还是在质量上，都难以达到教育部的要求。在与部分流动儿童进行交流时得知，一旦遇到下雨或者下雪等恶劣天气时，因场地积水湿滑，且干的很慢，连续几天都不能上体育课；再就是体育器材的数量不能满足学生的需求，篮球、足球可以多人一起参与，但是羽毛球、乒乓球这样的运动只能供少数人使用，这样其他的流动儿童只能在一旁观看，严重影响了他们体育参与的热情。以上现状说明青岛市流动儿童学校体育场地不达标，器材短缺，其主要原因是社会及相关部门忽略了流动儿童学校的建设发展；其次学校方面对体育课的重视程度不够，未能充分认识到体育参与对流动儿童的重要作用。

缺乏专业指导。无论进行那一项体育活动，都需要科学合理，才能最大限度地发挥出体育参与对身心健康、娱乐交往等发展的促进作用。科学合理地进行体育参与不仅仅要掌握该项活动所涉及的正确动作，而且活动的负荷量要适度，还需要懂理论知识。身处在小学阶段的流动儿童，体育教师是他们身心健康成长的促进者、运动技能学习的传授者和指引者。通过和体育教师交流得知，他们都表现出了职业倦怠，这种情况的出现不仅仅影响了自己对工作的热情，更影响了流动儿童对体育参与的态度，对他们终身体育意识造成了不良影响。

通过与流动儿童进行交流时，流动儿童反映虽然在体育课能学习一些运动技能，但是学的相对来说很少，学生们处于一种自由活动的状态，处于小学阶段的他们正是运动爱好形成的关键期，这样的教学方式会严重降低他们体育参与的积极性，从而失去体育参与的热情。

家庭重视程度不够。"百年大计,教育为本",在农村受传统观念的影响加之自己的亲身经历,多数的家长认为只有读书,考上大学才能改变命运,十分重视对孩子的文化教育,忽略了对孩子体育参与的教育。通过调查不管是流动儿童的父母还是流动儿童的监护人对流动儿童的体育参与都不是很支持,其主要原因是体育参与很容易让孩子养成一个贪玩的坏习惯,未意识到体育参与会给流动儿童带来诸多益处。流动儿童没有休闲时间的原因主要是来自学校和家庭两个方面。在学校,虽然目前国家推行素质教育,但不得不承认现阶段我们应试教育为主,一些学校把成绩作为唯一的标准。在现行考试的压力下,甚至出现体育课被占用现象,流动儿童体育参与的时间很少。在家庭方面,回到家需要做一些家务,照顾弟弟妹妹,还需要做家庭作业,这就大大减少了他们体育参与的时间。

经济条件状况。俗话说"穷人的孩子早当家",大多数流动儿童的父母来自农村,家里既没有很好的经济基础,也没有广阔的人脉。流动儿童知道父母赚钱不容易,除了买学习用品外,很少向父母要钱;除平日的学习,还需要承担一些家务,并不像城市中的儿童一样衣食无忧,其父母也没有意识到体育活动的重要性,就更谈不上对自己孩子的体育投资了。

三、促进青岛市流动儿童体育参与的对应策略

根据青岛市流动儿童校内、校外体育参与的现状及青岛市流动儿童体育参与的影响因素调查发现,青岛市流动儿童无论是校内的体育参与,还是校外的体育参与,都存在一定的不足,现根据这些因素以及不足提出青岛市流动儿童体育参与的对应策略。

(一)学校层面

学校应重视体育课程,丰富体育课程内容。体育课程是随着时代的发展而不断变化的,竞技运动项目、体育娱乐方式层出不穷,在体育课程内容的选择上应注意时代性和多边性,充分进行一物多用,发挥体育器材的多功能性,增加运动项目的参与,这样既能提高流动儿童对体育课程的兴趣,也有利于流动儿童养成体育参与的习惯。

加强学校体育场地以及运动设施的建设。学校体育场地设施要严格按照规范的标准进行施工,建造运动场地所用的产品要符合国家相关文件的规定。学校体

育设施应对外开放，使之融入社会，更有效地为流动儿童及群众提供体育参与的场所，更大的发挥学校运动场所的价值；此外学校还应该建立运动设施使用及管理和维修制度，加强学校体育设施的维护与保养。

（二）家庭层面

强化流动儿童家长或监护人体育参与的健康知识及意识，使家长与流动儿童共同成长。通过家长与孩子一起进行体育参与的形式，搭建家长与孩子之间互相学习进步交流的平台，营造良好的家庭氛围，使家长体会到体育参与给自己和孩子带来的实效，也提升了自身的体育参与知识。

家长或监护人与流动儿童多进行沟通，家长是孩子的第一任教师，在现实生活中，孩子有很多的习惯受到家长的影响。家长与孩子多沟通增强安全意识，理解体育参与的重要性，引导孩子每天进行适量的运动，养成热爱运动的习惯，增强身体素质和抵抗力，使流动儿童形成体育参与的习惯。

（三）社会层面

建议政府部门在政策文件、资金补助、利用地方院校智库资源，完善流动儿童体育参与的全面支持系统，建立流动儿童体育参与发展支持统一组织管理机构；发展多方合作模式，探索多支路径，借助政府、大学、社会机构、学校共同构建流动儿童体育参与的支持平台，各方主体通过合作、协商、形成良好的互动。

培养流动儿童体育参与的教育机制，鼓励企业家及成功人士为流动儿童学校捐献体育设施，增加社区体育活动组织力量，使更多的流动儿童认识到体育参与的重要性。

第三节 新时代流动儿童公共体育服务模式

从国家卫生健康委员会发布的《中国流动人口发展报告 2017》可知，全国流动人口总量已达 2.45 亿人（截至 2016 年 11 月 10 日），其中 0~14 岁儿童比重达到了 21.7%。根据教育部发布的《中国教育概况——2017 年全国教育事业发展情况》显示，义务教育阶段随迁子女占在校生的比例为 9.7%，东部地区随迁子女占全国总数的 58.3%。城镇化建设和城市的快速发展带来了大规模的人口流动，举家迁徙成为人口流动的显著特征，因家庭迁徙而定居在城市的流动儿童成为社会关注的焦点。随家庭、父母迁入城市的流动儿童能否享受城市建设的红利，成为城市建设的后备力量和人力筹备，关系到社会的发展和稳定，多措并举促进流动儿童的城市融入得到了众多专家的关注。《流动儿童少年就学暂行办法》的出台很好地解决流动儿童的入学教育问题，但是流动儿童在校学习期间与同学的相处、交流、合作等受到一定的排斥甚至歧视，甚至在学习成绩、卫生习惯等方面与城市儿童有明显的差距，破解流动儿童融入城市的问题，需要多方齐抓共管，本研究试图从公共体育服务的视角探讨促进流动儿童城市融入的体育路径。

一、流动儿童享受公共体育服务的积极因素与愿景

（一）流动儿童享受公共体育服务有利于社会融入

体育运动已成为现代城市居民生活的重要内容，体育交流与体育参与能够打破人与人之间的隔阂，促进人与人之间的合作与交往。体育竞赛活动中的竞争和合作能够很好地凝聚感情和熔炼团队，使人和人之间的关系更加亲密。体育是不限国度、不限民族的运动，政府或者社会组织提供流动儿童需求的公共体育服务能够很好地促进流动儿童和城市儿童之间的交流，打破因身份、经济地位、社会文化等而造成流动儿童的自卑、抵触等畏难情绪，体育公共服务的提供还有利于流动儿童更好地了解城市文明，展现流动儿童自身的优势。

（二）流动儿童享受公共体育服务有利于城市稳定

流动儿童的父母因工作原因而监护孩子的时间较少，流动儿童的学习、生活等自我管理的时间相对自由。其居住于城市的待发展区域，周边人群生活、学习、社交等习惯有待于提升，容易使流动儿童养成一些不良的习惯，久之可能让流动儿童成为城市的不稳定因素，给社会、给城市造成潜在的危害。山东省部分学校的调查数据显示，流动儿童在交通事故、打架伤害、身体侵害、烟酒成瘾等方面明显高于城市儿童，可能引起流动儿童心理问题，导致流动儿童少年对于社会的不满、对于周围人群的敌视等不良心理，成为城市发展中的不稳定因素。交通事故的发生、烟酒成瘾等皆因健康知识匮乏、业余生活没有选择的内容。这些问题的出现都不利于流动儿童的健康成长，更不利于流动儿童融入城市生活中

去，为流动儿童提供良好的公共体育服务，让流动儿童参与体育运动中以丰富业余生活，在运动参与中加强交流与沟通能力，以更好地适应城市生活。

(三) 流动儿童享受公共体育服务有利于储备人才

流动儿童的父母为城市的发展创造了财富和税收，做出了巨大的牺牲与贡献，来到城市成为市民后应充分享受城市居民应享有的待遇，其下一代的成长成才关系到城市的发展，高学历高技能人才的集聚和储备将会加速城市的建设和发展。社会分层和职业分工需要各种技能性人才，扎根城市生活的流动儿童获得更多成长机会，将会更好地提升自身的能力，将来为城市的发展贡献更多的智慧和力量。城市的现代化建设和快速发展对于人才和劳动力的需求逐步凸显，流动儿童中的绝大部分群体是进城购房、进城务工人员家庭的儿童，这些成长中的儿童将来也是城市建设的主力军，随着城市人口老龄化，城市用工需求的缺口会越来越大，让流动儿童享受城市发展尤其是公共体育服务，能够很好地解决流动儿童健康成长中的社会融入的难题。以体育为媒体让流动儿童参与运动，享受到城市儿童享有的运动的机会，在运动竞赛中享受成功，为城市赢得荣誉，更有利于儿童从心理上认可自己的城市身份、城市地位，更加积极地投入城市建设，成为城市建设的生力军和后备军。

二、流动儿童公共体育服务的现实困境

(一) 政府重视程度较高，资源供需不平衡

早在 1996 年国家教委出台了《城镇流动人口中适龄儿童、少年就学办法 (试行)》，之后多次就流动儿童入学的文件进行了修订。2018 年出台的《基本公共服务领域中央与地方共同财政事权和支出责任划分改革方案》进一步明确了中央和地方在义务教育经费方面的分担比例，在经费投入上保障了流动儿童能够接受义务教育。卫生部在《国务院关于解决农民工问题的若干意见》的通知中对于流动儿童的疫苗接种等问题提出了明确的解决办法，随着经济、政治体制改革的深入，行政管理体制也从"管理型"向"服务型"进行改革。在 2012 年颁布实施的《国家基本公共服务体系"十二五"规划》和党的十九大报告中均提出要"完善公共服务体系""改善保障民生""保障群众基本生活"。可以看出保障民生、保障群众基本生活是社会治理和服务型政府建设的重要内容，而且购买

公共服务成为改革的重要创新，对于流动儿童的公共体育服务应纳入政府公共服务体系中。

虽然我们国家格外重视流动儿童公共体育服务，但政府每年投入到流动儿童公共体育服务事业中的资源都十分有限，使得国内地区公共体育服务的覆盖面积不足。若公共体育服务的地点与流动儿童居住地点相隔甚远，那么他们便不会定期参与锻炼，从而体育参与的兴趣越来越少，甚至不参与体育活动。因此，在政府高度重视的同时，资源输出量数与需求互相匹配时，流动儿童公共体育服务才会体现出其价值所在，否则流动儿童公共体育服务便很难全面开展。

流动儿童公共体育服务需求把握不明确，目前我国流动儿童公共体育服务虽然受到社会各界的关注，但是在流动儿童公共体育服务的需求上却缺乏相应的需求表达机制，这就导致公共体育服务无法满足流动儿童体育参与的需要。然而个体之间的体育参与的需求存在着明显的差异。因此，建立良好的需求机制课以让流动儿童更好地表达自己体育参与的需求，也能够更好地反映出流动儿童对于公共体育服务的真正需求。在现实生活中，流动儿童或者流动儿童的家长或者监护人往往对公共体育服务持有轻视的态度，为此，我们可以组织街道社区志愿者以问卷的形式进行调查，来获取流动儿童在公共体育服务方面的真正需求，以针对流动儿童的需求满足流动儿童的体育参与需求。

流动儿童公共体育服务缺乏完善的管理机制，目前流动儿童公共体育服务受到政府的高度重视，但是在流动儿童公共体育服务管理机制还处于一个不完善的状态，这也导致了流动儿童所在社区公共体育服务质量不高。一方面缺乏专门的规章制度来约束公共体育的服务工作，虽然政府部门也出台了一些政策法规，但在公共体育服务还是存在缺陷。另一方面流动儿童公共体育服务应该完善多渠道的监督管理的机制，例如：社会媒体、群众或者其他的组织参与到公共体育服务的工作中来，让公共体育服务的管理监督机制越来越完善。

（二）社会关注视角不同，主体目的多样化

流动儿童的学习、生活、融入城市等问题成为社会各界关注的焦点，流动儿童得到了社会各界的广泛关注，关工委、团委、社会福利院等社会工作机构及协会组织、俱乐部等对于流动儿童的城市生活从多个方面和不同的视角给予了高度关注。关工委的关注主要是从儿童入学教育、儿童权利保护、儿童歧视等方面，保障活动儿童享有同城市儿童相同的入学等权利；团委等部门通过举办一些演出、慰问、宣讲等活动，以活动为媒介以期得到全社会对于流动儿童的关心和关注；社会福利部门更多的是关注流动儿童的生活方面的困难或对于家庭变故儿童的救助。社区工作机构更多关注流动儿童的适龄入学、疫苗接种等信息统计等事务性工作。关注的焦点问题或者采用的方式虽有不同，但是工作主线都是围绕流动儿童的健康成长和为之提供更好的服务。

除此之外，在流动儿童公共体育服务方面主要来源于财政拨款，流动儿童服务经费来源仍然比较单一，也缺乏相应的鼓励性、扶持性政策来号召吸引社会力量参与到流动儿童公共体育服务建设中来。政府及体育行政部门几乎独自承担着公共体育服务，无论是在流动儿童公共体育服务，还是在流动儿童其他方面，都难以达到事半功倍的效果。

政府视角：从我国政府的视角进行分析，我国不同层级的不同部门之间存在资源的不同分布，这是由于我国政府部门职责，边界模糊无法保障公共体育服务。政府在公共体育资源分布时，由于与其他的部门得不到协同，最终致使公共体育服务内部碎片化，导致政府部门压力过大，政府部门公共体育服务资源分配不平衡，而忽略了公共体育服务的其他方面，逐渐造成了资源不平衡的局面。

社会群众视角：从社会群众视角分析，社会群众、社会组织对政府资金依赖性过强，没有很好地与其他行业的社会组织协调合作，扩充财政来源。市场是以谋取利益最大化为目标，与社会组织的利益相互冲突，再加上社会组织公共体育服务真正的需求需要，没有激发各个社会主体的合作，导致了流动在市场、社会组织之间公共体育服务资源没有得到有效的分配，造成了公共体育服务多视角化，目的多样化的现象，造成资源不平衡、不充分的现状。

（三）地区政策差异明显，个体需求多样化

地区经济发展的不平衡性直接体现在社会的各个方面，政府能够提供公共服务的财政支出更加不平衡，但为了更好地解决流动儿童的教育等问题，沿海城市和经济发达的省市也出台了关于流动儿童的政策，如《关于做好本市农民工同住子女学前教育工作的若干意见》（上海，2008年）、《关于进一步做好优秀外来工入户和农民工子女义务教育工作意见的通知》（广东，2010年）。对于流动儿童的教育、卫生等权利的保障出台了国家层面的相关规定，地方各级政府也积极落实并因地制宜的出台了实施办法，因地方财政的问题在落实或者实施的过程中，很难完全满足或者解决流动儿童发展中的各种问题，对于流动儿童多样化需求的解决还有待多方共同的努力，尤其是需要地方政府加大财政方面的倾斜力度和增加对于流动儿童的财政投入。

1. 公共体育服务制度缺失

公共体育服务是社会公共服务的重要组成部分，其发展的建设直接影响着国家公共治理的质量，随着我国经济的发展，公共体育服务也被提上大力发展的日程，但在我国公共体育服务发展的过程中需要一定的政策制度支持。但是在目前看来我国公共体育服务的政策制度还没有健全，导致公共体育服务只能靠着相关部门进行摸索，管理混乱问题层出不穷，出现多地区政策制度多样化，呈现了明显的差异，因此影响了我国公共体育服务的发展。

2. 促进公共体育服务均等化发展

由于公共体育服务政策制度还在制定过程中，忽视了流动儿童公共体育服务的需求，很容易造成了公共体育服务发展的反响与流动儿童的需求出现一些偏差，忽略了个体需求的多样化，在一定程度上影响了我国流动儿童公共体育服务的质量，阻碍了我国公共体育服务的发展。

（四）专业指导人才缺乏，有效管理制度化

城市社区是流动儿童生活地域的管理机构，《中华人民共和国体育法》《全民健身条例》明确规定社区应该积极组织开展体育活动并配备一定数量的社会体育指导员进行体育活动的指导。《社会体育指导员管理办法》对社会体育指导员的职责等进行了明确的规定。社会体育指导员应该对流动儿童在社区进行体育活动进行专业指导，组织流动儿童积极进行体育锻炼。《中国群众体育发展报告（2018）》数据显示，截至2017年我国登记的社会体育指导员数量已经超过200万人，千人公益辅导员的比例超过了1.5‰的标准，职业社会体育指导员的数量也在逐步增加，具有教师资格证的体育专业毕业或者即将毕业的学生也是体育活动指导的生力军。体育专业的毕业生在考取教师编制前，不受教师管理的一些硬性要求，可在培训机构进行体育运动项目的教学指导。国家对于培训机构的有效监管，也将教育培训的师资纳入了有效的管理范围内，社会体育指导员、具有教师资格证的毕业生数量的增加将会弥补体育专业人才数量不足的难题，管理也将进一步规范化、制度化。

1. 需求与供给的矛盾

当前，随着我国综合国力的提升，人们的生活水平发生了翻天覆地的变化，流动儿童的公共体育服务需求的数量和质量会在未来很多年内保持较快的增长速度，我国政府及相关部门会面临着公共体育服务供给跟不上需求的挑战。缺乏体育组织、缺乏健身指导、缺乏基层群众体育赛事等，这些问题也是全民健身进一步发展的难点和瓶颈，对应的供给侧改革的焦点中也落在了硬件供给、人力供给、制度供给方面。在流动儿童公共体育服务主要是社会体育指导员的供给改革。中国公益性社会指导员的培训工作每年都投入大量的人力、物力、财力，但培训过后的社会指导员实际上岗率较低，这就造成了指导人才供不应求。

2. 有效的管理制度

所有的公共体育服务都需要制度或者政策的改革。首先改变理念，不能认为公共体育服务工作仅仅是体育局的工作，场地设施的建设、人才激励都需要打通门槛，多个部门联动才能实施。如相关部门建立和维护公共体育服务平台，由体育局制定宏观的发展规划，并提交政府部门，政府根据规划和要求目标制定相关的管理策略制度（人才激励制度、财政支持制度、体育部门参与城市规划制度等）并形成文件下发各部门实施。

三、流动儿童公共体育服务的路径选择

（一）发挥政府主导作用，积极关心流动儿童健康成长

改革开放后我国推行行政体制改革并取得了举世瞩目的成绩，政府职能也在积极从管理型政府向服务型政府转化，体育公共服务的产品供给和服务水平进一步提高。流动儿童作为城市生活的特殊群体已经成为社会关注的焦点，流动儿童很好的融入城市生活将会成为城市发展的生力军，如果教育不好将会成为城市发展的不和谐的因素。政府部门应高度重视流动儿童的健康成长，为流动儿童的城市融入从教育、生活等多方面进行关注，很好的解决流动儿童的义务教育问题。流动儿童在校园参与体育运动、充分发挥政府在公共服务供给中的主导作用，为公共服务供给模式改革创造良好的体制环境。2012 年国务院出台了公共服务体系改革"十二五"规划，2013 年颁布了《关于做好政府向社会力量购买公共文化服务工作的意见》，其中 2018 年国家体育总局将 10520 万元分配到 30 个省份，

向运动管理中心、体育协会等拨款4102万元用于举办全国性青少年体育专项冬夏令营活动，上海、浙江、江苏等地方政府也出台文件规范公共服务的购买及管理，有力地推进了地方政府购买公共体育服务。对于青少年体质健康、课余体育运动的开展、掌握运动技能等的关注，各级政府制定政策、投入扶持资金，有力地保障了青少年参与体育运动的权利，具有一定数量规模的流动儿童理应得到各级政府的高度关注，为流动儿童参与体育运动、掌握运动技能提供政策上的倾斜，更好的保障流动儿童享受公共体育服务的权利。

从流动儿童公共体育服务实际出发，制定切实可行的制度或者标准，并加以落实，为流动儿童公共体育服务进行各要素之间的统筹协调，制定行之有效的战略和实施方案，加快相关政策的补充，结合流动儿童的实际需要，尽快形成一套完整的流动儿童公共体育服务法律体系。同时，国家体育总局及各地区文体局在进行流动儿童公共体育服务领域的制度安排时，应建立制度实施的利益回避机制、监督机制、绩效评价机制及责任追究制度，保证流动儿童公共体育工作的顺利开展，这也是流动儿童公共体育服务事业健康发展的必经之路。

政府部门针对目前公共体育服务发展存在的问题需要不断地进行完善。加大监管力度，明确在公共体育服务项目上投入资金、设备、社会指导员等多个指标，并做好评估工作，对供给方面进行总结。其次吸引更多的社会力量参与，让更多的体育组织和机构参与进来。设立奖励机制和优惠政策，例如：鼓励体育社会组织举办非营利性的体育活动，推动流动儿童积极参与。同时，政府在合理的范围内尽量满足社会组织体育赛事的举办、体育场馆等方面的需求。

如此一来，政府不但减轻了自身体育服务的财政负担，拓宽了资金供给渠道，也为体育社会组织提高了社会的影响力和知名度，更带动了流动儿童公共体育服务的多元化、协调化发展。

随着经济的发展，居民生活质量的提高，对体育的要求也越来越大，需要更多的专业人才对流动儿童进行科学的体育指导。现阶段，我国流动儿童公共体育服务社高质量专业指导人才较低，培养高质量的专业指导人才至关重要。从高等教育的角度出发，许多高校设立了社会指导员本科专业，但是毕业生从事相关专业岗位人数较少，仍然无法满足基本体育服务需求。

因此，需要鼓励和支持更多的高等学校开设相关专业和课程，开启校企合作，毕业以后直接去相应的岗位就业，同时鼓励学生从事相关的专业，这样一来既能缓解就业压力，也能够为流动儿童公共体育服务事业培养高质量的专业人才。

(二) 吸纳社会组织参与，积极增加流动儿童体育参与

社会组织在促进经济文化发展、解决社会问题、参与公共管理等方面发挥了积极的作用，成了党和政府与人民群众沟通的桥梁和纽带，流动儿童的城市融入单靠政府是很难很好的解决社会问题，应该积极吸纳、引导、鼓励社会组织参与到流动儿童城市融入的治理中，依靠社会组织吸纳更多的社会资本来解决流动儿童的城市融入问题，为流动儿童的城市生活提供更多的帮助与资助，也积极呼吁社会对于流动儿童的关心与关注，引起社会对于流动儿童城市生活中存在问题的广泛舆论支持。体育社团、体育民办非企业组织、体育基金会、草根体育组织等体育社会组织在规模数量上不断增长，截至2012年底登记的体育类社会组织数量达到23590个，党的十八大以来体育类体育社团的数量规模增长迅猛，体育组织的组织力、辐射力、影响力、发展力、服务力等显著增强，《行业协会商会与行政机关脱钩总体方案》《中国足球协会调整改革方案》《关于政府向社会力量购买服务的指导意见》等文件的先后颁布实施进一步增强了体育社会组织的活力，体育协会的实体化、俱乐部运营模式的优化、体育培训机构的市场化等将为青少年尤其是流动儿童的体育参与带来更多的机会与机遇，体育社会组将积极承担青少年体育训练竞赛方面的社会职能，选拔优秀青少年参与体育训练竞赛并获得优异的成绩成为社会体育组织发展的追求目标，流动儿童吃苦耐劳的意志品质是其参与体育训练竞赛并获得优异成绩的必备条件，社会体育组织应支持、选拔、帮助流动儿童参与体育训练竞赛，通过制定各种福利性、奖励性、优惠性措施吸纳更多的流动儿童参与到体育运动中，从而增加流动儿童参与体育运动训练竞赛的机会。

在积极吸引促进流动儿童体育参与时，我们可以以民生社会工作服务社设置各个街道社会服务中心站点，搭建流动儿童公共体育服务模式，以街道社区职工为核心，发挥社工、社区工作者、社区党员等多重力量，为街道区流动儿童公共体育服务无偿或者低偿地提供有针对性、专业化的非营利性服务。例如：在社区街道设置"阳光四季""彩虹行动"类似的主题体育项目，吸引流动儿童更好地参与到体育活动中来，通过体育参与使流动儿童慢慢养成"爱运动，更健康"的观念，从而培养流动儿童体育参与的终身意识。正是结合社会各方面的力量支持，减轻了政府面对流动儿童的压力，从而也使得流动儿童公共体育服务得到了发展。

通过街道社区参与流动儿童公共体育服务平台，链接到中国体育社会指导员，给予流动儿童在学会体育技能的同时也能够学习更科学的体育知识以及科学的体育参与方式。在社会指导员的指导下，提升了流动儿童自身体育知识以及体育参与的方式，逐渐从社会指导员管理向流动儿童自我管理转变。流动儿童群体实现了自我管理后，自我成就感比较高，从而提升了流动儿童自信心，也使流动儿童对体育参与产生了兴趣，促进了流动儿童公共体育服务工作的开展。

（三）共建家社联通机制，积极促进流动儿童适应城市

流动儿童不仅是家庭的希望和未来，也应该得到全社会的关心和帮助，应积极动员全社会来帮助流动儿童融入城市，适应城市生活并为城市的发展做贡献。家庭是社会的基本单位，家庭在流动儿童的城市融入中不能与社会割裂，应积极与社会、学校等进行联系与沟通。社会、学校、家庭应融为一个整体来共同帮助流动儿童融入城市的生活。学校体育是流动儿童接受体育教育的基础环节，在学校体育课堂上学习运动技能和体育健身的知识。流动儿童的体育锻炼、体育健身的习惯养成与家庭体育环境有着直接的关系。父母对于体育的认知与态度、参与体育的习惯、体育知识的掌握等都会对流动儿童参与体育运动产生深远的影响。社区公共体育设施建设与管理水平为流动儿童体育参与、体育习惯的养成提供了良好的保障，社区"15分钟体育健身圈"建设及体育场馆的免费开放等为流动儿童的体育参与提供了良好的环境，家庭、学校、社会的联通机制的构建将为流动儿童的体育参与搭建良好的平台。完善的社区体育环境为流动儿童的体育参与提供了物质上的保障，家庭的良好体育文化氛围将会促进流动儿童积极参与体育运动与竞赛。学校体育将为流动儿童的体育训练与参赛提供更多的参与机会，物质保障、文化氛围、参与机会的有机结合给了流动儿童参与体育运动的机会，流动儿童在体育运动这一交往活动中享受城市生活，从而促进流动儿童更好地融入城市和适应城市。

流动儿童刚来到一个新的城市，他们无法实现正常的生活、交流，没有自己的伙伴，经常想要回自己的家乡。对于家长们来说，因为工作繁忙，经常疏于对孩子的照顾，有时候孩子都已经放学回家，而家长还没有下班，家长考虑到孩子安全的问题，只能将孩子关在房间里，一个人做功课玩耍，这显然是一种不正确的做法。因此为流动儿童营造一个放心安全的社区环境，使孩子们更好地融入城市生活里，共建家社联通机制，社会工作机构需要在此方面采取一定的实施方

案。比如：通过建立社区中心，社会工作机构可以尝试将教育资源或服务传送给学校和社区的方式，来改变流动儿童安全与教育的问题。社会工作机构也可以将流动儿童如何实现教育公平和如何更好地参与到社区为出发点，创建公益项目等。也可以借助此项目的创办使社区的母亲们成为支教者，在她们休闲的时间，来运营这个支教点，进行教育方面的互帮互助，使流动儿童自由快乐地在社区里生活，从而融入社区这个大家族里来，促进流动儿童融入城市生活来。

为了让公益项目效能更加的明显，给公益项目赋能显得尤为重要，并且落实到社区中。公益项目区别其他项目主要在于：组织者是真正感兴趣，想要为社会做出一点贡献的踊跃者。例如：通过训练，将社区中闲来无事的妈妈们，培养成志愿者老师，提高其能力。再倡导他们与社区其他工作机构进行合作，更好利用社区的公共领域的资源，自下而上的塑造本社区的公益项目。通过建立此项目，慢慢收到家长们的关注，也就成了流动儿童的立脚点。例如，孩子们缺少朋友、课外课堂服务贵、缺少儿童娱乐玩耍的场地等，公益项目里面的志愿者们就可以召集起来，与其母亲就孩子的教育方面产生新的认识，给自己和家庭带来正面影响，从而促使流动儿童积极参加到城市生活中来。

流动儿童更好融入城市生活不只是目前的具体任务，还包含流动儿童各个方面的困境及发展路径的选择。社会工作机构还可以动员各个方面资源的参与、注意到流动儿童这一群体，帮助参与流动儿童群体的各种组织更好的发展，影响政府的相关政策的决定。

比如，社会工作机构可以学习上海公益基金会，通过组织活动的形式向社会募集善款，来支持流动儿童各方面的服务机构以及社会组织的发展。此时社会机构可以将募集而来的善款用于更多的流动儿童街道社区，使更多的流动儿童享受到更好的服务，提高其综合能力。

（四）搭建公益服务平台，积极关注流动儿童身心健康

2011年发布的《中共中央国务院关于事业单位分类改革的指导意见》指出到2020年要形成"中国特色公益服务体系"。2018年《中共中央关于深化党和国家机构改革的决定》进一步加快、落实了政府机构改革，公益类事业单位将在社会发展中起到重要的作用。我国公益组织多起源于慈善机构，目前我国与青少年儿童教育有关的公益组织有河南省公益文化传播基金会、中国福利会、中国少年儿童基金会等，影视明星、体育明星也成立了众多关注儿童成长的公益组织。

这些公益组织主要以社会公益事业为追求目标，更多是关注青少年群体中的特殊群体或者弱势群体，在学习、生活等方面给予青少年帮助，为青少年的健康成长提供福利。作为城市中的流动儿童应成为社会公益组织的关注、培养、赞助对象，应积极搭建关于流动儿童公共体育服务的公益平台，吸纳更多的公益组织尤其是体育明星组织的公益组织参与到流动儿童的公益服务中。从流动儿童的身体健康、心理健康等方面给予更多的帮助，发挥体育部门的引领作用，借助奥运会、全运会、青奥会、青运会等重要国际、国内体育赛事的机会，积极发动体育明星、奥运冠军等进行流动儿童的体育公益活动，吸引更多的流动儿童参与体育、享受体育、享受运动带来的快乐。从而树立为体育强国建设、美丽城市建设做贡献的动机，在很大程度上能够促进流动儿童热爱城市、融入城市。

随着城市化的发展，生活水平的提高，居民更加关注身体健康，追求幸福感，这就要求公共体育服务资源更加广泛。对此，首先要利用公共体育服务资源建立更多的公益平台，加大公共体育服务资源立体空间布局。目前更多的公共体育服务平台都集中在了学校、公园，然而学校的封闭，公园的建设比例要求，商业的发展，都在阻碍公共体育服务的良性发展。因此就需要开发更多的公益平台，利用社会组织的力量，加强与公共体育服务之间的联系，规划建设相关部门按照国家和省的要求，加强对新建、改建、扩建的小区规划设计方案，规定小区公共体育服务建设用地位置还有面积。其次加强社区管理者的组织力度，利用区位的优势，搭建公益平台，邀请专家进社区指导，传播公共体育服务理论及实践知识，成立居民领导小组，呼吁社区体育爱好者，活跃社区体育活动氛围。

（五）构建志愿服务体系，积极培养流动儿童体育兴趣

2019 年习近平总书记写给中国志愿服务联合会第二届会员代表大会的贺信中指出"志愿服务是社会文明进步的重要标志"，体育志愿服务最成功的案例当属 2008 年北京奥运会的成功举办，开拓了志愿服务和体育赛事完美结合，后奥运时代的志愿服务逐步扩展到全民健身领域。2010 年国家体育总局颁布了《建立全民健身志愿服务长效化机制工作方案》，随后部分省市相继出台了体育志愿服务地方性法规，如《广东省青年志愿服务条例》《浙江省志愿服务条例》等。国家、省市出台的方案、法规等进一步促进了体育志愿服务的开展，中华全国体育基金会、体育局、体育专业院校等也积极组织体育志愿服务，培育体育志愿服务的品牌团队、活动。体育志愿服务队伍的壮大和体育志愿服务的深入，将会关

注到社会体育生活的各个方面，青少年儿童的体育活动获得了体育志愿服务的重点关注。体育志愿服务为流动儿童提供良好的健身指导，组织流动儿童的体育活动、训练、竞赛等，将丰富流动儿童的业余体育文化生活，培养流动儿童参与体育运动的兴趣和积极性，掌握、提高新兴和大众体育项目的运动技能，为流动儿童更好地参与学校体育运动竞赛打下良好的基础，提高流动儿童的体育自信心和荣誉感，从而更好地让流动儿童从心理上获得城市的归属感、认同感。

志愿者管理在往期的项目开展中是较为简单的，志愿者在之前的课堂上只是负责检查课业和布置场地等分工。现在小树苗助力社区参与儿童服务项目志愿者管理方面实现的是目标管理，在培训和实践中倡导志愿者制定符合其自身及儿童需求的目标，并且在具体服务中记录目标实现的方法、措施，由社工定期通过访谈的形式进行跟进，在项目周期结束时，志愿者需要通过文字或图片、PPT、报告的形式展现目标实现的情况。同时打造流动儿童公共体育服务志愿者平台，服务小站，将志愿者招募、志愿者服务需求采集，志愿项目发布等志愿服务功能与社交场景融合营造，通过志愿者服务体系的构建将流动儿童公共体育服务与城市志愿者服务小站结合，以促进公共体服务的发展。

在目前流动儿童公共体育服务的背景下，流动儿童公共体育服务发展现代化、精细化要求。致力推进志愿者从"聚集式"向"分散式、轻量化"转变，推动志愿者服务走进社区，深入小区。

(六) 探寻合作沟通规范，积极加强流动儿童监测监管

政府部门、社会组织、社会机构等积极关注流动儿童的城市融入和教育成长等，为流动儿童的健康成长、融入城市做着积极的努力。志愿服务、公益服务、家庭社会、政府机构之间在提供针对流动儿童的公共体育服务中，应该明确服务边界、打通联通障碍。流动儿童的监测监管应得到足够的重视，互联网+、大数据等在社会管理中发挥了更加强大的功能。户籍制度的改革将为流动儿童的监测监管提供很好的平台，将教育、卫生、家庭等信息进行统一管理，发挥社区工作在流动儿童监测监管中的堡垒作用，对于监测监管中出现的问题及时给予上报和反馈，为流动儿童的成长和城市融入发挥各自的工作职能。党的十八大以来社会治理现代化进程加快，社会治理重心逐渐向基层下移，社区成为社会治理的重要基础，应积极探索依托社区的共建共治共享社会治理格局，借助互联网+实现流动儿童公共体育服务的精准化供给模式，为流动儿童多方供给主体下服务的精准

化输出搭建公共平台，共同为流动儿童的健康成长、融入城市发挥积极的作用。强化社会体育组织力量，整合公共体育服务内容资源，实现公共体育服务均等化这一目标，必须充分利用体育组织的力量，建立完善的组织制度，持续优化的组织架构，建立服务中心，促进社会各界的交流，明确相关人员的职能与要求、任务，通力合作。基本公共体育服务与教育、文化、医疗卫生基本公共服务的发展目标具有相似性，通过整合公共服务内容和资源，促进公共体育服务均等化发展，为流动儿童公共体育服务提供一定的保障。

流动儿童作为一个特殊的群体，理应得到国家、社会、城市的关注。流动儿童这一特殊群体多是随父母来到城市生活而产生的，很好的解决流动儿童问题能够促进城市的发展，流动儿童的父母也会更好地为城市的发展做出贡献，流动儿童融入城市生活成为城市的建设者解决问题的最好途径。体育作为一种现代城市文明生活的重要方式，能够增加流动儿童的生活交际圈、拓展交往网络，参与体育运动能够丰富流动儿童的业余生活，在很大程度上避免儿童形成不健康的生活方式，为流动儿童提供更好的体育公共服务，能够更好地、尽快地、高质量地、精准地让流动儿童参与到体育运动的训练与竞赛中，在训练和竞赛中增加群体交往、增进友谊、增强认同、消除隔阂与偏见。体育公共服务能让流动儿童享有均等体育权利、享有社会体育资源和体育福利，以体育为纽带参与社会活动，在社会互动过程中形成相互渗透、相互认同，在城市文化、城市政策、城市制度认同的基础上获得社会地位的满足与获得感，最终更好地融入城市生活中。

第十章
流动儿童体育锻炼城市融入展望

流动儿童在进入城市之后，他们会存在着许多的流动经历，这些经历对流动儿童融入城市会起到促进或抑制的作用，会影响他们日后在城市的社会融合和整合程度。儿童会因为他们在流动经历中产生的愉快或不愉快的心情，对他们所处的环境持有一种接受或抵触的心理。流动儿童流动的流动次数增多，会减少他们社会整合的途径，这种流动从某种程度上破坏了社会与流动儿童之间关系的发展进程。这种流动会破坏流动儿童家长在原有社区的友好联系，这样的处境会造成流动儿童与外部资源联系的缺失。当然，这种流动也会给流动儿童带来一些积极影响，会给这些流动的儿童带来一些新的机会，在新环境中他们会相处到新的朋友，组成新的团体，尤其是在那种离开原来较差的生活环境和学校环境时，他们在陌生的环境中对这种渴望越发明显。流动到陌生的环境中会对儿童适应环境产生锻炼，这种锻炼可以培养他们对陌生环境的适应能力。在这种流动中，我们可以把它们看作一种机遇，这种机遇能够锻炼孩子的交流能力，为流动儿童融入城市的生活提供有力的保障。

经过对流动儿童的调查发现，流动儿童在城市的生存情况和农村相比，他们对现在的生活环境有着明显的上升，但是与真实的城市生活相比，却又存在着很明显的落差。这些流动儿童跟随父母来到的地方，是一些城市的边缘地区，这里的经济条件和生活环境属于城市的底层，尽管处在底层的经济环境，他们的消费水平也负担不起现在的经济环境。而流动儿童处在这样的社会环境中，他们在成长中所面对的选择和发展也会受到限制。在生活中这些流动家庭或多或少的会受到一些排斥，这样就会使他们参与社会的机会减少，会影响儿童的生活资源的利用，对他们的发展也会产生影响。这些会影响流动儿童对价值观的判定，对自己身份逐渐模糊，更会影响对周围环境的融入。

家庭是儿童生活的第一环境，儿童可以在家庭中获得经济的支持，也可以在家庭中找到感情交流的场所。流动儿童的家庭为了在生活上降低成本，他们会把大部分的时间用在工作上，这样就会缺少了与自己孩子进行感情交流的时间，在生活上减少了对孩子的陪伴和管教。同样，这些家庭也就没有时间参与到社区的生活中，缺少了和邻里之间的沟通。由于他们参与社区活动的频率降低了，就不能很好地让孩子通过家庭的渠道参与到外界的环境中。所以，在家庭的角度，这些流动家庭的社会化功能是处在部分或大部分的缺失状态。

这些流动儿童来到城市之后，因为周围环境的影响他们的心理健康方面会存在着一些问题。有很多的研究表明，这些来到城市的流动儿童和父辈相比，更愿意承认自己是城市人，对自己的"农民"身份存在着否认的态度，他们在城市生活的时间越久，这种态度就越发的明显。身处于儿童的他们就已经强烈地感受到了社会地位和经济地位各方面的巨大差异，他们长期生活的特殊环境和他们的特殊经历，让他们在自己的身份选择上更愿相信自己是一位城市儿童。因此他们所处的生活环境中的人群和社会对他们的态度，会影响这些流动儿童成长的各个方面。这些流动儿童生活环境中的各个方面与原来生活环境在文化程度不同、社会经济方面存在差异，这些问题都会给流动儿童的行为和心理方面留下深刻的影响，这些问题出现率有可能还要高于留守儿童[94]。所以流动儿童融入城市面临着两个基本问题，一是流动儿童在社会生活的心理疏导问题，二是怎样促进流动儿童更好地被社会接纳和融入。显然，促进流动儿童的接纳和融入是当今社会稳定发展的重大问题。

第一节　流动儿童家庭融入城市

流动儿童随着外出打工的父母来到这个陌生的城市，他们将会面对对他们来说一无所知的社会。与曾经居住的社会环境相比，他们的身边会出现一些城市中的同学，周围也会出现一些在原有居住环境没有出现的新鲜事物，更多的是在生活和学习中会出现一些不尽如人意的地方。而对于他们的家庭来说，把孩子带在自己的身边，主要有三个方面的考虑。

（一）把孩子带进城市，可以获取更好的学校教育

在如今的社会，城市与乡村的教育资源有着很大的差距是一个事实。把孩子

带到城市里，一方面可以给这些流动儿童一个优质的生活环境；另一方面城市的师资力量比较优越。所以，流动家庭在经济条件允许的情况下，他们更愿意给孩子一个优越的环境，给他们一个更有意义的成长历程。在某种意义上说，流动儿童在经过了从农村到城市的转变之后，他们可以深刻地感受到城市与农村的差距，对于他们的学习上也是有很大的帮助，对城市产生深刻的向往。

（二）把孩子留在身边，可以更好地照顾他们

把孩子留在农村，父母由于长时间不在孩子身边，这些儿童会因为缺少父母在身边，从而缺乏管教和关怀，这样的生活环境是不利于孩子的健康成长的。还有一些流动家庭，他们的老家只有一位亲人，流动儿童的爷爷或奶奶。如果孩子留在农村让他们照顾：一是怕他们舍不得管教孩子，把孩子宠坏。二是怕孩子不听老人的管教，出现一些不好的问题。在对流动家庭的父母访谈中，他们说："把儿童接到城市与自己生活比让老人帮忙照顾强，不是说不相信老人，不是有那么一句话"隔辈亲"。老人在帮忙照顾孩子的时候，总是舍不得打、舍不得骂，这样会把孩子宠坏的。再说，老人现在都上了岁数，咱不怕孩子挨打受骂，怕的是把自己的父母气出好歹，那可是遗憾终身了"。

（三）孩子需要父母

孩子离不开父母的陪伴，在孩子的成长中不能缺少父母的参与，孩子想要父母，父母更离不开孩子的陪伴，有了孩子的陪伴，生活才更加的充实。所以，这些流动家庭在经济条件好的情况下，都是希望把孩子留在自己的身边。

一、流动儿童在社会生活的家庭问题

（一）流动儿童家庭父母的经济收入

流动家庭要想在城市中稳定的生活下去，离不开稳定的经济收入，他们来到城市后生活水平和以前相比有了明显的提高，这些提高离不开稳定的经济。为了让自己的孩子在城市中享受到与城市小孩一样的生活水平，他们尽力为其子女提供和城市儿童一样的生活条件。

在城市中生活，他们的经济收入水平的好坏会直接影响生活条件。家庭收入良好的流动家庭会满足儿童在生活中所需的各种生活资料。儿童的成长之路，不

仅需要满足在生活中的基本物质条件，更要满足他们在教育上的需求，这就需要家庭在教育上进行投资。现在的家庭更加注重儿童的发展，所以他们会让儿童报一些辅导班和特长班，这些都是需要家庭经济上的支持。流动儿童的父母教育程度普遍较低，他们所擅长的技能单一，就业机会少，在社会的劳动市场处于弱势地位，只能从事一些技术水平低、就业稳定的工作，所以他们的收入比较低。而他们所处的城市的消费水平比较高，经济收入满足不了消费水平，为了满足自己的生活，也就很难剩下其他的资金来让儿童进入教学条件好的学校。

（二）流动儿童家庭所具有的文化资本

布迪厄在《资本的形式》提出了文化资本理论，身体形态是文化资本理论的第一要素。身体形态文化资本通常指通过家庭环境及学校教育获得并成为精神与身体一部分的知识、教养等文化产物[95]。文化资本是一个人在生活中的文化积累，在家庭中所拥有的文化资本越多，那么这个家庭就会越容易、越快的积累出新的文化资本，这就是文化的再生功能。流动儿童所生活的家庭文化环境对流动儿童会有一定的影响，这种优越的家庭文化氛围可以培养儿童对学习的热情和在学习中的学习兴趣。父母的文化程度会潜意识的决定流动儿童在家庭教育中获得的帮助，这种帮助会在某种程度上影响儿童在学业上的成绩。

家庭中，流动儿童的父母文化程度越高的话，那么他们会对儿童的生活和学习更加的关心与重视。当然，他们在生活中也会知道怎么教育自己的孩子，能为孩子的以后打下良好的基础，让孩子能够得到他们想要的帮助。那些没有受过或受过较少教育的父母，他们的教育程度低，在教育孩子的方式上就会存在很大的问题。他们在孩子的教育中会出现过分的溺爱、忽视、专制、惩罚等表现，这种表现会高于那些受教育程度高的父母，受过好的教育的父母对孩子的教育则更倾向于民主性。因此，在流动儿童的家庭中，家长的受教育程度的高低会很大程度地影响着他们对自己孩子的教育能力和流动家庭中的氛围。

（三）流动儿童家庭父母与儿童的亲子沟通

亲子关系在家庭中有着重要的作用，它可以影响每个家庭中的氛围，并在很大的程度上对儿童的成长和发展有重要的影响。流动儿童刚来到这个陌生的城市，难免会产生焦虑和孤独，良好的亲子关系可以满足他们对情感的需要，有利于他们融入城市生活。有研究发现，家庭中良好的亲子关系对于这些流动儿童的个性和心理有着积极的作用。流动家庭良好的亲子关系能够让他们的子女感受到家庭的温暖，更让他们在情感上感受到爱与尊重，对他们在城市生活有着积极和乐观的期望。然而，在现实生活中流动家庭的父母和儿童沟通的状况不是十分理想。这些流动儿童的父母大多数是从事劳动强度大、工作时间长、工作时间不稳定的工作，所以就使得他们之间没有时间去沟通和交流。流动家庭在儿童的教育方式和教育内容上比较单一，他们缺少对孩子的心理健康教育，更多的是关心孩子的知识掌握程度和儿童成绩的好坏，这样做的结果就会导致儿童与父母的关系紧张，会使孩子的心理和行为上的问题得不到很好的解决。而且流动家庭的父母自身的文化水平不高，对于在孩子的教育理念和方式上存在着很大的缺陷，所以导致他们与孩子缺乏情感上的交流，导致他们的关系得不到缓解。

二、对流动儿童家庭文化的改善

（一）稳定就业，提高收入水平

流动家庭在社会上的经济收入比较低，这与流动家庭的受教育程度和他们自身的技能水平有关。在城市的劳务市场中有着这样的一种现象。城市中的流动人口和城市工人一起工作的时候，会出现一种同工不同酬的现象。对于工作所得的收入来看，城市工人的总体收入会比流动人口的收入要高，每个月的工资收入要高 11.9%，而年收入要高 31.6%[96]。通过比较可以得出，城市的工人和农民工在月收入上的差别是比较小的，而他们年收入上的差别上是比较大的。城市的工人在月工资的基础之下，总收入会存在着一定的福利。邓曲恒在 Oaxaca-Blinder 的分解中发现，它们之间存在的差异主要归因于歧视[97]。因此，国家不仅要给流动人口解决就业和技能水平的问题，更要设身处地地为他们着想，消除二元户籍带来的就业影响，改变他们在社会中的就业地位。这样才会提高他们就业的公平性，他们才会有更多的机会找到好的工作，保障这些流动人口在社会中的合法权益。政府对于二次分配也要起到积极地调剂作用，提高社会中流动人口的经济收入，对流动人口的生活水平起到改善的作用。

（二）为流动家庭提供文化改造

教育公平是由起点公平、过程公平和结果公平组成的，它可以体现在学校的教育上，更体现在家庭的教育中。由于流动家庭中的父母在小的时候受到的教育有限，他们自身的文化程度较低，所以就会导致在流动儿童的学习中，他们很难提供好的家庭教育和教育资源。流动儿童在家庭中的教育不仅需要家长对教育的重视，还要要求家长对流动儿童的学习要有正确的教育方式和与孩子充分的沟通。这就需要家庭和学校之间要有相同的默契，家长可以和学校及时沟通，可以快速地掌握流动儿童在学校中出现的问题，及时的为流动儿童做出正确的引导。家长作为孩子的第一位老师，有责任了解孩子的成长状况，在流动儿童的教育中，采用正确的教育方式和方法，去引导儿童正确的解决心理问题，在教育上少用或不用体罚的方式教育儿童，以免给儿童造成不必要的心理伤害。在平常的时候，流动儿童的父母可以与儿童多进行一些交流，可以带着孩子多参加一些有意义的活动，满足孩子情感上的需要。在生活环境上，可以为孩子创造一个相对安静的学习空间，给孩子一个良好的家庭文化环境，多支持他们参加文化娱乐活动，满足他们的课外活动。有再学习意愿的家长，可以鼓励家长进入"流动儿童家长学校"进行再教育，满足他们对文化的需求，提高他们的文化水平与素养，在孩子的教育上掌握好的家庭教育方式。

（三）对流动家庭社区的建构

大多数的农民进入城市是居住在城市的边缘地区，在这种地方居住环境和交往的对象相对封闭，这些流动家庭会成为城市边缘的"孤岛"，很难融入真正的城市生活中。流动家庭的发展离不开社区环境的支持，他们可以在社区中获取外界的事物，是流动家庭了解和认识城市的窗口。城市居民和流动人口之间没有能够沟通的桥梁，他们之间的了解不足，这就需要社区通过宣传手段，让他们彼此间有一个充足的了解，使他们可以正确地对待流动家庭中的成员。我们可以多组织一些社区交流活动，让城市儿童和流动儿童一起参加比赛，来增加他们之间交流的机会，消除他们之间的城乡隔阂，这有利于城市与乡村的文化融合。还可以建立一种互助模式，让城市中的儿童帮助流动儿童融入城市生活，可以更好地体验城市文化与乡村文化的不同，有利于树立自己的价值观。在此同时，我们更要完善好社区中的基本设施，尤其是流动儿童生活的社区，要为他们提供足够的场地进行娱乐活动，杜绝社会中不利因素对流动儿童的危害，为他们建立一个优质的成长空间。

第二节 流动儿童身份逐渐模糊

这些随着父母来到城市的流动儿童，要想完全融入城市生活并不是那么容易，城市的生活习惯与他们就像是有着一堵墙，让他们不能很好地相容。主要有这几方面的原因，一是城乡生活的变化。这些流动儿童有的是在城市中出生的，但是他们偶尔会和自己的父母来到乡村生活；还有的儿童是在乡村和自己的爷爷奶奶生活了一段时间之后，被自己的父母接到了城市中生活。所以说，在他们的成长过程中有着双层的生活体验。二是家庭经济的差异。这些来到城市打工的农村人，他们的经济条件不是很好，没有受过高等的教育，所以他们在城市中的生活和工作环境都不是很稳定。三是流动儿童受学校教育的影响。由于流动家庭的生活环境比较艰苦，所以流动家庭的子女就只能选择一些民办学校和农民工学校就学，他们中只有很少的儿童能够进入城市中的公立学校就读。这就使得流动儿童不能很好地融入城市这个大家庭中。现在随着相关政策的完善，这些外出打工的子女也可以进入公立学校学习，在学校中流动儿童能够与城市儿童很好的交流，相互适应。这种情况下，他们在交往中就会显现出他们身份的差异，在自我定位上影响对自己身份的认同。

一、流动儿童身份认同存在的问题

（一）流动儿童更倾向于农村身份认同

有学者专家这样认为，自身的社会身份在社会情境中会比较突出。例如，一个儿童他有两种身份，分别是子女和学生。他们在学校中就会把自己学生的身份凸显出来；而在家中的时候，面对自己的父母就会把自己子女的身份凸显出来。有研究表明，"身处在一个少数派的境地就会加强一个人关于该少数派的自我意识和对该少数派的认同"[98]。流动家庭的儿童来到城市这个社会情境中，就会对自己城里人和农村人的身份产生身份认同危机。通过对流动儿童的问卷调查和访谈知道，有45.4%的流动儿童是认同自己农村人的身份，有24.3%的儿童认为自己是城市人，还有30.3%的流动儿童对自己所处的身份认同模糊。由此可以看出，有一半的流动儿童认同自己农村人的身份，另一半的流动儿童对自己的身份认同不确定。这些流动儿童从农村来到城市，生活的环境有着极大的变化，这体现在他们生活的诸多方面，现在的流动儿童身心发展都很不成熟，对周围的认知和人格的发展都不完善，这就会影响他们对自己身份的认同。

（二）流动儿童对农村身份认同程度高于城市

流动儿童很多是处在青春期时期，他们自己有着很强的自我意识，这种意识会对他们身份的认同有着很大的影响。在对流动儿童的调查中发现，这些流动儿童中有48.4%对自己以前的农村生活有着怀念，他们感觉农村的环境比城市好，有很多可以玩的地方和朋友，他们也非常怀念以前一起生活的老人，这些就会使他们很容易认同自己农村的身份。当然会有一些儿童会因为环境的影响，认为城里人与农村人存在着一定的差别，这种被歧视感会让他们在城市中有不愉快的体验。在对流动儿童访谈中，问道："在城市中生活是否会感觉到歧视？"有个学生是这样回答的："在城市里生活，确实是能感觉出城里人比农村人时尚，见过的东西也比农村人多，在公共场所很容易就可以分辨出农村人和城市人。农村人进城的时候有时会拿着很多的东西，穿着也不好，就会有很多的目光集中在他们的身上，当他们在城里人的身边走过时，城市人就会有意的远离他们。别看农村人穿着不好，但他们很朴实，与他们相处没有压力，没有距离感。"通过以上分析可以知道，流动儿童在城市中感受到的被歧视感，会对他们融入社会和对自己的身份认同有很大的影响。

（三）流动儿童的交往矛盾，交往对象缺失

儿童的发展是在他们与同辈人中交流中提高的，所以一些同龄孩子的交往活动对他们的健康成长是至关重要的。这些流动儿童的交友场所除了家里就是学校，他们在学校的同龄群体中是最容易交到朋友的，这一年龄段的儿童有着同样的话题。但是，由于城市和农村有着很大的差异，他们会在知识素养、行为习惯、价值观等方面有着很大的差别，这样他们在交流中就会产生某种隔阂，这种隔阂会体现在学生与学生之间，也体现在老师与学生之间。在与流动儿童的交流中，问道他们"在学校中和老师的关系怎么样？"时，一位学生这样回答："平常的时候老师对待我们都一样，不是很严格，只要我们不犯错误。在学习中大多数老师对待学生没有什么差别，只有个别的老师会偏向于城市小孩。"问道："在学校中的同学关系怎么样？"他回答说："在学校中有几个比较好的朋友，在学校外面也有几个，基本上是邻居家的小孩，平常我也上补习班，也认识几个，

不算很熟。"所以农民工的孩子交朋友一般都是交和自己身份差不多的孩子，其实他们也有与城市人交往的意愿，但他们的生活环境太大，他们之间的共同语言太少，所以关系很难维持下去，这就大大缩小了流动儿童的交友范围，影响流动儿童对自己身份的认同。

二、流动儿童身份逐渐模糊的原因分析

（一）流动儿童自身素质有待提高，城市情感体验不足

农民工子女的自身素质也是影响他们对自己身份认同的因素。埃里克森认为青少年时期是形成同一性的关键期，这一时期的儿童正处在性格养成的关键期，不能很好地解决自我同一性，所以他们就会陷入社会角色混乱。流动儿童的素质较低主要表现在以下方面。

第一，这些流动儿童有着不良的生活和行为习惯。这些习惯的养成与他们的生活环境有着密切的联系。这些流动儿童跟着自己的父母，他们的父母一般都会选择一些房租便宜的地方，而且经常搬家。根据社会学习理论，流动儿童在这些环境较差的地方，接触到的人比较复杂，他们就会在这样的环境中学到一些不好的生活和行为习惯，这样就会给别人留下不好的印象，阻碍流动儿童成功的融入城市。

第二，流动儿童容易产生自卑心理。这些流动儿童来到城市里，他们的家庭背景、生活习惯、思想观念等都与城里人有着很大的差别，他们在与城里人交往中很容易产生自卑的心理。在访谈问道："你愿意和城里人交朋友吗？"他回答："我是很想和他们做朋友，但是与他们接触久了，就会出现一种感觉，感觉总是低人一等，感觉和他们不是一类人，相比较还是喜欢和外地人交往，和他们交往有很多共同话题，不会感到陌生，在交往的过程中没有压力。"这样就会造成这些流动儿童有孤独感、孤立感，对他们以后性格的形成产生很大的影响。

这些流动儿童随着父母从农村来到了城市，周围的一切事物都发生了改变，虽然他们来到了城市，但他们的内心深处不可能忘记农村的记忆，更不可能很快地融入城市里。这样他们就会受到农村记忆和城市生活经历的双重影响，会很容易对自己的身份认同产生危机。

(二) 家庭的教育有待提高，缺乏情感关注

流动儿童除学校之外的另一个重要场所是家庭，良好的家庭教育对流动儿童的发展是会起到促进作用的。经过调查，这些外出打工的农民工文化程度都很低，大多数是在初中及以下，这就给流动儿童带来了影响，不能有更好的家庭教育。而他们的父母因为长期受到文化低的限制，所以会特别希望子女能够接受更多的教育来改变命运，他们的关注点只会聚焦在孩子的学习中，给孩子在学习上的最大支持，但是在孩子的情感和生活上缺乏关注。根据马斯洛需要层次理论，人在满足了自身的物质需求后，会追求物质之外的需要，特别是归属感和爱的需要，而流动儿童的父母往往很容易忽略对子女的情感满足。在访谈中得知，有很多的学生表示，在家中父母会经常询问自己的学习情况，而对于学习之外的情况却很少聊起。现在的青少年心理发展非常的重要，这需要家庭教育的引导，让孩子有归属感和安全感。假如在亲子交流中，对流动儿童的关注点不足，就会使他们缺失归属感和安全感，从而他们就会产生一种孤独感，带着这种情趣，他们很难融入城市中，很难融入城市的孩子群体中，他们会产生对自己身份认同的危机。

(三) 流动儿童与他人的交往内容简单，缺乏交往对象

学生的主要交流场所是学校，在学校里他们可以和同学一起玩耍，他们的身份也要通过他们之间的相互交往建构。虽然公立学校没有限制农村儿童进入学习，但是农民工子女上的学校还是在农民工居住的附近，这种学校的教学质量一般，本地的学生一般不会选择或很少选择这种学校，这就使得学校里的学生基本都是外出打工的子女，所以他们的交往对象是生活着一样环境的打工子女。他们之间的交往内容非常的单调，除了学习就是一起玩耍，在一起参加活动的次数非常有限。对一位流动儿童问道："学校会组织一些有意义的活动或实践活动吗？"他回答道："学校组织的活动非常的少，每周会组织一个升旗仪式，然后表彰一些学习好的学生。还有就是每年会组织一个运动会，这是学校组织比较大的活动了。"同伴之间的交往对流动儿童的发展有着重要的作用，但往往流动儿童缺乏这种交往，造成他们在人际交往中的局限，这对他们在城市融入和身份认同上起着严重的阻碍作用。

(四) 流动儿童身份地位容易受到歧视

流动儿童在社会中占有很庞大的数量，他们是非常受人们关注的特殊群体。社会群众对流动儿童的了解非常有限，他们大多是通过宣传和网络调查得来的。人们通过这种了解，很容易对流动儿童产生误解，对流动儿童产生不全面、刻板化的不好印象，常见的不好的印象有：文化水平低、穿着不得体、社会底层群体等。现在的城市中的就业一般都会有学历限制，所以，农民工在就业上就会存在着困难，很难找到好的工作，它们只能从事一些底层的工作，又苦又累。看似他们是在城里工作，但他们还是没有真正融入城市生活，与城市人有着很大的差距。他们被认为是城市的"边缘人"，这是农村人进城打工的刻板印象，流动儿童生活在这个环境中也会受到一定的影响。在这个城市中农民工是建设者，他们也应该受到城市文明发展带来的好处。但因为这个群体的特殊性，他们在生活中处处受到歧视，这种现象也会发生在他们的子女身上。

三、应对流动儿童身份认同危机的教育对策

(一) 提高他们的综合素质，增加他们参与社会的机会

个体的内在因素是他们身心发展的内在动力。"个体离不开能动的实践，个体主观能动性的发挥程度，对人的发展起着决定性的意义。"[99]而流动儿童对自身身份认同的问题，需要他们从自身做起，通过在实践中提升自己来克服身份认同的困扰。第一，提高自己的心理素质，增强他们适应社会的能力。这些流动儿童来到一个陌生的环境，需要有良好的心理素质和较强的适应能力。第二，流动儿童要积极地参加社会实践活动，增加对社会的融入感。经常性的参加社会实践活动，有利于发展儿童的核心素养，还可以提升流动儿童的实践和创新能力，在实践中认识和学习城市文化，提升儿童对城市的责任感和认同感。

(二) 利用学校的主导作用，建立平等交流的平台

学校要多组织一些校园活动，可以让在其中参加活动的流动儿童较多的接触城里人，多和他们沟通与交流。首先学校可以开展一些心理活动，这些外来的儿童在与人交往中往往会缺少一些自信心，容易产生自卑的心理。学校开展心理活动可以有效地对流动儿童的心理进行疏导，让他们形成积极乐观的心态。学校也

可以根据学生的需要，组织一些适合同年龄儿童参加的文体性活动，如歌唱比赛、运动会和一些夏令营活动，这些活动的组织可以增进农村儿童和城市儿童的交流，为他们营造出友好的氛围。而且学校也会根据活动的需要采用小组合作的方式，进行异质分组，让本地儿童和农民工子女进行混合分组。这有利于他们之间的相互了解、相互学习，同时也可以消除这些流动儿童的自卑心理，让他们变成一个乐观、积极、自信的儿童。这样才可以让儿童更好地了解城市文明，更好地融入现在的生活，才能够减少他们对自己身份认同的困扰。

（三）改善家庭教育的观念，合理利用亲子关系

家庭教育是父母对儿童成长的特殊教育，父母是儿童的第一位老师，家庭教育对儿童有着不可替代的影响，而在农民工对流动儿童的教育中存在着很多的问题。

第一，改变父母对儿童的教育观念，家庭与学校共同合作教育学生。每位孩子都是家长的希望，父母努力打工赚钱，都是为了给自己的孩子有一个更好地教育环境。通过对儿童的访问发现，这些流动家庭的父母对孩子的教育方式有"放养式"，还有的家庭对儿童采用的是"专制型"。要适当地改正流动家庭的教养方式，让这些父母通过自我学习来提升自己的文化水平。

第二，加强父母与孩子之间的沟通，满足儿童的情感需要。马斯洛需要层次理论提到过，在满足了人的基本需要之后，人会更需要归属感和爱。在儿童的成长中家庭的爱是不可缺少的，尤其是父母对儿童的爱。

第三节 流动儿童全面健康成长

流动儿童的身心发展过程是一个非常复杂的过程，对流动儿童的教育起着主导作用。第一，教育对一个人的作用是有目的性和方向性，所以教育给人带来的影响比较系统；第二，教育对儿童的身心发展过程起到主导性的作用。在儿童的教育中，要以科学的方法进行。教育可以有效地对环境的影响进行选择，排除对儿童身心健康不利的消极因素。教育是通过控制环境因素来对儿童的身心发展方向进行把握，来发挥对儿童身心发展的主导作用。

一、利用家庭教育，稳固流动儿童的心理健康防线

家庭教育对于儿童的发展是最基础的教育。家长是儿童第一位老师，其教育理念和教育方式对儿童的思想和行为方面有着重要的影响，对流动儿童的行为习惯和思想品德有促进的作用。

（一）优化流动家庭中父母的教育理念

父母在教育孩子的过程中有着自己的教育理念，它主要反映父母自身对儿童发展的认识和对教养的理解，这种教育理念会直接影响孩子对未来目标的设定。流动儿童的家长应该与时俱进，及时的更新自己的教育理念。

第一，更加关注儿童的身心发展。有许多这样的父母，他们由于受到生活的压迫，所以只能关注到孩子的衣食住行，不能很好地关注到孩子的心理健康，在生活中很少和自己的孩子有密切的沟通与交流。而作为儿童的父母，他们应该拿出更多的时间去帮助孩子适应陌生的城市生活，还有就是关注孩子在学校中的师生交往情况。在生活中给予孩子足够的赞美，帮助孩子增强自我认同感，让流动儿童能够获得积极的情感体验。

第二，对流动儿童要有合理的教育期望。父母对儿童无论是学业期望还是职业期望，都是父母对子女以后快乐生活的美好愿望。父母是儿童的生活中最重要的人，所以他们的期望可以很好地为儿童提供动力，帮助孩子实现心中的理想和抱负。

（二）流动家庭父母的教育方式

目前，常见的几种家庭教育方式有"专制命令型""过度保护型""放任自流型""民主引导型"，而"民主引导型"是现今为止公认的最为科学、睿智的教育方式。"民主引导型"是最能够体现尊重孩子、理解孩子、关心孩子的教育方式。首先，要懂得给孩子说话的权利。在家庭的教育中，父母对待孩子的要求应以民主为原则，耐心地听取孩子的想法和建议，对待孩子要有足够的耐心和细心来解释孩子犯错的原因，使孩子逐步的提高认知自我的能力，提高适应陌生环境的能力。其次，要为孩子留出足够的生活空间。孩子以后的路需要他自己走，父母在一旁只能起到引导的作用，孩子只有离开了父母的细心照顾才能更好发展。

（三）活跃流动家庭的气氛

家庭成员之间有着特殊的情感，这种情感对子女会有直接或明显的影响。卢俊在《爱弥儿》中有这样的观点，一个人不良的品德与和他一起生活的亲人有着密切的关系。

在家中要维持好恩爱的夫妻关系。父母既然把孩子带到了这个世上，就应该给孩子一个安定、和谐的家庭环境。父母之间的和谐关系，对自己的孩子有着潜移默化的影响。家，是一个最温暖的港湾，但是流动儿童的父母大多是忙于自己的工作，而总是疏忽自己的家庭。儿童跟随父母来到城市，但是却没有了家的安全感和归属感，对于父母没有给到孩子和谐的家庭环境，会对孩子造成很大的打击。

父母与孩子之间要有良好的亲子关系。在建立亲子关系的过程中，要遵循儿童的身心发展规律，更要尊重他们的人格。在平常的时候更要以身作则，家长的行为对于孩子是一种无声的教育。在与孩子交流时，也要注意自身的素养，以身作则，保持乐观积极地态度，为孩子树立生活的榜样，给孩子带来积极地影响。

二、学校教育是促进流动儿童心理健康的动力

学校教育是一种特殊的交往活动，它是教育者和受教育者之间的交往活动，他们之间的交往存在着目的性，在双方交往中他们的地位可以得到互换。学校教育在儿童的成长过程中起到指导性的作用，可以通过合理组织学生的课堂活动、课外和校外活动以及各种集体活动来体现。

（一）对校园管理进行完善，改变校园中的文化风貌

为流动儿童建立"心理健康档案"，可以及时的关注学生的心理发展动态，对流动儿童有一个全面的了解，为以后的心理辅导提供了可靠的参考依据。"心理健康档案"应包括以下几个方面：第一，流动儿童的自身情况。这里面应该包括流动儿童的个人健康和家庭情况，还要有流动儿童在学校中的学习状况和生活状况。第二，流动儿童在学校中所表现的能力和对流动儿童发展的教育建议。这一方面应该包括儿童在学校中的智力发展水平，还有其他方面的状况，并对流动儿童进行因材施教，提出可行的建议。第三，及时关注流动儿童的心理健康状

况。在档案中要记录出儿童的性格特点、个性心理和心理健康水平，及时对流动儿童的心理进行引导。在建立流动儿童"心理健康档案"的过程中，还要根据流动儿童的实际情况进行及时的更新。

学校可以开设相应的"心理健康教育课程"，有计划地组织儿童参加心理课程，使流动儿童在学习中提升自己的心理素质，改善心理健康。对于课程的开设，可以采取理论与活动相结合的方式进行。在理论课中，要准确地告诉流动儿童什么是真正的身体和心理健康，让流动儿童在学习中更好地认识自己，更好地解决在心理上所面对的问题。在活动中，提升流动儿童的社交技能，让儿童掌握一些心理调节手段。

（二）提升教师情感的同时，积极实行心理健康教育

教师应该提高自身的思想觉悟，并且要热爱自己的教育事业，对学生不能区别对待，要对流动儿童有一个全面的认识。在班级中，可以适当地给流动儿童更多的关注。流动儿童有着特殊的生活背景，所以他们是一个特殊的群体，更加的渴望归属与爱，尤其是特别关注老师的态度。因此老师在班级中，要多鼓励、多赞美，来改善儿童的性格。老师也要对班级中的人际关系进行有目的的调节，为流动儿童营造一个良好的班级环境。

在班级的管理方式上，应该坚持民主管理，老师与学生之间应平等相处。教师在教学中，要发挥情绪的感染力，要以生动的言语，引起流动儿童情感的共鸣。要给他们充分的交流空间，通过组内讨论增加儿童之间的交流，让他们在活动中进行心理调节。

三、社会教育是流动儿童心理健康的保障

社会是流动儿童生活的场所，而社会教育也是解决流动儿童心理问题的一个重要环节。社会教育是学校教育与家庭教育的延伸，但它的构造非常的复杂。

（一）在社会中弘扬正能量，引领正确的教育价值方向

在社会中有着很大的一部分人对流动儿童存在着错误的理解，把流动儿童错误的界定为"二等公民"，对社会中的流动家庭持有一种抵触和抗拒的态度。在这种情况下，应该对广大的社会人员进行观念上的引导，让他们走进流动家庭，

真真实实的了解流动家庭的生活状态，帮助他们早日消除歧视，共同构建和谐、有爱的社会氛围。政府也要倡导公民践行社会主义核心价值观，关注和爱护流动儿童，使他们能够健康快乐成长。

(二) 完善社会服务，加强对流动儿童的社区宣传

社区是流动儿童与外界交流的重要途径，我们应该充分的发挥社区的人际交往功能。还要改善流动儿童的居住环境，提高他们在生活中的质量，让他们在社区中能够有归属感，提高他们在社区中的参与能力。

首先，对流动家庭的居住环境进行划分，完善社区的服务功能。这需要政府的帮助，划分好社区，才能够规划好流动人口，才能有针对性地对流动儿童的生活和心理进行改善，解决潜在的问题。

其次，在社区中多为流动家庭宣传。社区通过宣传的手段积极地引导和消除社区人民对流动儿童的固有认识，增加对流动儿童的关心和爱护。在社区中我们可以建立信息综合平台，这样可以收集到更多流动家庭的具体情况，重视对流动家庭的服务，经常性的走访和慰问这些流动家庭，这样的举动可以让流动家庭感受到社区带来的温暖，加速他们与社区的融合，满足他们在社区中的归属感和认同感。

后 记

  2015 年秋天进入北京体育大学攻读博士研究生学位，开始关注青少年儿童发展中的各种社会问题，在关注留守儿童研究时留意到了流动儿童群体。2016年申报了"山东省流动儿童城市融入中体育促进机制研究"课题，获得山东省社会科学规划管理办公室立项。在课题研究过程中撰写了《我国流动儿童热点问题研究进展与前瞻》《新时代背景下流动儿童公共体育服务模式研究》《城市流动儿童身体自尊与城市融入的相关性分析》《山东省小学生居家学习期间健康行为与健康需求的》等文章。实地考察了济南、青岛等城市的中小学并与教师、班主任进行了座谈。团队成员与城市中的流动儿童及父母进行了访谈，掌握了流动儿童在家庭、社区、学校生活、学习的一些实际情况和遇到的困难，被流动儿童坚强的生活态度所感动，也为流动儿童父母在城市生活中的艰辛所激励。新型城镇化建设将逐渐淡化城市与农村差距，但社会分层将会长时间存在，流动儿童终将成为城市的市民，终将是城市的建设者，为此更需要我们做出更多的努力，让流动儿童更好地融入城市生活，真正成为城市的主人，为城市的发展储备人才。

  课题研究过程中，课题组成员付出了很多的艰辛，我的硕士研究生赵金彬、孟虎也在书稿撰写、整理中承担了一定的工作，在此一并表示感谢。

山东省小学生体育锻炼与城市融入情况调查问卷

亲爱的同学们：

  欢迎参加本次调查，调查目的是了解大家的体育锻炼和城市融入情况，请仔细了解每个调查的条目，根据自己的实际情况或感受填写，答案没有对错、好坏之分，只需要根据自己的实际情况作答。本次调查不用填写姓名，所有回答只用于统计分析，我们研究的科学性将很大程度上取决于回答的真实性，相信大家都能很好地完成好这个任务。

课题组

2017 年 9 月 8 日

第一部分

  引导语：你要回答的问题涉及你的个人基本情况和体育活动情况，请仔细阅读每个题目，选出最符合你情况的选项，在选项前面的英文字母上画上"√"，所有答案无对错好坏之分，不涉及个人评价。

一、基本情况

1. 生活城市：山东省_____市
2. 户口是否本地： A. 是   B. 否
3. 是否独生子女： A. 是   B. 否
4. 性　　别：A. 男   B. 女
5. 年　　级：A. 一年级   B. 二年级   C. 三年级   D. 四年级

E. 五年级　　F. 六年级

二、体育活动情况

1. 你喜欢参与体育运动吗？（　　）

A. 喜欢　　B. 一般　　C. 不喜欢

2. 你参加体育运动的动机（限选三项）：（1）____（2）____（3）____。

A. 身体健康　　B. 运动项目有趣　　C. 提高运动水平　　E. 增进同学们的交往　　F. 消磨时间　　G. 考试　　H. 其他

3. 你经常参加的体育运动的强度是（　　）。

A. 轻微运动

B. 小强度不太紧张的运动

C. 中等强度的较激烈的持久运动

D. 呼吸急促，出汗很多的大强度、但不持久的运动

E. 呼吸急促，出汗很多的大强度的持久运动

4. 你在进行上述体育运动时，一次持续的时间为（　　）。

A. 10 分钟以下　　B. 11~20 分钟　　C. 21~30 分钟

D. 31~60 分钟　　E. 60 分钟以上

5. 你一个月进行上述体育运动的次数为（　　）。

A. 一个月 1 次以下　　B. 一个月 2~3 次　　C. 每周 1~2 次

D. 每周 3~5 次　　E. 每天 1 次

6. 你在体育活动中获得的帮助主要来源于（　　）（多项选择）。

A. 家长　　B. 同伴　　C. 学校和老师　　D. 社会（社区）　　E. 国家政府

7. 父母亲对你参加体育活动的态度是（　　）。

A. 非常支持　　B. 比较支持　　C. 无所谓　　D. 不太支持　　E. 不支持

8. 父母经常给你购买体育产品吗？（　　）

A. 经常　　B. 偶尔　　C. 从不

9. 在休闲时间父母和你一起进行体育运动吗？（　　）

A. 经常　　B. 很少　　C. 从不

10. 如果你想报名参加假期的体育活动辅导班，父母的态度是（　　）。

A. 同意　　B. 不一定　　C. 不同意

11. 你可以顺利从体育活动的同伴那里借到需要的东西吗？（　　）

A. 同意　　B. 不一定　　C. 不同意

12. 体育活动中的同伴不会占我便宜，会为我的利益和面子着想（　　）。

A. 同意　　B. 不一定　　C. 不同意

13. 一般来说，体育活动的同伴会尽量公正诚信对待我（　　）。

A. 同意　　B. 不一定　　C. 不同意

14. 体育活动中的同伴都很关心我（　　）。

A. 同意　　B. 不一定　　C. 不同意

15. 我经常从体育活动中的同伴那里得到照顾和支持（　　）。

A. 同意　　B. 不一定　　C. 不同意

16. 体育老师很关心我的体育活动情况（　　）。

A. 同意　　B. 不一定　　C. 不同意

17. 学校给我们提供了很好的体育活动场地和器材（　　）。

A. 同意　　B. 不一定　　C. 不同意

第二部分

引导语：你要回答的问题涉及身体自尊和城市融入情况，请仔细阅读每个题目。每个题目都有五个选项，请根据你的实际情况填写问卷，选出最符合你情况的选项，所有答案无对错好坏之分，不涉及个人评价，请按你的实际情况选择（请在"非常同意""同意""不一定""不同意""非常不同意"对应栏后画"√"）。

山东省小学生体育锻炼、身体自尊、城市融入情况调查

调查内容	非常同意	同意	不一定	不同意	非常不同意
1. 当我生病时我感觉自己是如此的糟糕，以至于无法从床上坐起来。					
2. 我觉得自己可以胜任大部分体育活动。					

续表

调 查 内 容	非常同意	同意	不一定	不同意	非常不同意
3. 我的身体比同性别大多数人都要强壮得多。					
4. 我明显比同龄人跑得快。					
5. 学习动作时,我总是最先学会的。					
6. 与同龄人相比,我的运动持久力较好。					
7. 我看上去瘦弱,身体缺乏肌肉。					
8. 同多数人相比我总能保持高水平的身体健康状况。					
9. 我的身体偏胖。					
10. 我对自己的肌肉力量很满意。					
11. 我对自己的运动能力感到很自豪。					
12. 我总是表现出精力充沛,较少生病。					
13. 我觉得现在的学校挺好。					
14. 我理解那些和我不同观点和习惯的人。					
15. 我习惯了我现在的居住环境。					
16. 我能遵守公共规矩,比如不乱丢垃圾、按顺序排队。					
17. 我现在基本上都说普通话。					
18. 我能遵守学校的上课秩序。					
19. 我的同学很喜欢我和他们一起玩耍。					
20. 我喜欢老师的教学方式。					
21. 我喜欢学校环境,在这里找到自己的快乐和梦想。					
22. 我努力寻找好的学习方法,提高自己的学习成绩。					
23. 我觉得自己和身边的孩子一样懂礼貌。					
24. 我与同学们能保持很好的关系。					
25. 老师和父母说的话,我都能照办。					
26. 我觉得我的朋友比较多。					
27. 在同学的带动下,我性格慢慢变得更加开朗了。					

续表

调 查 内 容	非常同意	同意	不一定	不同意	非常不同意
28. 我与老师的关系比较融洽。					
29. 我有讲卫生的好习惯。					
30. 一开始我不敢大声说话，现在我感觉自己更加自信了，感觉快要飞起来了。					
31. 我乐于参加集体活动。					
32. 我对居住环境感到满意。					
33. 学习很重要，我将来要上大学。					
34. 我对现在住的城市比较了解，去过很多地方玩。					
35. 我知道如何才能交到很多的好朋友。					
36. 老师教的内容我都能搞明白。					
37. 我觉得自己生活在一个较为公平的社会。					

山东省小学生健康行为与健康需求的调查问卷

亲爱的家长、同学：

  欢迎参加本次调查，调查目的是了解小学生的健康情况，请仔细填写每个调查的条目，根据自己的实际情况或感受填写，答案没有对错、好坏之分，只需要根自己的实际情况作答。本次调查不用填写姓名，所有回答只用于统计分析，相信您和孩子在百忙之中能很好地完成好这个任务。

课题组
2020 年 3 月 20 日

一、基本情况

1. 年龄（　　）周岁
2. 身高（　　）厘米
3. 体重（　　）千克
4. 性别　　　　　　　　A. 男　　　　　　　　B. 女
5. 就读年级

A. 1~2 年级　　　　　B. 3~4 年级　　　　　C. 5~6 年级

6. 民族

A. 汉　　　　　　　　B. 其他民族

7. 家庭居住地

A. 城市　　　　　　　B. 农村

8. 父母工作地

A. 父母都在外地　　　B. 父母一方在本地　　C. 父母都在本地

9. 父母文化程度

A. 小学　　　　B. 初中　　　C. 高中　　　　D. 大学以上

二、卫生习惯

10. 饭前便后是否勤洗手讲卫生。

A. 是　　　　　　B. 否

11. 咳嗽或打喷嚏时是否遮住口鼻。

A. 是　　　　　　B. 否

12. 每天早晚是否刷牙。

A. 是　　　　　　B. 否

13. 出门是否主动戴口罩。

A. 是　　　　　　B. 否

14. 是否主动远离聚集人群。

A. 是　　　　　　B. 否

三、饮食习惯

15. 三餐中不偏食、不挑食。

A. 是　　　　　　B. 否

16. 每天是否吃早餐。

A. 是　　　　　　B. 否

17. 是否经常喝饮料。

A. 是　　　　　　B. 否

18. 每天食盐的摄入量。

A. ≤5 克　　　　　B. ≥5 克

19. 蔬菜摄入量。

A. ≤300 克　　　　　B. 300~500 克　　　　　C. ≥500 克

四、用眼健康

20. 是否因视力不良而戴眼镜。

A. 是 　　　　　　　　B. 否

21. 是否每天做眼保健操。

A. 是 　　　　　　　　B. 否

22. 学习眼睛离书本是否有一尺。

A. 是 　　　　　　　　B. 否

23. 每次使用电子产品大约多长时间。

A. ≤15 分钟　　　　　B. 15 分钟~1 小时　　　　C. 1 小时以上

24. 一天累计使用电子产品的时间。

A. 1 小时以下　　　　B. 1 小时以上

五、运动习惯

25. 是否每天坚持适量体育活动。

A. 是 　　　　　　　　B. 否

26. 每天体育活动的时间。

A. ≤40 分钟　　　　　B. 40 分钟~1 小时　　　　C. ≥1 小时

27. 每天是否到户外接触自然光。

A. 是 　　　　　　　　B. 否

28. 老师是否要求每天进行活动。

A. 是 　　　　　　　　B. 否

29. 家里是否有跳绳等简单的体育器械。

A. 是 　　　　　　　　B. 否

六、睡眠

30. 睡眠时长是否保持 10 小时。

A. 是 　　　　　　　　B. 否

31. 是否有睡眠障碍。

A. 是　　　　　　B. 否

32. 是否进行午休。

A. 是　　　　　　B. 否

33. 是否做噩梦或从梦中惊醒。

A. 是　　　　　　B. 否

34. 是否按时起床。

A. 是　　　　　　B. 否

七、心理健康

35. 是否感觉自己爱发脾气、焦躁不安。

A. 是　　　　　　B. 否

36. 是否能够很好地控制自己的情绪。

A. 是　　　　　　B. 否

37. 是否有学习上的焦虑。

A. 是　　　　　　B. 否

38. 是否对于生活和返校后的学习充满信心。

A. 是　　　　　　B. 否

39. 是否感觉不愿意出门、跟人见面、跟人说话。

A. 是　　　　　　B. 否

参考文献

[1] 白文飞,徐玲.流动儿童社会学研究综述[J].教育导刊,2008(5):15-17.

[2] 姜宇.流动儿童教育与心理发展研究述评[J].河北学刊,2008(5):250-253.

[3] 吕开宇,迟宝旭.农民工子女教育研究综述[J].人口与经济,2008(4):44-48.

[4] 张慧洁,姜晓.教育公平与和谐社会流动人口受教育权——城市流动儿童义务教育问题研究的文献综述[J].现代教育科学,2008(6):6-8.

[5] 周皓,荣珊.我国流动儿童研究综述[J].人口与经济,2011,186(5):94-102.

[6] 路锦非.城市流动儿童的融入困境与制度阻隔[J].城市问题,2020(5):62-70.

[7] 马诗浩,等.流动儿童社会适应与自我提升的追踪研究[J].中国特殊教育,2019(1):77-83.

[8] 伏干.流动儿童社会融入指标体系的建构——基于社会认同视角[J].广西社会科学,2016(11):155-159.

[9] 刘玉兰.儿童为中心视角下流动儿童权益保护的政策目标定位[J].中州学刊,2019(9):87-92.

[10] 王开庆,韩允.市民对流动儿童的社会距离研究[J].深圳大学学报(人文社会科学版),2009,26(6):88-92.

[11] 姚妮,谢宝富.北京市城乡接合部流动人口属地化管理服务问题研究[J].中国软科学,2009(S1):24-27.

[12] 唐有财.流动儿童的城市融入——基于北京、广州、成都三城市的调查[J].青年研究,2009(1):30-38,94.

[13] 巩在暖,刘永功.农村流动儿童社会融合影响因素研究[J].国家行政学院学报,2010(3):82-87.

[14] 庄曦.流动儿童与城市社会融合问题及路径探析[J].江苏社会科学,2013(5):140-146.

[15] 刘庆,冯兰.流动儿童社会融合的结构、现状与影响因素[J].中国青年政治学院学报,2014(6):55-60.

[16] 秘舒．流动儿童社会融入的社会学干预策略——基于天津市J社区的个案研究［J］．青年研究，2016（5）：19-28，94．

[17] 滕秀芹，等．文教师支持对流动儿童学业成绩的影响：自尊的中介作用［J］．中国特殊教育，2017（10）：69-75．

[18] 张绘．义务教育阶段提高流动儿童学业成绩所面临的障碍——基于北京市的调查研究［J］．教育科学研究，2017（9）：34-39．

[19] 朱斌，王元超．流动的红利：儿童流动状况与学业成就研究［J］．人口与发展，2019，25（6）：38-51．

[20] 汪传艳，储祖旺．家庭归属感对流动儿童学业成绩的影响：亲子冲突的中介作用［J］．中国特殊教育，2019（4）：61-68．

[21] 张云运，等．奇家庭社会经济地位与父母教育投资对流动儿童学业成就的影响［J］．心理科学，2015，38（1）：19-26．

[22] 张东辉．微观权力的审视：城市流动人口子女的学校生活民族志［J］．华中师范大学学报（人文社会科学版），2019，58（2）：168-175．

[23] 丁百仁．教育再生产的双重逻辑——以流动儿童与城市儿童假期活动安排为例［J］．教育与经济，2019（1）：87-96．

[24] 赵敏，等．流动儿童家庭教育环境与学习投入的关系模型建构及验证——基于广州大学城的实地调研［J］．教育发展研究，2018，38（4）：8-15

[25] 雷婷婷，顾善萍，等．社会排斥与流动儿童学校适应的关系：坚毅的调节作用［J］．中国特殊教育，2019（11）：69-74．

[26] 王景芝，陈段段，等．流动儿童自我控制与社会适应的关系：心理韧性的中介作用［J］．中国特殊教育，2019，（10）：70-75．

[27] 程龙．郑州市流动中小学生希望自尊与抑郁间的关系分析［J］．现代预防医学，2019，46（18）：3398-3400．

[28] 董佳，谭顶良，等．流动儿童社会支持和城市适应的关系：希望和是否独生子女的作用［J］．中国特殊教育，2019（6）：78-84．

[29] 张岩，谭顶良．歧视知觉与流动儿童学校适应的关系：希望的调节作用——以江苏省为例［J］．中国特殊教育，2019（5）：59-64．

[30] 师保国，徐玲，许晶晶．流动儿童幸福感、安全感及其与社会排斥的关系［J］．心理科学，2009，32（6）：1452-1454．

[31] 刘霞，申继亮．环境因素对流动儿童歧视知觉的影响及群体态度的调节作用［J］．心理发展与教育，2010，26（4）：395-401．

[32] 吴新慧．流动儿童社区归属感影响因素探源——基于杭州等地的调查［J］．城市问题，2011（12）：69-74．

[33] 张菁宸, 黎燕斌. 对立违抗症状流动儿童的心理适应、学校适应和社会适应特点分析 [J]. 中国临床心理学杂志, 2015, 23 (6): 1035-1039.

[34] 王道阳, 王梦. 流动儿童的生活满意度调查分析 [J]. 中国卫生事业管理, 2015, 32 (9): 708-710.

[35] 刘朔, 刘艳芳, 等. 父母教养方式对流动儿童问题行为的影响研究 [J]. 西安交通大学学报 (社会科学版), 2015, 35 (4): 87-93.

[36] 张翔, 王娟. 城市流动儿童孤独及社交焦虑与人格特征及父母教养方式关系 [J]. 中国儿童保健杂志, 2014, 22 (6): 576-579.

[37] 曾天德, 李杰, 陈顺森. 心理理论对城区流动儿童心理社会能力的影响机制: 双中介作用 [J]. 心理与行为研究, 2019, 17 (6): 846-853.

[38] 杨国顺. 家庭关怀及正性情绪对郑州市流动青少年心理韧性的影响 [J]. 现代预防医学, 2019, 46 (15): 2799-2802.

[39] 于音, 陶婷. 流动儿童被欺负现状及其与社会支持的关系 [J]. 中国心理卫生杂志, 2019, 33 (11): 833-838.

[40] 范丽娟, 陈树强. 流动儿童的生态系统与自我效能感关系研究 [J]. 中国青年社会科学, 2018, 37 (6): 88-93.

[41] 刘济榕, 王泉泉. 日常压力对流动儿童诚信感的影响: 社会支持与逆境信念的调节作用 [J]. 心理发展与教育, 2018, 34 (5): 548-557.

[42] 张岩, 杜岸政, 等. 歧视知觉与流动儿童社会疏离感的关系: 一个有调节的中介模型 [J]. 心理发展与教育, 2017, 33 (6): 719-726.

[43] 岑丽君. 深圳市福田梅林辖区流动儿童保健管理现状与管理方式探讨 [J]. 河南大学学报 (医学版), 2010, 29 (1): 71-72.

[44] 王金燕, 等. 2010—2014 年北京市房山区入托、入学儿童预防接种证查验及疫苗补种情况调查 [J]. 预防医学情报杂志, 2017, 33 (2): 134-137.

[45] 涂正波, 等. 移动应用程序对流动儿童预防接种健康教育的干预效果 [J]. 中国疫苗和免疫, 2017 (6): 694-697.

[46] 严共旭. 基于大数据平台的流动儿童预防接种管理模式及影响因素的研究 [D]. 广州: 广东药科大学, 2017.

[47] 陈静仪. 广州市在校流动儿童体质健康状况 [J]. 中国学校卫生, 2014, 35 (11): 1694-1697.

[48] 李政, 等. 北京市流动儿童龋齿患病及口腔保健行为分析 [J]. 中国学校卫生, 2014, 35 (5): 654-659.

[49] 刘菊华, 等. 广州市 7~12 岁流动儿童口腔健康状况 [J]. 中国学校卫生 2017, 38 (6): 891-893.

[50] 曹斌, 等. 上海市浦东新区外来务工子弟小学学生视力现况 [J]. 中国学校卫生, 2015,

36 (1): 116-118.

[51] 李永俊, 等. 武汉市流动儿童肥胖及其营养KAP的病例对照研究 [J]. 中国卫生事业管理, 2017, 34 (12): 953-956.

[52] 孙磊, 等. 北京市流动和户籍小学生健康及相关知识行为现况 [J]. 中国学校卫生, 2013, 34 (10): 1173-1176.

[53] 流动儿童少年就学暂行办法 [J]. 新法规月刊, 1998 (9): 35-37.

[54] CONGRESS O, WASHINGTON, SENATE D, Elementary and Secondary Education Amendments of 1966 [J]. American Mathematical Monthly, 1966 (8): 32.

[55] Australian Bureau of Statistics. Cultural Diversity in Australia [EB/OL]. (2013-03-27) [2017-06-01]. http://www.abs.gov.au/ausstats/abs@.nsf/Latestproducts/3416.0Main%20Features2Mar%202013?opendocument&tabname=Summary&prodno=3416.0&issue=Mar%202013&num=&view=#Children.

[56] 联合国儿童基金会报告: 富裕国家的移民儿童在经济和教育等多方面处于弱势 [EB/OL]. [2015-09-20]. http://www.un.org/]zh]/development]/population]/news-details.asp?newsID=12435, 2015-12-28/2015-09-20.

[57] Measuring Disadvantaged Pupils Attainment Gaps Over Time [EB/OL]. [2016-09-25]. https://www.gov.uk/government/statistics/measuring-disadvantaged-pupils-attainment-gaps-over-time, 2014-09-19/2016-09-25.

[58] 胡瑞文, 朱曦. 从人口普查数据看我国小学辍学率的走势 [J]. 上海教育科研, 2013 (5): 5-9.

[59] 全国妇联. 关于印发《全国家庭教育指导大纲》的通知 [EB/OL]. [2010-03-24]. http://www.jyb.cn/info/jyzck/201003/t20100324_348850.html.

[60] 赵敏, 辜刘建, 朱芷滢. 流动儿童家庭教育环境与学习投入的关系模型建构及验证——基于广州大学城的实地调研 [J]. 教育发展研究, 2018, 38 (4): 8-15.

[61] 国家新型城镇化规划 (2014—2020年) [M]. 北京: 人民出版社, 2014: 13, 16.

[62] 王毅杰, 史秋霞. 流动儿童社会认同的策略性选择 [J]. 社会科学研究, 2010 (1): 90-96.

[63] 郝振, 崔丽娟. 受歧视知觉对流动儿童社会融入的影响: 中介机制及自尊的调节作用 [J]. 心理发展与教育, 2014, 30 (2): 137-144.

[64] 崔丽娟, 张昊. 群体认同下流动儿童身份管理策略研究 [J]. 福建师范大学学报 (哲学社会科学版), 2019, 218 (5): 62-68.

[65] 费孝通. 江村经济 [M]. 北京: 商务印书馆, 2001: 340.

[66] 李佳. 乡土社会变局与乡村社会再生产 [J]. 中国农村观察, 2012 (4): 70-91.

[67] 周福林. 我国留守儿童状况研究 [J]. 人口研究, 2005 (1): 29-36.

[68] 段成荣,等.21世纪以来我国农村留守儿童变动趋势研究[J].中国青年研究,2017(6):52-60.

[69] 马克思恩格斯选集:第2卷[M].北京:人民出版社,1995.

[70] 曾卓然.市场化进程下二元经济结构对城乡居民收入差距的影响分析[J].经济问题探索,2019(12),102-111.

[71] 李俊杰.子女随迁对进城务工人员消费结构的影响研究[J].商业经济研究,2020(14):74-77.

[72] 肖凤秋,王秀江.北京市儿童课外教育现状及其影响因素分析[J].中华女子学院学报,2020,32(4):105-121.

[73] 李陈,戴磊,林书伟.上海市公共体育设施布局的时空差异研究[J].上海工程技术大学学报,2019,33(1):72-79.

[74] 尹玲.关于我国社区体育场地设施存在问题的思考[J].成都体育学院学报,2008(9):28-31.

[75] 向伟,肖汉仕.家庭功能对农村留守儿童情绪健康的影响效应[J].湖南农业大学学报(社会科学版),2018,19(6):43-48.

[76] A.C.马可连柯.家庭和儿童教育[M].丽娃,译.上海:上海人民出版社,2005:27.

[77] 陈宝玲,卢元镇.家庭对大学生体育意识与行为的影响[J].体育文化导刊,2008(1):100-103.

[78] 吕树庭,等.家庭对中学生参与体育的影响[J].上海体育学院学报,1995(8):44-46.

[79] BOIS JE, SARRAZIN PG, BRUSTAD RJ, et al. Elementary school children's perceived competence and physical activity involvement: the influence of parent' role modeling behaviours and perceptions of their child's competence[J]. Psychology of Sport and Exercise, 2005, 6(4): 381-397.

[80] 辛飞.体育设施与儿童青少年身体活动的关联研究[D].上海:上海体育学院,2020.

[81] 袁策.学校因素与初中生身体活动的相关研究[D].上海:上海体育学院,2017.

[82] 肖兰兰.家庭体育设施与父母支持对儿童行为问题影响的调查研究[D].南昌:江西师范大学,2019.

[83] BAUMRIND D. Rearing competent children[J]. W Damon Child Development Today & Tomorrow, 1989: 1-10.

[84] 万礼修.中学生问题行为与人格特征、教养方式的关系研究[D].重庆:西南师范大学,2002.

[85] 杨游芳.农村留守初中生疏离感与社会支持的关系研究[D].昆明:云南师范学院,2014.

[86] 陈金芳. 稳步推进高考招生制度改革 [J]. 中国教育学刊, 2010 (5): 13-15.

[87] 肖林鹏. 现代体育管理 [M]. 北京: 北京体育大学出版社, 2005.

[88] 王振, 胡国鹏, 蔡玉军, 张蕾. 拖延行为对大学生体育锻炼动机的影响: 自我效能感的中介效应 [J]. 北京体育大学学报, 2015, 38 (4): 71-77, 104.

[89] REIJNEVEID S A, HARLAND P, BRUGMAN E, et al. Psychosocial problems among immigrant and non-immigrant children [J]. Europe on Child & Adolescent Psychiatry, 2005, 14 (3): 145-152.

[90] 朱伟珏. 文化资本与人力资本——布迪厄文化资本理论的经济学意义 [J]. 天津社会科学, 2002 (3): 84-89.

[91] 田丰. 城市工人与农民工的收入差距研究 [J]. 社会学研究, 2010, 25 (2): 87-105, 244.

[92] 邓曲恒. 城镇居民与流动人口的收入差异——基于Oaxaca-Blinder和Quantile方法的分解 [J]. 中国人口科学, 2007 (2): 8-16.

[93] 刘妍洁. 流动儿童少年身份认同现状及其与身份凸显性的关系 [D]. 重庆: 西南大学, 2013.

[94] 袁振国. 当代教育学 (第四版) [M]. 北京: 教育科学出版社, 2010: 59-60.

[95] 杜亮, 刘宇. "底层文化资本"是否可行——关于学校教育中的文化资本与社会流动的几个理论问题的探讨 [J]. 中国青年研究, 2020 (5): 36-42.

[96] 李国正, 艾小青, 李晨曦. 流动人口家庭束缚和收入不平等影响因素分析 [J]. 统计与决策, 2017 (8): 90-93.

[97] 邓曲恒. 城镇居民与流动人口的收入差异——基于Oaxaca-Blinder和Quantile方法的分解 [J]. 中国人口科学, 2007 (2): 8-16, 95.

[98] 杨涛. 西欧穆斯林: 困境与回应 [D]. 西安: 西北大学, 2011.

[99] 罗洁颖. 瑞典学习圈发展模式研究及对我国社区教育发展启示 [J]. 中国成人教育, 2016 (24): 121-123.